W0322047

Antonia Mercé
El flamenco y la vanguardia española

Ninotchka Devorah Bennahum

Antonia Mercé
El flamenco y la vanguardia española

Ninotchka Devorah Bennahum

Traducción de Lourdes Bassols

GLOBAL*rhythm*

TÍTULO ORIGINAL
ANTONIA MERCÉ "LA ARGENTINA"
FLAMENCO AND THE SPANISH AVANTGARDE

Publicado por:
Global Rhythm Press, S. L.

C/ Bruc 63, Pral. 2ª – 08009 Barcelona
Tel.: 93 272 08 50 – Fax: 93 488 04 45

Publicado en Estados Unidos por Wesleyan University Press

Copyright 2000 de Ninotchka Devorah Bennahum

Copyright 2008 de la traducción de Lourdes Bassols

Derechos exclusivos de edición en lengua castellana:
Global Rhythm Press S.L.

ISBN: 978-84-936679-4-8

DEPÓSITO LEGAL: B-13973-2009

Dirección editorial: ESTER VENDRELL

Diseño gráfico CHANO ARMENTER
Realización MAURICIO RESTREPO
Preimpresión LOZANO FAISANO, S. L.
Impresión y encuadernación SAGRÀFIC

Primera edición en Global Rhythm Press, S. L.: Marzo de 2009

Bajo las sanciones establecidas por las leyes,
quedan rigurosamente prohibidas, sin la autorización
por escrito de los titulares del copyright, la reproducción total
o parcial de esta obra por cualquier medio o procedimiento mecánico o
electrónico, actual o futuro –incluyendo las fotocopias y la difusión
a través de Internet– y la distribución de ejemplares de esta
edición mediante alquiler o préstamo públicos.

A mi madre, mi padre, mi hermana y mi hermano;
en memoria de mi tío Michael Bennahum
y de mis cuatro maravillosos abuelos:
Midge Bennahum, Theodore Bennahum,
Mary Berry Chazin y Maurice Chazin.

La Argentina posando en París para la fotógrafa Madame d'Ora, 1928.

Sumario

Agradecimientos

El origen de este libro es una tesis doctoral presentada en el Departamento de Estudios Teatrales de la Escuela de Arte Tisch de la Universidad de Nueva York, tesis que posteriormente he ampliado y revisado. Quisiera dar las gracias a las personas sin las cuales el libro no hubiera sido posible: Suzanna Tamminen, editora jefe de la Wesleyan University Press, que asistió a la presentación de mi tesis doctoral en el Congreso de Estudios Teatrales en la Universidad Northwestern en 1996 y me instó a publicarla; Carlota Mercé de Pavloff, quien, tras muchas horas de conversación, me dijo: «Ahora le toca a usted transmitir el legado de mi tía» y me confió muchas fotos de la Argentina; Ivor Guest y Selma-Jeanne Cohen, que leyeron y corrigieron el manuscrito y me asesoraron en cuestiones estructurales e históricas; y el equipo de la University Press of New England, que se encargó de la producción del libro. Quisiera también dar las gracias a mis maravillosos directores de tesis, los profesores Brooks McNamara y Lynn Garafola por sus consejos, paciencia y asesoramiento. Quiero también mostrar mi agradecimiento a las instituciones que han hecho posible mi investigación y la redacción de este libro: el señor Gascón, director del Programa de Cooperación Cultural entre España y América; el Ministerio de Cultura de España; el decano emérito Gilmore Stott, presidente del Lucrecia Mott Fellowship for Women en el Humanities Committe; Romain Feist, conservador, y el eficiente personal de la Academia Nacional de Música y Danza de la Ópera de París; la Bibliothèque Nationale de Richelieu y Simone Drouain, de la Bibliothèque Nationale de l'Arsenal; la Hispanic Society de Nueva York; Constance Old, del Metropolitan Museum of Art de Nueva York; Nicolas, de la Cinémathèque de la Danse; los archivos fotográficos Roger Viollet, París; Antonio Gallego y su equipo en la Fundación Juan March, Madrid; Rosario Sánchez, de los Archivos Conde Duque, Madrid; la Fundación Andaluza de Flamenco, Jerez; la Biblioteca Nacional, Jerez; Juan de la Plata, Cátedra de Flamencología de Jerez; Elena y Ana Paredes y Jorge de Persia, de los archivos Manuel de Falla en Madrid y Granada; Miguel Alonso López y el Teatro Español, Madrid; el Teatro Real, Madrid; la Biblioteca Nacional, Madrid; Monique Paravicini, presidenta de Les Amis de la Argentina, Mónaco y París; Mariemma, ex directora de la Academia Nacional de Danza, Madrid; Lola Greco, ex primera solista en el Ballet Nacional de España; Madeline Nichols, Monica Moseley y el personal de la New York Public Library encargado de la Performing Arts Dance Collection; y la Library of Congress. También quiero reconocer el trabajo incesante y agotador de mi traductora Joan Taylor, que estuvo a mi lado en la Ópera de París para revisar la correspondencia de los compositores, libretistas y escenógrafos de la vanguardia española.

Quisiera dar las gracias a los siguientes editores, mentores, amigos y familiares cuyo consejo y apoyo durante la redacción de mi tesis doctoral fueron indispensables: Richard Philp, editor jefe, *Dance Magazine*; Robert Johnson; Paul Ben-Itzhak; Annette Grant, editora de artes y espectáculos del *New York Times*; Elizabeth Zimmer, editora senior, *Village Voice*; mi amiga e inspiradora doctora Constance Valis-Hill; Martha Goldstein; Matteo; María Benítez; Nancy Zeckendorf; el recientemente fallecido Vicente Granados; Mario Maya; Eva Enciñas-Sandoval y Joaquín Enciñas; La Conja y Pedro Cortés; Christine Spizzo y Raymond Serrano; Lynn Fenwick, coordinadora de formación del American Ballet Theatre; Rebecca Wright; la recientemente fallecida Cynthia Novack, Deborah Jowitt, Mark Franco, Marcia Siegel, Peggy Phekan, Barbara Kirschenblatt-Gimblett y Richard Schechner; el Doctor Dwight Conquergood, Universidad Northwestern; doctor Kaori Kitao, mi amigo y tutor que me enseñó a ver; profesora Sharon Friedler, Swarthmore College; doctora Mary Schmidt Campbell, decana de Tisch; Camille Hardy; Joseph Machlis, profesor de música en la Juilliard School; Jo Anna Parmalee y María Bermúdez, Jerez de la Frontera; Marija Temo; Joan Erdman; Eric y Daría Foner; Jan Rosenberg; Marla del Collins, Gail-Ann Greaves, John Sannuto, Stuart Fishelson, Dev Mondale, Luz Martín del Campo, Yuko Minowa, José Sánchez; Barbara Parisi; Carole Walker y Stefano Natella; Steven Salovitch; Steven Rosenthal; Seth Lemler; los miembros del Ballet Museum Club, Ellen Crane, Jane Potter y Sophia Fatoures; Kim Arrow y Rally Hess; Ze'eva Cohen, Universidad de Princeton; Bob Ackerman, Nancy Heller y Susan Glazer, University of the Arts; Linda Haviland-Caruso, Bryn Mawr College; Larry Lavander; Barbara Barker; Iro Valaskakis-Tembeck; Shelley Berg; Sally Banes; Madame Brigitte Ortiz; George Dorris; Elizabeth Aldrich; Tommy de Frantz; Sumitra Mukherji; Lutyz de Luz; Nina, Tamara y Elisso Tarasachvili; Edward Tellos, Tower Records; Eléanore Schoëffer; Lélie y Maurice Kurtz; Jacqueline Harding; Jérôme Schmeitsky, que paseaba conmigo por las calles de París tras extenuantes jornadas de investigación; mi prima Maxine Pines; la poeta Judith Berke; James Lack; Wendy Abrams; Dolores Chafik; Judy Senouf; la coreógrafa y amiga Mariko Tanabe; la guitarrista Marija Temo; el guitarrista Chuscales; Claude Fouillade; Josh Berger, que siempre me acoge en su casa de Madrid; Penny y Pedro Ferreira; el fallecido Alan Haskel; Roz y Billy Gerschell; Joyce Haskel; Lucy Hayden y Joetta Jercinovic por enseñarme a bailar; Jennifer Predock-Linnell y Jim Linnell, amigos, tutores e inspiradores; mi amiga y fisioterapeuta Gayanne Grossman; el doctor John Graham; el fallecido Bob Kellner; Allen Adolphe; Joan Duddy del Joyce SoHo, que cree en los experimentos coreográficos con el flamenco; los amigos y espléndidos bailarines Carmen Smith, Sara Baird, Dante Puleio, Rob Hayden, Heidi Latsky y Jan Leys, que me han ayudado a explorar el flamenco en mi compañía de danza; The Route 66 Dance Company; Suki John; el escritor Douglas Cooper; Molly Savitz; Neil Morley; Michaela y Schlomo Karni; Malka y Elyana Sutin; David y Sheila Conine-Johnson; Roselyne Chenu; mi musa feminista; mi primo David S. Bennahum; mi tía abuela Stella Fishbach; mi gran amigo, el músico y abogado David Thornquist; y todos mis alumnos.

Siento un especial agradecimiento por haber nacido en una familia fabulosa y quiero agradecer su amor y apoyo incondicional a mi madre, Judith Chazin-Bennahum, a mi padre, David Alexander Bennahum, a mi hermana Rachel, escritora, y a mi brillante hermano Aaron, bailarín y profesor.

SoHo, Nueva York,
junio de 1999

Nota sobre las fuentes

Al examinar la vida y la época de la Argentina me centraré en su papel como artista de vanguardia. Presentaré la variedad del elemento castizo tal como se forjó en su conciencia, sus coreografías y producciones teatrales, así como las distintas formas de «hispanidad» y las diferentes Españas que ella encarnó. Como Maya Deren, la Argentina fue una etnógrafa que peinó su país buscando ritmos, materiales e ideas creativas, y merece que se reconozca su valiosa contribución al teatro y a la cultura española en el período anterior al levantamiento militar del general Franco. De hecho, su visión de España como nación multiétnica y heterogénea representaba la antítesis del monolitismo franquista.

No hay ningún estudio completo sobre la obra de Antonia Mercé. Ningún autor la ha valorado como una fuerza creadora en la producción teatral del modernismo español, nadie la ha estudiado todavía como una musa tanto de la vanguardia hispánica como de la prensa gráfica francesa. Este libro ofrece una biografía artística de la bailarina, describe la época en que desarrolló su estética y analiza los acontecimientos artísticos y sociales que influyeron en su trabajo.

Se han escrito algunas biografías. La de Suzanne Cordelier de 1936, *La vie brève de l'Argentina*, es una glorificación subjetiva de la artista, amiga personal de la autora. *La Argentina* de Gilberte Cournand (1956) contiene un diccionario anotado de sus danzas y fotografías tomadas por su patrocinadora Monique Paravicini. Este corto trabajo es descriptivo, pero omite todo análisis crítico de los ballets. Biografías más recientes, como la de Suzanne de Soye, *Toi qui dansais, la Argentina* (1993), que se ha traducido al inglés, recorre la vida de la Argentina y se centra en sus actuaciones más importantes, trabajos y episodios personales. Como el trabajo de Cournand, sin embargo, el de De Soye carece de una visión crítica sobre el trabajo de la Argentina. Ninguno de los libros aborda los problemas políticos, económicos y sociales de la época y la importancia de la Argentina en la historia cultural de España y Francia. El trabajo más importante sobre Antonia Mercé, *la Argentina fue Antonia Mercé* (1993), escrito por el historiador de la danza argentino Carlos Manso, presenta un retrato completo del trabajo de la Argentina en el Teatro Colón de Buenos Aires y la relación de ésta con la bailarina María Ruanova, quien proporcionó a Manso gran cantidad de valiosa información. Sin embargo, Manso no aborda en su estudio la totalidad de la carrera de la Argentina, sino que se limita a plantear su importancia en el país donde nació para convertirla en un icono cultural argentino.

Por mi parte, he decidido presentar a la Argentina a la luz de una preocupación estética, social e histórica más amplia. Como estudio artístico de una mujer y del fascinante período de entreguerras durante el que desarrolló su visión del teatro español, este libro describe su forma de bailar y sus espectáculos, recoge las críticas que recibió y define su importancia como española en el contexto europeo.

He estudiado las fuentes primarias que registran la carrera de la Argentina desde su contrato como primera bailarina en el Teatro Real de Madrid en 1899 hasta su prematura muerte en 1936. La prensa francesa, española, británica y norteamericana, que siguió de cerca su carrera desde 1910 en adelante, me ha servido de archivo crítico y documental. La cobertura periodística me ha permitido también una reconstrucción parcial de sus ballets más importantes: *El amor brujo* (1925), *Triana* (1927), *El contrabandista* (1928), *Juerga* (1927), *Goyescas* (1930), *La corrida* (1919) y *Seguidillas* (1924). De esta forma, he podido prestar una atención especial a la comprensión de la secuencia, el diseño y la coreografía de sus ballets y de los colaboradores españoles que intervinieron en su realización.

El material periodístico sobre la Argentina es abundante.[1] Las fuentes iconográficas —cuadros, notas sobre las representaciones, dibujos, fotografías y dos películas— constituyen un segundo grupo de fuentes muy importante. Las entrevistas y las cartas cruzadas con la familia de la Argentina y con sus patrocinadores o promotores representan un tercer grupo de fuentes. El cuarto grupo corresponde a los textos que ayudan a situar su danza dentro del contexto musical, literario y político. Las novelas y episodios culturales de la época estudiada han sido muy útiles para dibujar el trasfondo sociocultural. Para ello, he consultado la literatura relativa a las mujeres en la historia, particularmente las historias sociales de Gerda Lerner, *La creación del patriarcado* (1986; hay una versión en castellano de 1990) y *The Creation of Feminist Consciousness* (1993), así como trabajos sobre estética feminista. Todos ellos arrojan una esclarecedora luz teórica sobre la Argentina y su importancia tanto en su propia época como en la nuestra.

La Argentina influyó sobre los novelistas, poetas y artistas plásticos del simbolismo francés, el surrealismo y el dadaísmo. Por esta razón, también he estudiado la historia literaria, cultural y política de Francia y España entre los años finales del siglo XIX hasta la Segunda Guerra Mundial a la búsqueda de hechos históricos y fenómenos sociales relevantes para mi trabajo. La teoría de la historia del arte, la historia y la crítica me han servido para interpretar la vanguardia, el casticismo y el feminismo españoles.

1. *La Argentina y el modernismo español*

Antonia Rosa Mercé y Luque (1888-1936), o la Argentina, como se la conocía habitualmente, fue la bailarina española más famosa de principios del siglo XX. Adoptó como nombre artístico el del país que la vio nacer y fue la única bailarina que formó parte de la vanguardia cultural madrileña. En 1890, a la edad de dos años, se trasladó a España con sus padres, bailarines en gira. Su madre era la primera bailarina del Teatro Real de Madrid y su padre el principal profesor de ballet en esa institución. Con éste inició su formación a los cuatro años, a los nueve se incorporó a la compañía y a los once se convirtió en primera bailarina. En 1910, tras un largo viaje con su madre por el sur de España, donde entró en contacto con la vida gitana y empezó a estudiar flamenco con bailaoras sevillanas, la Argentina marchó a Francia, país donde se establecería y desarrollaría su carrera. El estilo de la Argentina se forjó gracias a tres fuerzas colosales: París y su arte de vanguardia, la tradición gitana de España y el neoprimitivismo romántico europeo.

Hacia 1910, París era el centro mundial del arte moderno gracias a la presencia de numerosos artistas emigrados tanto europeos como americanos. Georges Clemenceau, presidente de Francia, señaló que el futuro está siempre en manos de la vanguardia. El legado cubista de Paul Cézanne y las ideas sobre el color de Henri Matisse habían radicalizado a los creadores jóvenes de todas las disciplinas artísticas en la creencia de que la anticuada academia ya no tenía la respuesta —la fórmula— para crear «buen» arte, gran arte. En realidad se podía ser autodidacta, y artistas jóvenes como Salvador Dalí descubrieron que sus propias ideas (muy influidas por las teorías de Freud sobre el in-

La Argentina posando con traje típico español; París, década de 1920.

consciente y los sueños), podían proporcionar el modus operandi y la inspiración para una pintura o una coreografía.

Desde París o desde las ciudades que visitaba durante sus giras mundiales, la correspondencia entre la Argentina y creadores españoles como Manuel de Falla, Federico García Lorca, Enrique Granados, Néstor de la Torre, Joaquín Nin, Gregorio Martínez Sierra o María Lejárraga da fe de su importancia para el arte moderno español, tanto en París como en todo el mundo, desde la segunda década del siglo XX hasta su muerte el 18 de julio de 1936. En estrecha colaboración con estos artistas excepcionales, la Argentina transformó el arte español de esa época. Sus trabajos con muchos compositores, pintores, novelistas y poetas son un testimonio de su importancia como fuerza artística en la historia cultural española.[1]

La carrera de la Argentina coincide con un momento especialmente volátil de la historia de España. Con un sindicalismo muy radicalizado y una revolución incipiente cerniéndose en el horizonte, la ley y las costumbres españolas constreñían la actividad política de las mujeres, limitaban sus movimientos y cercenaban su derecho a expresarse libremente. En comparación, París era un remanso de paz para el trabajo y un espacio liberador para una mujer que vivía sola: allí encontró la Argentina su casa en 1921. Fue en París donde Gertrude Stein y sus hermanos Leo y Michael proporcionaron un salón y un escaparate público a Matisse, Picasso y muchos otros artistas de vanguardia, mayoritariamente franceses y españoles, que también estaban interesados en la escenografía. A pesar de ser una población industrial contaminada y densamente poblada, París era una hermosa ciudad que facilitaba cierto anonimato; y gracias a sus artistas, sus emigrantes o exilados, su vida en los cafés, sus tradiciones teatrales y su público resultaba enormemente atractiva para una joven artista que buscaba un lugar donde realizarse.

El flamenco como arte moderno

Para quienes querían alejarse de la atmósfera levítica y conservadora de España, París representaba un refugio donde desarrollar sus ideas radicales. En París, su rechazo de la representación clásica conduciría a la adopción de un austero cubismo que no sólo hablaría de y a los españoles, sino que además se convertiría, gracias a Picasso o la Argentina, en el lenguaje universal del arte moderno. ¿Quién mejor que Gertrude Stein, la escritora y mecenas norteamericana radicada en París, el alma de las más innovadoras tendencias artísticas, para describir el credo estético de los artistas a quienes apoyaba con entusiasmo?

Stein creía que el nuevo arte compositivo que estaba naciendo en París a principios del siglo XX era fruto del éxodo a Francia de los creadores españoles (Julio González, Pablo Picasso, Juan Gris, Pablo Gargallo o, más adelante, Joan Miró). Según Stein, la «tragedia instintiva» y las austeras composiciones de cubistas sintéticos como Picasso y Gris eran fenómenos hispánicos. «Los americanos podemos entender a los españoles», escribió Stein en su autobiografía de 1925. Y el cubismo, tal como lo crean y lo llevan a la práctica esos artistas, «es un concepto puramente español; solamente los españoles pueden ser cubistas».[2] Quizá este comentario sea algo tajante, pero como mecenas y coleccionista del primer cubismo, Stein se refería no sólo a la «insistente iconografía» —el objeto como sujeto— del cuadro, sino también a la sensibilidad primaria de la composición. Stein habló en una ocasión de «la pasión y la sexualidad de Picasso proyectadas completamente sobre su pintura». Con ello se refería a su personalidad española y a su genio forjado por España.[3] Además, las palabras «insistente» y «apasionado» revelan también un temperamento fuerte y violento, el tipo de carácter español sobre el que escribe Stein. Aquí trazaremos una analogía entre la intensidad de la pincelada en Picasso y la furia asociada al movimiento de los pies en el flamenco tal como lo coreografió y ejecutó la Argentina en sus trabajos más maduros de concepción cubista.

Cuando empezó a bailar en los escenarios franceses, la Argentina no pudo evitar la influencia de Picasso y su colega cubista Georges Braque. Es muy probable que cuando actuó en el pabellón español de la Exposición de las Artes Decorativas de 1925 conociera a Juan Gris, pintor madrileño que exponía un cuadro en el pabellón de *L'Esprit Nouveau* diseñado por Le Corbusier. La Argentina llegó a ser lo que Gris era para Stein: «un español que combina la perfección con la transubstanciación», un pintor cuyo «amor a la cultura francesa» lo han convertido en un artista irresistible.[4]

A pesar de que no visitó ni el Salón de los Independientes ni el Salón de Otoño en los años 1905, 1907 y 1909, la Argentina quedó muy probablemente cautivada por el cuadro de Picasso *Les Demoiselles d'Avignon* (1907), sus bodegones con guitarras (1907-1914) y por

La Argentina y los Ballets Espagnols en la primera escena de Triana, *1929.*

la obra *Flores* (1914) de Gris. Era una mujer selectiva, una mujer con gusto que observaba, inhalaba y después empleaba lo que le parecía interesante en su propio trabajo. Inspirada por el diseño francés o español y por el teatro de Diaghilev, Nijinsky y Massine, la Argentina rompió con el ballet tradicional español. A pesar de ser la solista, ya no se mantenía siempre en el centro de la composición: a veces, la amenazante escenografía de sus diseñadores parecía inclinarse hacia el escenario y absorber el violento taconeo como en las composiciones descompuestas de Picasso, que aplanaba las figuras con pinceladas violentas anulando cualquier significación hierática o jerárquica e imponiendo un sentido más uniformemente distribuido (o disruptivo) de la desproporción, la desunión y la desorganización. Por otro lado, esta ruptura de los cubistas españoles con aquello que Stein llamó «el diabólico siglo XIX» rezumaba una estética neoprimitiva. Por ejemplo, el aprovechamiento por Picasso de figuras íberas para su retrato de Gertrude Stein y de máscaras yoruba para *Les Demoiselles d'Avignon* fue una apropiación cultural que quizá inspiró a la Argentina su aproximación al universo gitano español.

De la misma forma que Picasso había usado imágenes íberas para

La Argentina en un solo de La Corrida; *Londres, 1936.*

reinventar el rostro de Stein, para objetivarlo y plasmar así su colosal energía y su extraordinaria voluntad, la Argentina usaría el ritmo gitano como único significante y acompañamiento, como agente musical y coreográfico en un ballet entero (por ejemplo, *La vida breve*). Las ideas rítmicas de la Argentina y de los gitanos permitían (al igual que la mirada indefinida de la máscara picassiana) que la estética del ballet cobrara más importancia que los propios cuerpos de los bailarines. A medida que la coreografía y el gusto escenográfico de la Argentina maduran, la semiótica de sus ballets (*Sonatina* y *El contrabandista*, por ejemplo) no sólo subsume la composición sino que se convierte en su génesis. Si Picasso se apoderó de la máscara africana y la usó fuera de su contexto original traduciendo esa imagen externa a un nuevo vocabulario formal que después reconfiguró, el uso que hizo la Argentina del ritmo flamenco (junto con el empleo por Manuel de Falla de la saeta antigua) dio lugar a una moderna composición cubista en la que los cuerpos ya no son tales sino objetos de sonido.

Como Picasso, la Argentina recurrió a los elementos decorativos de la cultura rural española y gitana, exploró sus elementos de color o diseño y los usó como instrumentos escenográficos. El interés de la Argentina por lo vernáculo como expresión de un pueblo homogéneo y autosuficiente se plasmó en cuadros escénicos (o «grupos») que

Primera escena de Juerga; *París, 1929.*

reflejaban los clanes gitanos.[5] La hermética vida tribal de los gitanos proporcionó a la Argentina una utopía, un laboratorio etnográfico perfecto. La artista creía poder descubrir las «herramientas» esenciales de su propio lenguaje coreográfico en su propia tierra, en la voz auténtica, introspectiva, objetiva de la cultura andaluza. Según ella se trataba de todo un universo subjetivo de voz y danza que podía ser modificado y recompuesto a través del cuerpo de una artista medio andaluza y medio castellana. En definitiva se trataba de una visión romántica de España transfigurada en expresión artística moderna.

Las producciones en colaboración de la Argentina ofrecían visiones modernas de una España heterogénea. Sus ballets *Triana* y *Juerga*, por ejemplo, incorporaban tanto la cultura popular de los gitanos andaluces como la propiamente española.[6] Y en particular, su relación profesional con el compositor Manuel de Falla fue el catalizador de dos grandes dramas líricos bailados, ambos ejemplos capitales de su modernismo: *El amor brujo* y *La vida breve*. El crítico del *New York Times* John Martin escribió que ambas obras mostraban su destreza para «captar la vitalidad del cuerpo español y someterla a los límites de la forma».[7]

En 1925, la Argentina recuperó *El amor brujo*, una obra de Falla estrenada por la bailaora Pastora Imperio en 1915. Para ello buscó nuevas dimensiones a la puesta en escena con el propósito de renovar la danza española sin renunciar a una temática típicamente andaluza. Tomando la técnica de la danza clásica española y experimentando con ritmos flamencos y relatos gitanos, llevó a la práctica un nuevo y sucinto vocabulario de danza que se convirtió en un lenguaje nacional interpretado durante la década siguiente en los escenarios de Europa y América. Su fusión de las tradiciones española y gitana fue la base de su vocabulario de trabajo, vocabulario que usó para instruir a sus bailarines, que ya eran buenos artistas de flamenco y a menudo de origen gitano. La Argentina coreografió los primeros dramas modernistas de la danza española, y trabajando solamente con colaboradores de su país creó una forma artística genuinamente nacional. Había redescubierto el potencial narrativo de los movimientos y la música españoles y los había convertido en símbolos de la compleja historia de España, en una plasmación de sus pueblos, culturas y fisonomías.

La escuela bolera

La Argentina creía que la tradición en la que se había formado debía ser la base (el modelo) de su visión. Su objetivo era crear una nueva forma narrativa y una danza teatral española totalmente orquestada y diseñada para la representación escénica. Su «singularidad», como el escritor francés Anatole France dijo a propósito de su meticulosa aproximación a la danza española, era académicamente clásica en su uso de los boleros, jotas y otros bailes tradicionales interpretados entonces en el Teatro Real de Madrid. El repertorio temprano de la Argentina, desde 1910 hasta 1915, incorporaba de forma significativa la tradición del bolero. Éste —en tanto baile y género basado en la combinación de danzas populares creada por los maestros del siglo XVIII— se usaba como instrumento coreográfico y como estilo de baile. Sin embargo, la Argentina utilizó el bolero como solo y no como la danza en pareja surgida a mediados del siglo XVIII a partir de la seguidilla bolera (y antes de las seguidillas manchegas con compás de 3/4).[8] Esto le permitió manejar una técnica extremadamente clásica mientras se acompaña-

Conferencia de prensa durante una gira por Holanda, 1935.

ba con las castañuelas y efectuaba rápidos cambios de dirección.

Al utilizar los recursos de la escuela bolera, la Argentina rendía tributo a sus progenitores, especialmente a su padre, al tiempo que desarrollaba una versión moderna de un estilo antiguo. La escuela bolera era una síntesis de tres formas de danza que coincidieron en Sevilla durante la época napoleónica: el bolero de principios del XIX, otros bailes españolas y el ballet francés.[9] La Argentina modificó el bolero incorporando el flamenco gitano para el movimiento de brazos y piernas. Combinando los giros y saltos suaves del bolero con el baile gitano centrado en la tierra se recogían las tradiciones de payos y gitanos desde el siglo XVIII hasta el XX. En su nueva forma transfigurada (1925-1936), la visión del bolero de la Argentina se convertiría en una tradición española reinventada que podía sobrevivir tanto al rechazo que los artistas modernos sentían hacia el pasado (es decir, hacia el romanticismo de los siglos XVIII y XIX), como al gusto de los cubo-futuristas por la mecanización del siglo XX (es decir, por la linealidad angulosa y la estética de la fealdad). En vez de permitir que la sílfide desapareciera por completo del escenario

La Argentina durante uno de los solos de Tango andaluz; *Nueva York, 1935.*

(convertida en una bailaora gitana pegada a la tierra), la Argentina combinó el bolero con la bulería para mezclar la dama etérea, quizá preindustrial, con la mujer trabajadora y cosmopolita.

Sin embargo, la danza de la Argentina derivaba también de un interés etnográfico por su tierra, interés que adoptó la forma de una investigación constante de los bailes de Castilla, Aragón, Navarra, Valencia, Galicia y Andalucía. Su visión multiétnica del ballet español fue reconocida por el crítico rusofrancés André Levinson ya en 1923. Las reseñas de éste sobre sus espectáculos parisinos, así como la monografía que publicó en 1928, facilitaron el salto de Antonia a la fama. En este último trabajo, Levinson explica su transformación de la danza española: «La Argentina —dice— estaba transformando en estilo los temas del folclore español, las danzas autóctonas que forman la raíz del instinto primitivo. Había entendido perfectamente la doble naturaleza de esa danza (escena y espíritu) que la convierte en algo fascinante. Gracias a ella, la danza española inició una nueva fase y se elevó a alturas de sublimación hasta entonces no alcanzadas».[10]

La estrella de la vanguardia

La Argentina había alcanzado un amplio reconocimiento como solista en 1916 durante una gira por España, Sudamérica, Norteamérica y el norte de Europa con el guitarrista y amigo de la familia Salvador Ballesteros y la pianista Carmencita Pérez. En 1923, el nombre de la Argentina se pronunciaba con la misma reverencia que el de la gran actriz francesa Sarah Bernhardt, las bailarinas americanas Isadora Duncan y Loïe Fuller, la cantante y actriz Raquel Meller y la bailarina «artística» española Tórtola Valencia. La Argentina actuó junto a esas mujeres en París, Moscú, Nueva York, Londres, Madrid, Sevilla, Túnez, Tokio, Shanghái, La Haya y Ciudad de México. Solamente volvería a su tierra natal con ocasión de cortas giras.

Como Tórtola Valencia y otras solistas de la época, la Argentina incorporó una visión exótica de la danza española combinando la tradicional escuela bolera con el flamenco. Para lograrlo realizó exploraciones etnográficas por España acompañada de su pianista, que transcribía las tonadas locales luego incluidas en composiciones or-

La Argentina durante un festival de danza en Manila.

questales. La Argentina fue a la búsqueda de sonidos regionales, colores e historias, que usó para poblar sus ballets, vestir a sus personajes y decorar sus escenarios: de esta forma puso en escena su compleja visión de la danza española y recuperó los antiguos bailes de los gitanos teniendo siempre en cuenta los ritos y costumbres de su cultura. El interés de la Argentina por las fuentes populares puede compararse con el del coreógrafo de los Ballets Russes Michel Fokine, y, como esfuerzo por reivindicar el legado del cante y la música flamenca, ese interés fue precursor del Concurso de Cante Jondo de 1922 promovido, entre otros, por Manuel de Falla y Federico García Lorca.[11]

Falla y García Lorca proporcionaban a la Argentina una perspectiva popular o neocastiza para el estudio y la canonización de la música y las letras flamencas. Pero fue la Argentina quien ya en 1905 (año de su primer viaje adulto a Andalucía) había comenzado a estudiar el flamenco y a utilizar algunos de sus múltiples elementos: el fiero zapateado y la intensidad contemplativa del individualismo centrado en la sensualidad del bailaor. El flamenco estaba destinado a llevar adelante el proyecto acariciado por compositores y musicólogos neonacionalistas como Felipe Pedrell o, posteriormente, Adolfo Salazar: «salvar» la cultura gitana frente a la comercialización. Como muchos bailarines, la Argentina creía que proteger una cultura era encarnarla, pero ella iba a ir más allá que personajes como Pedrell, García Lorca o Falla porque utilizaría el flamenco, sus cantes grandes y chicos, para modernizar la danza de España e iluminar así toda su cultura.

Falla reconoció en el trabajo de la Argentina la realización visual de sus objetivos. «Con qué emoción —escribe— he leído cuanto me dice de *El amor brujo*, que tanto debe a su arte espléndido. ¡Yo no me lo imagino ya sin la colaboración de usted! ¡Se lo aseguro! Y así tendrá que ser.»[12] Y García Lorca emuló a su gran amigo cuando (durante un homenaje a la bailarina en la Universidad de Columbia) dedicó tres composiciones del *Poema del cante jondo* a «la prodigiosa Antonia Mercé».[13] «Aquí quería yo llegar —dijo ese día— para señalar el arte personalísimo de la Argentina, creadora, inventora, indígena y universal.»[14]

A partir de 1915, la aproximación modernista de la Argentina al teatro español (primitivismo exótico al servicio de lo neocastizo) se

La Argentina en Asia durante su tercera gira mundial, 1930.

hizo más frecuente. Los solos de la Argentina se alargaron y hubo menos danzas en cada representación porque cada baile contenía una narrativa más sofisticada. Poco a poco, la Argentina empezó a montar coreografías completas con libretos y orquestaciones. En 1925 ideó una versión de *El amor brujo* que plasmaba su estética personal.

La Argentina también absorbió las tradiciones de algunos países donde estuvo de gira. Por ejemplo, en Filipinas aprendió una danza popular, la cariñosa, que se bailaba con vestido de seda (ilustración en color núm. 6). Adoptó los ritmos de la danza y las repeticiones, copió el vestido (que alargó y estrechó para convertirlo en una cascada de pliegues verticales, líneas propias del art decó) y añadió un abanico, elemento típicamente español. *La cariñosa* de la Argentina se convirtió en uno de sus solos más famosos y representados.[15]

El orientalismo francés

Interesada en la nueva moda parisina —los trajes de Jean Patou, las pieles de Maximilian y los diseños de alta costura—, la Argentina

La Argentina durante una visita a Egipto, 1934.

alcanzó una especie de síntesis de la moda, una moda singular de producción propia elaborada a partir de motivos folclóricos (normalmente representaciones bidimensionales de escenas rurales) o fracturas cubistas como las realizadas por Néstor de la Torre con las tabernas y cuevas gitanas. Bailaba entre las líneas curvas y rectas utilizando sus complicadas coreografías para unir la imagen y el sonido en un solo efecto.

La plasmación por la Argentina de esas culturas fue incesante, pues buscó siempre lo que Théophile Gautier llamó «les couleurs locales». La estética primitivista de *El amor brujo*, *Juerga* o *Triana* (ejemplos de una visión neopopular cosida a los vestidos que estalla en el taconeo) es una prueba de la capacidad innovadora de la Argentina, de su habilidad para «reinventar tradiciones», de acuerdo con la expresión acuñada por Eric Hobsbawm para describir el arte etnográfico.[16]

Otras fuentes importantes espolearon la aproximación de la Argentina a la tradición popular española: el romanticismo francés (iniciado hacia 1840 en pintura y literatura) y la modernidad etnográfica asociada a producciones de los Ballets Russes como *Petruchka* y *La consagración de la primavera*. El interés de los franceses por España se había despertado con la ocupación del país durante el período napoleónico. España era para ellos «la puerta de Oriente».[17]

En esa época, los españoles se veían a sí mismos como separados del resto de Europa. Buena parte de la España meridional fue regida por gobernantes musulmanes de origen árabe o norteafricano entre el año 711 y la conquista de Granada en 1492 (Córdoba fue ocupada por los cristianos en 1236 y Sevilla en 1248). Los Reyes Católicos, Fernando de Aragón e Isabel de Castilla, culminaron el largo proceso conocido como «Reconquista» y tomaron drásticas medidas para cristianizar su reino, pero la inmensa impronta cultural (y en particular arquitectónica) que musulmanes y judíos arabizados dejaron a lo largo de esos ocho siglos ha pervivido en el paisaje español hasta nuestros días. Tanto musulmanes como judíos (éstos llegaron inicialmente a la Península Ibérica antes incluso de la época romana) impregnaron la cultura y la vida social andaluzas de una atmósfera oriental que puede percibirse en el sur de España muchos siglos después de que los miembros de ambas comunidades se vieran forzados a elegir entre la conversión y el exilio.

Unamuno discutía así la identidad española: «¡El gran africano antiguo! He aquí una expresión [...] que puede contraponerse a la de "europeo moderno" y que vale tanto, por lo menos, como ella. Africano y antiguo es san Agustín; y lo es Tertuliano. ¿Y por qué no hemos de decir "hay que africanizarse a la antigua" o "hay que anticuarse a la africana"?».[18] Ese orientalismo subjetivo explica algo sobre el carácter español: sensual, a veces cruel y autodegradante, a un tiempo conquistador y conquistado, víctima de su pasión por la sangre como ocurre en la tauromaquia. En *La corrida*, su obra más personal, la Argentina reflejó las palabras de Unamuno.

La visión romántica que Francia tenía de España persistió hasta la Guerra Civil Española (1936-1939). La adopción por parte de Francia de la naturaleza mística y misteriosa de la herencia árabe hallaba su paralelo en la moda de presentar bailaores y cantaores españoles en los escenarios de music hall parisinos. Las actuaciones «españolas» eran muy populares pese a su dudosa autenticidad, pero al margen de esto se relacionaban, como en el caso de Carolina («la Bella») Otero, con comportamientos moralmente cuestionables. El resultado era la proyección de una imagen en la que España aparecía como una entidad separada de Europa. Los números españoles de music hall presentaban «otra» cultura, una cultura exótica y erótica. Como ocurría con los negros en los *minstrel shows* norteamericanos del siglo XIX,* los gitanos andaluces respondían al estereotipo de individuos pasionales y lujuriosos. Los gitanos andaluces tenían una accidentada relación con España a pesar de que sus antepasados habían alcanzado Europa desde la India ya a finales de la Edad Media. Los gitanos son hoy tan marginales como lo fueron moros o judíos, y sus costumbres (sus bailes, cantos y trajes) se han visto durante largo tiempo como algo extraño e inferior, incluso siglos después de que los nómadas romaníes se incorporasen a la tradición europea con su forzada conversión al cristianismo entre el siglo XV y principios del XIX.

Los grandes trípticos de Matisse con mujeres norteafricanas sentadas y envueltas en la suave luz azulada de un Mediterráneo sensual, lujurioso e idealizado son ejemplos perfectos de la fascinación francesa por lo «moruno». Con las cabezas agachadas en tranquila contemplación, las mujeres parecen casi invisibles, escondidas tras las sombras de puertas redondeadas o sentadas en actitud servil a la espera de que alguien entre. Esos cuadros son tan silenciosos que casi se oye el viento. Los cielos curvos y las figuras planas de Matisse se convertirán en decorados para los ballets de la Argentina.

El orientalismo ruso

Los Ballets Russes, la compañía de bailarines formados en Rusia que el empresario Serge Diaghilev presentó en París en 1909, fue una gran influencia en las coreografías de la Argentina. Las producciones de los Ballets Russes fueron el resultado de una estrecha co-

* Literalmente «funciones juglarescas»; espectáculos de variedades (baile, música, humor, etc.) en que actores blancos tiznados interpretaban a negros estereotípicos (el holgazán, el lascivo, el danzarín, etc.). *(N. de la T.)*

laboración entre músicos, poetas, pintores, diseñadores y bailarines. No hay duda de que la Argentina vio muchas de estas producciones durante el período que transcurre entre sus actuaciones en los music halls franceses y la formación de su propia compañía. La influencia es evidente en el ideal de fusión que caracteriza el trabajo de madurez de la Argentina o en su estrecha colaboración con artistas como Néstor de la Torre, Ernesto Halffter y otros miembros de la nueva escuela española. Manuel de Falla, amigo y mentor de la Argentina, introdujo a ésta en la idea de una colaboración constante. Falla había adaptado *El sombrero de tres picos* para Diaghilev en 1915, cuando los Ballets Russes estaban en la España no alineada para escapar de la Primera Guerra Mundial. Quizá su trabajo con Diaghilev le hizo pensar que ésa era la mejor manera de crear una danza escénica: elementos musicales, libreto, escenografía y elementos coreográficos producidos por personas diferentes y unidos en un espectáculo integral.

La meticulosa profesionalidad de las producciones creadas por la Argentina, ya fueran de pequeño o gran formato, prueban que su deseo era crear una forma española y moderna de danza teatral como la que había creado Diaghilev. Con su propia compañía, los Ballets Espagnols, la Argentina mostraba su afinidad con la estética de los Ballets Russes: las colaboraciones entre Fokine y Stravinsky en *Petruchka* (1911), Nijinsky y Stravinsky en *La consagración de la primavera* (1913), Falla y Massine en *El sombrero de tres picos* (1919) o Stravinsky y Bronislava Nijinska en *Les Noces* (1923) eran el ejemplo a seguir.

Además, como los «primitivos» que poblaban *La consagración de la primavera* de Nijinsky, o los acróbatas que fascinaban en la *Petruchka* de Fokine, los *cuadros* flamencos de la Argentina representaban su deseo de volver a las raíces populares siguiendo la estela de Diaghilev.[19] ¿Vio ella *La consagración*? La Argentina estaba en París en 1911 cuando se estrenó la obra; es por tanto muy posible que la viera y que tuviera un efecto significativo en sus ideas coreográficas. Quizá fuera incluso la razón por la que quiso actuar en Rusia y aprender de los bailarines del Maryinsky.[20]

Como había hecho antes Fokine, la Argentina concedía una gran importancia al juego entre el solista y la compañía. Es esta tensión entre bailaora y cuadro la que realza el aislamiento de la figura que baila sola una soleá. Los solos más aplaudidos de la Argentina fueron *Seguidillas*, sin música y acompañado sólo por las castañuelas que ella misma tocaba, y *La corrida*, interpretado con música de Valverde o sólo con acompañamiento de castañuelas.[21] *La corrida* fue en realidad su primera coreografía para el Moulin Rouge y en ella recreaba la plaza de toros y la crueldad del espectáculo taurino.

La deuda más importante de la Argentina con Fokine fue la romantización del folclore para utilizarlo como material coreográfico. La muchedumbre se convirtió en comunidad al igual que el cuerpo de baile había simbolizado a la familia escénica. Como Fokine, la Argentina extrajo al solista del cuerpo de baile, enfatizando así el conjunto, y después integrando la figura del solista en los bailes interpretados colectivamente. Por ejemplo, la escena carnavalesca incluida por Fokine en *Petruchka* (con su actividad de feria callejera —acróbatas, ilusionistas y puestos de comida—) puede haber influido en el mercado que aparece en *La malagueña* de la Argentina (1932), escena repleta de actividad y danzas regionales. Su coreografía rompió con la rutina de los ballets españoles tradicionalmente pacíficos que presentaban a las majas del siglo XVIII.[22] En su lugar, la Argentina creó un trasfondo de movimientos, sonidos y vulgares compraventas representados mediante el canto y la danza.

En su versión de *El amor brujo* (1925) parece que la Argentina estuvo influida por la visión del pasado ruso que Nijinsky proyectó en *La consagración*. Como él, la Argentina confió en la magia de la mímica para explicar su historia sobre el encantamiento, el amor y la hechicería gitana. Ahí, la Argentina bailaba como una bruja alrededor de una hoguera encendida en un pueblo encalado de Cádiz. Las gitanas, reunidas alrededor del fuego, susurraban conjuros durante «la danza ritual del fuego». El resultado recordaba el sacrificio de la virgen en *La consagración*.

El modernismo hispánico

De este modo, la cultura popular, que podía moldearse y recrearse, se convirtió en la herramienta más significativa y útil de Fokine,

Nijinsky y la Argentina para expresar la modernidad. Puede apreciarse por ejemplo tanto en *L'après midi d'un faun* de Nijinsky como en *Cuadro flamenco* de la Argentina, también conocido como *En el corazón de Sevilla* (1928). Para la Argentina, «lo hispánico como modernismo», de acuerdo con la expresión acuñada por el artista francés Desbarolles en 1851, era un modus vivendi a la vez que un material que le permitía hallar su voz, al igual que había ocurrido con sus modelos rusos.[23]

Con la formación de los Ballets Espagnols en 1928, la Argentina empezó a ser conocida como la Pavlova del flamenco. Estaba acompañada por cincuenta músicos, a menudo dirigidos por el maestro Enrique Fenández Arbós, y tenía como pareja a Vicente Escudero o al gran mimo francés Georges Wague. Cuando murió, el 18 de julio de 1936, la reseña necrológica apareció en la primera página de toda la prensa mundial. Con este reconocimiento queda claro que su muerte señaló el fin de una era para la gran danza escénica española. Hoy, un débil eco de su meticulosa atención al detalle, su indiscutible musicalidad, su gran carisma y su incesante entrega al escenario sobrevive en los trabajos cinematográficos de Carlos Saura y Antonio Gades, en los dramas bailados de Mario Maya y en los ballets flamencos de Manolo Marín. Pero curiosamente, aunque ninguna otra española la haya superado como intérprete, directora y coreógrafa, pocos historiadores de la cultura recuerdan a la Argentina. ¿Cómo puede una persona tan famosa en su propio tiempo ser tan poco recordada por el país que veía en ella «el alma española», que la convirtió en su embajadora cultural?[24] Quizá los conflictos sociopolíticos, tanto anteriores como posteriores a su muerte en 1936, puedan ayudar a explicar por qué la Argentina sigue siendo una figura marginada en la historia cultural española.

La Guerra Civil Española

«La borrasca fascista», como decía el primer ministro británico, Winston Churchill, se extendía por el sur. En 1933, con la subida de Hitler al poder, Europa cambiaría para siempre; en 1936, con la guerra civil, lo harían la vida y la cultura españolas. Concluida esa guerra (que se inició el día en que murió la Argentina), buena parte de los creadores españoles había perdido su patria, y algunos, como Lorca, también la vida. El mundo artístico español, con el que la Argentina había gravitado hacia París, iba a dispersarse por el mundo en un estado de exilio permanente.

La Argentina, como muchos españoles, había previsto la guerra. Desde el verano de 1928, y durante los ocho años que le quedaban de vida, escribió a su mejor amigo, el pianista Joaquín Nin (padre de la escritora Anaïs Nin) acerca de sus temores políticos y su tristeza ante «la destrucción de mi precioso país por parte de las fuerzas conservadoras».[25] Y Nin respondía: «España todavía está enferma. Esperemos que haya curación para esta crisis y que al final prevalezca la razón... Hasta ahora se ha progresado poco. La peseta está anémica. Estamos aguantando y eso ya es mucho».[26] El *Guernica* (1937) de Pablo Picasso se convirtió en un símbolo del conflicto. *Guernica* es una crónica pictórica en blanco, negro y grises de los horrores de la guerra en el pueblo vasco de Guernica, crudo testimonio de las atrocidades que Goya ya había pintado a principios del XIX. Mientras el *Guernica* iba a convertirse en un icono internacional, la Argentina se desvanecería hasta el punto de que muy poco de su arte y de su recuerdo permanecen. Pocos en 1936 podían imaginar tal destino para una mujer en el cenit de su fama y de su carrera artística internacional, una creadora con tanta influencia sobre los artistas y la cultura de su época. Sin embargo, fue olvidada. Cómo sucedió es un misterio y refleja en parte la naturaleza efímera de la danza, una forma de arte dinámica anclada en el ahora que desafía los intentos estáticos de preservarla.

Decenas de miles de españoles murieron o fueron encarcelados bajo la represión franquista; otros muchos huyeron a países sudamericanos o europeos sin poder volver a España por miedo a la cárcel, las torturas o la muerte. La prensa de Franco se apresuró a minimizar, o incluso a borrar, cualquier cosa que pudiera ser considerada una amenaza para el nuevo régimen. Se instituyó una actitud represiva hacia las mujeres y así la Argentina, modelo de independencia y de capacidad de iniciativa, la mujer de la gracia, la sensualidad, la sutileza y la popularidad fue borrada de los libros de historia en cuanto la incipiente democracia española fue reemplazada por el gobierno militar. En 1975, cuando Franco murió, la reputación de la Argentina ya se había evaporado; sus mágicos retratos de España fueron ignorados porque se habían vaciado de sentido, se habían vuelto translúcidos.

En 1931, año en que el rey Alfonso XIII (gran admirador de la Argentina) abandonó España, la bailarina recibió la Legión de Honor francesa por sus servicios a la cultura en representación de su país. Un año más tarde, en 1932, después de una actuación en Madrid, recibió el Lazo de Isabel la Católica, que le fue otorgada por el presidente de la Segunda República, Manuel Azaña.

A finales de 1931, moría una admiradora entusiasta de la Argentina, la famosa bailarina Anna Pavlova.[27] Su muerte se produjo tras la de Sarah Bernhardt en 1923, Isadora Duncan en 1927 y Loïe Fuller en 1928. En 1929 murió Diaghilev en Venecia y los bailarines de los Ballets Russes se dispersaron por el mundo. Podría decirse que la pérdida de la compañía rusa fue compensada por los Ballets Espagnols de la Argentina. Ésta recogió el testigo de Diaghilev como directora de la mayor compañía de ballet de París. Y como los Ballets Russes, los Ballets Espagnols ofrecieron al público francés una compañía popular extranjera cuyas escenografías parecían exóticas y orientales aun estando basadas en la técnica tradicional del ballet español.

El legado

La supresión por parte de Franco del recuerdo y la obra de los artistas implicados en el florecimiento del modernismo hispánico ayuda a contextualizar la relación de la Argentina con los intelectuales españoles durante el período anterior a 1936. Para entender por qué su papel en la cultura española quedó en el olvido tras la guerra civil hay que saber que fue excluida de los libros de historia[28] a pesar de su intensa vinculación con el universo cultural de la época. Porque las generaciones del 98 y el 27 (integradas por figuras literarias como Unamuno, Azorín, Machado, Baroja, Valle Inclán, Benavente, Ortega y Gasset, María Lezárraga, Lorca, Cernuda, Alberti, etc.) habían abrazado la misma cultura popular española que tanto interesó a la Argentina. La Generación del 27 (algunos de cuyos miembros eran apenas adolescentes durante la Primera Guerra Mundial y la Revolución Rusa) fue mucho más radical que la del 98, que luchó principalmente contra las restricciones impuestas por la Iglesia Católica. Los jóvenes del 27 dirigían sus plumas de forma mayoritaria contra la monarquía y defendían una forma de gobierno parlamentaria y republicana. Los espectáculos de la Argentina plasmaban la energía de la nueva escuela española; su trabajo integraba, además, la ideología de todos ellos en los círculos artísticos de París. Estos escritores, muchos de los cuales escribieron reseñas y ensayos sobre danza española, utilizaron los espectáculos de la Argentina como material de reflexión. Ortega, Benavente y Valle Inclán, en particular, elogiaron la estética casticista de la joven Antonia.

Se podría decir que el legado de la Argentina como neoprimitivista dedicada principalmente a encontrar una voz para los gitanos fue destruido por las «reformas» neonacionalistas del dictador Francisco Franco. En su biografía *Franco*, Paul Preston muestra los esfuerzos del dictador para erradicar todo vestigio de modernidad o liberalismo. Cualquiera que estuviera relacionado con el libre pensamiento podía ser perseguido. Además, sabemos por los archivos de la Sección Femenina (de la Falange) en Madrid, que los bailes populares interpretados por los Coros y Danzas de esa organización fueron saneados y usados como forma de propaganda política y como actividad recreativa para chicas patrocinada por el régimen.[29] El intento de Franco de reconstruir una sociedad alejada del período de entreguerras tuvo éxito, desde luego. Hay que colocar a la Argentina en ese contexto social y político porque es imposible aislarla de la época en la que trabajó.

A diferencia del poeta, el compositor o el escritor, el bailarín pierde su lugar en la mente del público cuando su cuerpo físico ya no está presente. Las palabras permanecen en su forma física, al igual que las notas musicales, pero la danza de la Argentina (como la de Nijinsky o Pavlova), apenas captada en una secuencia cinematográfica de tres minutos y medio, no podía mantener la atención general durante mucho tiempo después de su muerte. Ésta es una de las razones por las que ha recibido tan poca atención, pero hay otras.

La Argentina en el restaurante Excelsior de Madrid con un grupo de escritores y artistas, 1928.

A pesar de la lealtad de la Argentina a la izquierda, muchos de sus amigos y promotores procedían de la clase alta, y en su mayoría no eran en absoluto izquierdistas. A falta de películas y con los artistas e intelectuales que la habían apoyado dispersos por el mundo, ¿cómo podía una estrella de la danza ser recordada? ¿Quién quedaba para hablar de ella? Luego estalló la Segunda Guerra Mundial, que se prolongó hasta 1945, y la posterior reconstrucción de la maltrecha Europa se alargó hasta la década de 1950. La Argentina, además, murió de forma prematura sin abrir una escuela donde hubiera podido transmitir sus conocimientos y principios creativos a las siguientes generaciones

Aun así, resulta preocupante que España haya olvidado a esta estrella. La Argentina, tan brillante en su momento, es como una vela que se apaga cuando las fuerzas de Franco apoyadas por Alemania e Italia ocupan las tierras que inspiraban los paisajes escénicos de sus obras. Con las fuerzas democráticas empeñadas en la lucha contra el fascismo, España no tenía tiempo para recordar a sus hé-

Vestida para Tango andaluz; *Madrid, 1931.*

roes y menos a una gran y heroica bailarina. Con los españoles enfrentados a la muerte y el hambre no había tiempo para mantener el recuerdo y la herencia de la Argentina.

Los contemporáneos de la Argentina —especialmente los bailarines— preservaron su legado hasta sus muertes en los años cincuenta y sesenta, pero no eran escritores, no tenían poder político, no escribieron memorias ni publicaron artículos para la prensa. Aún hoy, algunos coreógrafos del Ballet Nacional de España recuerdan su arte y su forma de bailar, pero tampoco tienen capacidad para recrearlos, para poner en escena las viejas obras, para recuperar o enseñar la técnica a una nueva generación de bailarines.

Y, por supuesto, los gitanos que bailaron con ella no tenían poder para montar retrospectivas. A pesar de que muchos de ellos lucharon con Franco durante la guerra civil, éste perseguiría implacablemente a los gitanos como si fueran extranjeros en su propia tierra. Bailaores como Joselito e Ibáñez se convirtieron en profesionales del tablao flamenco sin interesarse por el recuerdo de la Argentina. Eran gitanos y, al contratarlos, la Argentina se había asociado a su

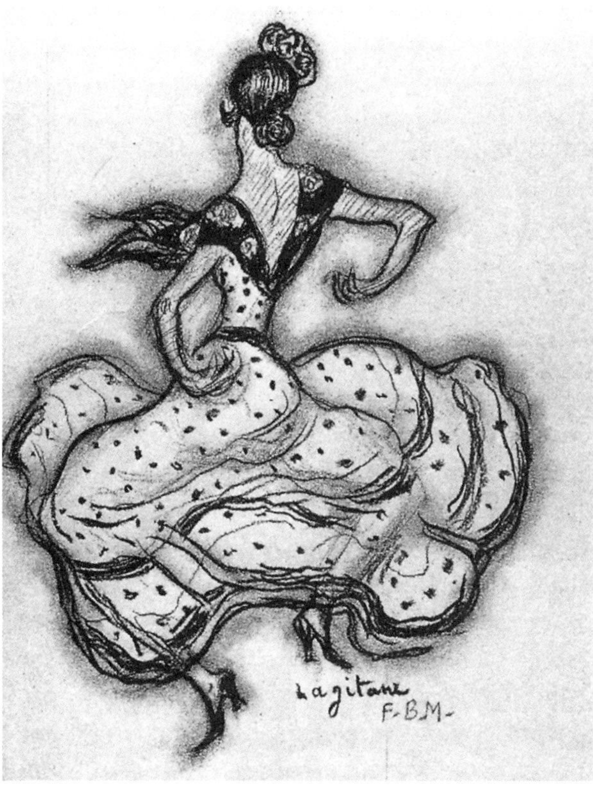

Caricatura de la Argentina en La gitane.

subcultura, pero bajo Franco ningún promotor español habría apoyado a un gitano que quisiera revivir las coreografías de su antigua patrona, por muy grande que ésta fuera.

Económicamente débil y físicamente exhausta, la sociedad española no estaba en situación de conmemorar los días anteriores a Franco. Éste había conseguido silenciar a la Argentina, borrar su arte y sus representaciones. Sus ideas sobre el teatro (expresadas mediante el recurso dramático de un cuerpo en movimiento, una figura femenina que gira sobre su eje en armonía perfecta con la música) no estaban registradas como las obras teatrales y poemas de Lorca o Valle Inclán, de modo que ella desaparecería para siempre y solamente la recordarían algunos ancianos.

Reflexiones

Durante los años treinta en Estados Unidos, los pioneros de la danza moderna —Martha Graham, Charles Weidman y Doris Humphrey— creían que los norteamericanos tenían que compartir una experiencia común, unos objetivos comunes y una forma de expresión unificadora. Especialmente Graham descubrió el americanismo visionario de Frederick Jackson Turner en frecuentes visitas a Nuevo México entre 1935 y 1948. Regresó a Nueva York para crear *Frontier* en 1935 y *Appalachian Spring* en 1944, coreografías que recordaban los paisajes terrenales de la pintora Georgia O'Keefe y los pueblos encañonados de la cultura anasazi. Graham llenó su danza con los espacios abiertos del oeste norteamericano. De forma similar, la Argentina descubrió en España —un país a la vez áspero y sensual— lo que Graham había hallado en América. Al entrelazar sus coreografías con las leyendas y los ritmos españoles, la Argentina, como Graham, dedicó su vida a lo que consideraba la esencia, la verdad de su país. La Argentina hizo latir el compás de las cuarenta y nueve provincias españolas con sus tacones, como si ella existiera en cada pequeño espacio simultáneamente, como si fuera de cada una de las partes del territorio español, como si entrara en todas sus iglesias, sus fiestas, sus funerales. A su manera, lució el tocado de la mujer catalana del siglo XVIII o se cubrió con la mantilla andaluza del XIX.

Las reflexiones de la Argentina sobre España la convirtieron en una representante artística y cultural de su país entre 1914 y 1936. (En 1935, por ejemplo, fue invitada a actuar en la Casa Blanca por Eleanor Roosevelt.) Su inspirada visión le proporcionó un lugar entre los intelectuales españoles. La Argentina contaba una historia que también ellos querían que sus compatriotas escucharan, leyeran y vieran. Con el mundo de los ballets de la Argentina se difundió una nueva visión artística de España. En *El amor brujo* (solos de danza, 1923, 1925 y 1928), *El contrabandista* (solo de danza, 1927; ballet completo, 1928), *Triana* (solos de danza, 1927 y 1929), *La vida breve* (ballet completo, 1928), esta visionaria produjo, presentó y bailó sus propias obras de arte, unos espectáculos teatrales que representaban a su país desde la danza.

2. *Los años de formación (1888-1912)*

Sirvo a un arte mudo y busco la expresión total mediante pasos de danza, gestos o contorsiones. Mi vocabulario más seguro sale de mis tobillos, mis brazos, mis manos, las líneas de mi cuerpo y la expresión de mi rostro. Me gusta, y estoy acostumbrada a ello, hacerme comprender en silencio o, mejor dicho, añadiendo a mi silencio sólo la voz musical, lejos de las palabras que encuentro de alguna forma limitadas. De hecho, pienso que he aprendido a vivir a una cierta distancia de las palabras porque no les pido nada cuando practico mi arte.

La Argentina, citada por Suzanne de Soye
en *Toi qui dansais, la Argentina*

Antonia Rosa Mercé nació en una pensión de Buenos Aires el 4 de septiembre de 1888. Sus padres eran unos bailarines que ganaban algo de dinero extra con una gira por la Argentina en una compañía de primeras figuras del Teatro Real de Madrid. Como el Teatro Maryinsky de la Rusia imperial, el Teatro Real estaba bajo el patrocinio del rey. Alfonso XIII era un entusiasta de la danza, el mimo, la música, la pintura y las mujeres hermosas. Bajo el ojo vigilante de Alfonso, el Teatro Real contrató a los mejores maestros de danza italianos y españoles para formar a su cuerpo de baile y a sus principales solistas en el complejo arte de la danza teatral francesa, española e italiana.[1]

A finales del siglo XIX, el Teatro Real y su escuela, la Academia Real de Danza, estaban bajo la influencia de los maestros italianos y sus prácticas coreográficas.[2] El padre de la Argentina enseñaba baile clásico español, un estilo noble que exigía rigor musical, concentración, fuerza muscular y equilibrio.

La danza principal de la escuela clásica española, el bolero, era, como lo describió Carlo Blasis en 1831, «una danza mucho más noble, modesta y contenida que el fandango», baile gitano-andaluz que la Argentina incorporaría más tarde a su repertorio. Si el ballet italiano enfatizaba la rectitud del torso superior manteniendo el cuerpo en posturas que parecían ligeras y poco forzadas, la técnica española requería que el bailarín se convirtiera en la línea musical ya que utilizaba el cuerpo como medio de expresión melódica. El cuerpo era el agente musical, el acompañamiento de las castañuelas.[3] En realidad, la danza española se preocupaba menos por la silueta y el contorno de la bailarina y su posición, pero plasmaba con más intensidad el espacio y el tiempo. La escuela española (la bolera en particular), ponía menos énfasis en la flotación aérea o la elongación corpórea dentro del espacio (rasgos típicos del ballet italiano) y más en los movimientos rápidos de cabeza, brazos y pies para expresar los estados emocionales. La escuela bolera era la técnica a la que el señor Mercé dedicó toda su vida y en la que, a su pesar, se formó su hija.

El padre de la Argentina, Francisco Manuel Mercé (Valladolid, 1860), fue primer bailarín y un gran maestro de danza[4] que ya en su

Casa de Buenos Aires donde nació la Argentina.

La Argentina posando con el vestido para Suite andaluza, *1935*.

juventud estaba considerado como un «técnico notable».[5] En una entrevista concedida en 1936 a su biógrafa francesa, Suzanne F. Cordelier, la Argentina describió a su padre como «un gran intérprete de las escuelas españolas de danza»: la clásica nacional, la derivada del ballet clásico franco-italiano y los distintos estilos regionales.[6] La Argentina, influida por el sistema didáctico de su padre, incorporó las tres tendencias enseñadas por la academia española y las combinó con el flamenco gitano, reconociéndolo así como una cuarta escuela de baile, como un género estético en sí mismo. Quitando al flamenco la etiqueta de simple baile popular y colocándolo en pie de igualdad con los estilos canónicos españoles, la Argentina transformó tanto la enseñanza como la estética sociocultural de la danza española tradicional. Al colocar el flamenco y la danza clásica española junto a las tradiciones coreográficas de la Europa septentrional, la Argentina transformó la danza española, reorganizando sus escuelas a partir de pasos de danza modernos (y también modernistas) que fueron la base de su fama y su legado.[7]

Pero la Argentina reprochó a su padre que no hubiera «ido más allá. Nunca creó, no vivió con su alma. Para mi padre la danza era un conjunto de reglas frías y muy sólidas, de una densidad plomiza».[8] Se trata de una crítica muy severa hecha por una mujer de cuarenta y ocho años (ya madura, por tanto, cuando concedió la entrevista) que había alcanzado el éxito en su propia carrera profesional. Sin embargo, la rabia y la frustración no disimuladas de la Argentina respecto a la incapacidad de su padre para ir más allá de los rigores académicos debieron de ser insoportables para ella durante la infancia. Esta cita da testimonio de la evolución que experimentó la Argentina desde la joven alumna de su padre a la renovadora del estilo clásico español.

Aunque confiaba totalmente en la memoria de la Argentina pese a los muchos años transcurridos, Cordelier tuvo la prudencia de incluir unas palabras del crítico Montsalvatge que complementaban la opinión de la hija con palabras de tibio elogio: «Era un bailarín correcto, de una técnica irreprochable. Fue siempre un intérprete fiel y leal, aunque artificioso por la frialdad del escenario».[9]

Manuel Mercé conocía todos los estilos de la danza clásica española. Como maestro de baile, transmitió sus conocimientos sobre las tres escuelas de danza nacionales a sus numerosos discípulos, que provenían mayoritariamente de las familias más ricas de Madrid.[10] Como primer bailarín, Mercé también era profesor del Conservatorio de Música, para lo que estaba preparado tanto por su experiencia en la interpretación como por sus conocimientos estilísticos. Sus clases eran consideradas «racionales y rigurosas».[11]

Mercé era muy estricto con la disciplina. Nunca se movió de los estilos tradicionales que había aprendido, nunca extrapoló nada y era estricto y exigente. Según Cordelier, el convencionalismo del padre de la Argentina es una de las razones de que ella quisiera romper con la tradición para expresarse.[12]

En 1880, Mercé era ya primer maestro de danza del teatro y profesor de técnicas boleras.[13] Su título nos informa de que se había especializado en los bailes de la escuela clásica española (boleros, peteneras, jotas, danzas vascas, etc.) además de dominar las tradiciones del ballet europeo en la estela de Jean-Georges Noverre (1727-1810), Jules Perrot (1810-1892) y Enrico Cecchetti (1850-1928).[14]

En una actuación en el Teatro Municipal de Córdoba, Mercé conoció a Josefa Luque, «una bonita joven cordobesa... de una familia andaluza de abolengo» que había perdido toda su fortuna.[15] Como era muy bella y de buena familia, había recibido muchas proposiciones de matrimonio, pero las había rechazado porque pensaba que una mujer pobre no podía casarse con un hombre rico.[16] Mercé no era rico, como no lo era ningún bailarín de ningún gran teatro europeo que tuviera en nómina un cuerpo de baile de casi cien bailarines aparte de los solistas.[17] Sin embargo, resulta curioso que una familia de clase alta permitiera que su hija se casara con un bailarín.[18]

Las danzas populares andaluzas (sevillanas, etc.) se enseñaban habitualmente a las jóvenes en la España de finales del siglo XIX. Además, una chica de buena familia acudía normalmente a una escuela de baile ya que la danza se consideraba un mérito para una joven y una buena influencia en la formación de las adolescentes. Era normal que Josefa hubiese estudiado danza de jovencita, y no es extraño que volviese a practicarla al casarse con el maestro Mercé. La propia Antonia, en una entrevista concedida a Elizabeth Borton en 1936, dijo que su madre empezó a bailar tarde, pero en realidad no hubiera podido ejecutar los saltos de la jota o los zapateados de las peteneras si no hubiera empezado de pequeña. La Argentina nos dice que solamente una española puede «moverse como una española, andar de forma española, con las maneras propias de una española».[19] Quizá sea ésta la razón por la que la Argentina creía que su madre había sido capaz de subirse al escenario a una edad tardía sin formación previa. En cualquier caso, aunque muchas jóvenes españolas aprendían el bolero (los chicos y chicas andaluces de clase media practicaban las seguidillas sevillanas, una danza tradicional adoptada por los gitanos y muy popular en fiestas y ferias), solamente algunas muchachas de buena familia llegaban a ser bailarinas.[20] En general no se las educaba para llevar la vida de una bailarina que ha de viajar sin vigilancia y tomar sus propias decisiones.

Josefa, una mujer amable y cariñosa según su hija, tomó en Madrid clases particulares con su marido y a la edad de treinta y tres años se convirtió en primera bailarina del Teatro Real, donde a veces bailaba junto a Manuel. A esa edad, avanzada para una bailarina, hubiera sido normal que solamente se la tuviera en cuenta para algunas piezas, y seguramente era apreciada sólo como una discreta bailarina de danza española.

Los boleros exigen saltos, vueltas rápidas y giros de pierna mientras se mantiene el tronco bien controlado y se tocan las castañuelas. Ni siquiera una bailarina entregada, como Josefa Luque, podía alcanzar un estatus superior al de bolera.[21] Quizá tuvo que bailar también peteneras, jotas y valencianas, danzas obligadas en el Teatro Real a finales del siglo XIX,[22] pero su capacidad para bailar todo esto es cuestionable. Tal vez la hija exagerara la categoría social de su madre y ésta había ido a una escuela de danza para aprender una profesión viable. Sin embargo, Josefa Luque debe ser considerada una mujer ambiciosa y creativa que amaba el teatro. Xavier Montsalvatge describió a Josefa en comparación con su marido: «De mejor fibra e inteligencia más aristocrática que él, poseyó de una manera alada y esplendente el don de la gracia».[23]

Al hablar del extraordinario matrimonio de sus padres y de la capacidad de su madre para aprender el arte y la técnica de la danza a una edad tardía, la Argentina especulaba con la posibilidad de que fuera la creatividad de su madre y la capacidad didáctica de su padre —capaz de fragmentar una composición en una serie de pasos simples y comprensibles— lo que había permitido a aquélla convertirse en primera bailarina a esa edad. (Algo casi imposible en cualquier período de la historia de la danza ya que lo fundamental para el baile es entrenar el cuerpo físicamente desde una edad temprana, adquiriendo uno mismo, a través del propio cuerpo, una conciencia instintiva del espacio y el tiempo que se comunica físicamente entre la mente y el cuerpo.)[24] Pero la Argentina también atribuía la tardía habilidad interpretativa de su madre a la personalidad autoritaria de su padre. Lo describió a Cordelier como un hombre estricto y disciplinado, mientras que su madre era más cariñosa y proclive a las emociones. No hay duda de que su propia carrera no podría haber empezado antes de la muerte de su padre.

En 1892, la familia volvió a Madrid y se instaló en el Barrio de Salamanca, una zona de clase media acomodada, en una pequeña casa con un gran estudio donde Mercé podía continuar dando sus clases nocturnas. Los alumnos de su padre visitaban el salón de los Mercé por la noche para charlar con el maestro. En este ambiente de trabajo artístico, una Antonia de cuatro años estaba a diario en contacto con la danza. Mercé insistió en que su hija estudiara música, arte que cultivaban las jóvenes de la aristocracia,[25] pues no quería que fuera bailarina. La Argentina fue enviada al conservatorio para aprender teoría musical, historia general de la música, canto y castañuelas, aunque a ella no le gustaba nada.[26] Josefa «veía a su hija como cantante» y estaba decidida a que trabajara como «artista lírica» aunque no fuera cantante de ópera.[27] En el ambiente ultraconservador madrileño del cambio de siglo, el canto era considerado una profesión aceptable para una mujer joven obligada a trabajar. Sin embargo, ser bailarina, mostrándose ligera de ropa, quizá en un music hall o en un café cantante, era considerado como algo absolutamente inaceptable por las mentalidades católicas, especialmente si la chica pertenecía a una buena familia, aunque fuera una familia de bailarines como los Mercé.

En la biografía de Cordelier se recogen varias observaciones de la Argentina sobre la sorpresa de su padre ante el triunfo juvenil de la hija en Córdoba. Hay que situar en su contexto el recuerdo que la Argentina tiene de los prejuicios de su padre sobre el hecho de que ella bailase. Hablando de recuerdos, cuarenta y cuatro años después de su debut, la Argentina contó que su padre la ayudaba por osmosis y que nunca la animó, excepto en lo relativo a la música. Y la música supondría el lanzamiento de la Argentina al estrellato internacional como la mejor castañuelista del mundo.

El padre de la Argentina quería que ella fuera cantante y castañuelista. Según el señor Mercé, las castañuelas representaban el alma de España, su historia y su cultura. Un instrumento delicado que podía acompañar el canto y el baile y que daría a su hija la sensibilidad musical que le permitiría entender el ritmo; además, para un maestro de la escuela bolera, las castañuelas eran el símbolo del artista español completo. Las veía como un pasatiempo de la clase alta, reminiscencias de las escenas goyescas en las que la nobleza daba un toque a las castañuelas al pasar unos frente a otros en los bailes de parejas que se llevaban a cabo en inmensas salas de baile.

En el Madrid de finales del siglo XIX, las castañuelas eran el símbolo festivo tanto de la aristocracia como de los pobres y desclasados gitanos. Basta con mirar los grabados de gitanos de Gustave Doré y John Singer Sargent y los cuadros de los cafés cantantes de Joaquín Sorolla y José Llovera para hallar la prueba del extenso uso de las castañuelas por parte de los bailaores gitanos.[28]

Si se tocan con atención y cuidado, las castañuelas producen un sonido casi aéreo. A principios del siglo XX eran utilizadas por gitanos y payos como acompañamiento del baile flamenco, pero después de la guerra civil dejaron de emplearse, aunque su uso permaneció en la escuela bolera. Con las improvisaciones jazzísticas de Paco de Lucía durante las décadas de 1960 y 1970, y tras la muerte de Franco en 1975, volvieron a verse las castañuelas en las manos de los intérpretes flamencos, aunque aún no se ha estudiado quién recuperó su uso y en qué momento exacto. Además, hay que preguntarse si el prejuicio de los intérpretes de flamenco contra las castañuelas fue una consecuencia de la época de Franco o una reacción posmoderna hacia un instrumento que representaba los valores políticos y socioeconómicos de los siglos XVIII y XIX.

Para la hija de Mercé, aprender a tocar las castañuelas requirió concentración, disciplina, control y percepción musical. Además, si se tocaban con autoridad y dignidad, las castañuelas podían despertar el patriotismo y agradar a un público mayoritario, cosa que proporcionaba elogios al intérprete y su aceptación inmediata como un gran artista de la tradición escénica española. Así pues, no fue ninguna sorpresa que las castañuelas estuvieran presentes en la primera interpretación como solista de la Argentina fuera del Teatro Real, que tuvo lugar en 1905 en el Teatro Romea. Allí, «sobre un suelo astillado», la Argentina cantó, bailó boleros y tocó las castañuelas en público por primera vez.[29]

En una entrevista concedida en Londres en 1932, Antonia recuerda su primera reacción ante ese pequeño y humilde instrumento de percusión:

> Cuando era pequeña, con apenas cinco años, oía constantemente las castañuelas en casa de mis padres, cuando daban clases de danza. Ese sonido antimusical me irritaba hasta el punto de que me escondía en el lugar más alejado de la casa para escapar a su eco. Ahí practiqué con mis dedos infantiles con un par de castañuelas que mi padre me había regalado. Inconscientemente (ya que, a esa edad, uno no razona), me forzaba a sacar sonidos de aquel instrumento, sonidos que no hirieran mis oídos como los otros. Así fueron mis principios en el arte que ahora practico, y puedo decir sinceramente que el gusto que tengo por mis castañuelas proviene de mi disgusto por las ajenas.[30]

No fue hasta que dejó el Teatro Real cuando empezó a interesarse de verdad por lo que significaba tocar las castañuelas. Después de varios años de formación autodidacta, sin embargo, la Argentina llegó a ser una maestra: «Encargué al fabricante toda una gama de castañuelas de concavidades distintas.[31] Éste se enfureció, diciendo que si pretendía enseñarle su oficio. Le respondí que por mi parte podía vender al mundo entero las castañuelas que venía fabricando, pero que, en cuanto a mí, necesitaba otra».[32] Como recuerda Vicente Escudero tan conmovedoramente en *Mi baile*, su libro de memorias, la Argentina se convirtió no sólo en una gran castañuelista, sino también en una gran conocedora del instrumento: «Yo creo que el secreto estaba en ella, y se lo llevó a la gloria para siempre, pues hasta el presente nadie ha logrado dar con él, ni lo conseguirá».[33]

Sin embargo, a los diecisiete años, de gira por España y Sudamérica como solista, cuando le preguntaron sobre su manera de tocar las castañuelas, la Argentina fue casi despreciativa: «¡No vale la pena hablar de eso! —exclamó—. No es algo que se aprenda; viene de lejos».[34]

También a los cuatro años de edad, la Argentina empezó a bailar, después de haber espiado las clases nocturnas de su padre

La Argentina con la maestra de las castañuelas Orfilia Rico, 1915.

oculta tras una cortina del salón.[35] Así lo recuerda: «Como mis padres no querían enseñarme a bailar, aprendí viendo las clases que daban».[36] Imitando las clases de danza clásica de su padre, la Argentina aprendió a bailar practicando danza española: la cachucha y la jota aragonesa, los numerosos bailes del País Vasco y Navarra y la danza valenciana.[37] En 1893, a los cinco años, la Argentina se vio bailando en uno de los ballets de su padre en Córdoba, ya que la bailarina titular se había hecho daño. La Argentina suplicó a su padre que le dejara bailar el papel. Al principio su padre se negó, pero ella bailó para él, después de haber visto a la protagonista ejecutar los movimientos. La niña no cometió ningún fallo y como el maestro estaba desesperado porque era un espectáculo al que asistiría la realeza, al final accedió. La Argentina no sólo bailó sin errores, sino que lo hizo con tanta transparencia y fluidez que recibió un enorme aplauso. A pesar de que se opuso hasta su

Las manos de la Argentina.

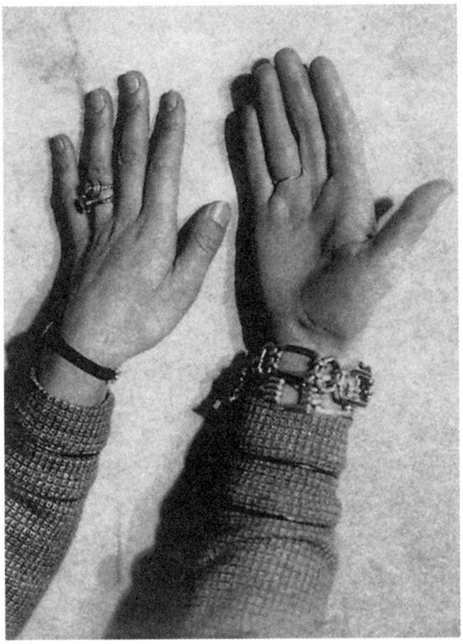

muerte a que la hija bailara, su padre no pudo dejar de decirle que había bailado bien y que, sin haber asistido a clase, había entendido las reglas de la danza española.

Sin embargo, después de un éxito enorme en la popular zarzuela bufa *Los sobrinos del Capitán Grant* (1894), Manuel empezó a dar clases a su hija.[38] Solamente tenía siete años en ese momento, pero la Argentina interpretó el difícil baile de la zamacueca sustituyendo de nuevo a la protagonista, que se había puesto enferma de repente durante una gira de la compañía. Pequeña y delgada, la Argentina bailó la zamacueca con «gracia y elegancia», añadiendo al número de danza una personalidad especial.[39] A principios de siglo, las zarzuelas trataban temas satíricos.[40] El diálogo hablado y cantado transmitía el argumento junto a extensas escenas de baile, y se podía llegar a la fama en la zarzuela porque había un amplio público aficionado al género. Enormemente populares hasta la Segunda Guerra Mundial, las zarzuelas ofrecían a los buenos intérpretes la posibilidad de aparecer ante un público amplio. La popularidad de la zarzuela a principios del siglo xx preparó a la Argentina para los music halls de París, porque había adquirido el gusto por los espectáculos de variedades y se había acostumbrado a compartir cartel con una película, un perro, un acróbata o un cantante, así como a condensar su actuación si faltaba tiempo.[41]

De modo que ahora Mercé colocaba a su hija en la barra del salón y le enseñaba los fundamentos de la técnica española.[42] Entre 1899 y 1903 estudió música y danza en el conservatorio. A finales de 1903, su padre tuvo un ataque que lo incapacitó para bailar, ejercer la docencia e incluso para andar. Su mujer lo relevó en las clases nocturnas y en diciembre, cuando Mercé murió, la Argentina empezó a ayudar a su madre para poder pagar los gastos de la casa.[43] Su madre también había complementado las clases que su padre daba a la niña con una formación musical. En 1904, la Argentina aprobó todos los exámenes de danza, pero suspendió a propósito los de música excepto los de castañuelas.[44]

Con la muerte de Mercé, la Argentina, que tenía entonces quince años, se sintió responsable de su propio destino. Iba a cortar

Caricatura de Iradier: la Argentina en Bolero Clásico, *1929.*

Vestido de Iradier para Bolero Clásico, *1929.*

los lazos con la danza española académica para dedicarse por entero a explorar sus raíces: «Mis padres solamente sabían danza española clásica, en la tradición de la escuela bolera... No conocían ni el flamenco ni los bailes populares. Leí todo lo que pude encontrar sobre el tema y recorrí las librerías de viejo, donde de vez en cuando encontraba grabados».[45] La Argentina empezó a desarrollar un apetito insaciable por el rigor etnográfico y su deseo de estudiar metódicamente todas las formas de danza presidió toda su carrera.

Significativamente, el repertorio temprano de la Argentina (1910-1915) estaba basado en la tradición del bolero, que utilizó como instrumento coreográfico y como estilo de baile incorporado a un lenguaje del movimiento, amplio y en constante evolución. Usó el bolero como solo y no como baile de pareja y ello le permitió mostrar una técnica clásica altamente depurada a la vez que se acompañaba con las castañuelas y rápidos cambios de dirección. Al usar el paso y el estilo de la escuela bolera, la Argentina rendía homenaje al sentido artístico de sus padres y desarrollaba una sensibilidad moderna para un estilo antiguo. Esta yuxtaposición cambió la danza española al incorporar los movimientos de pies y brazos del flamenco gitano. Los saltos ligeros y los giros del bolero combinados con la danza gitana centrada en la tierra crearon una danza española de doble filiación que abarcaba los siglos XVIII, XIX y XX.

Según la Argentina, el bolero solamente podía funcionar en los escenarios modernos si se combinaba con el flamenco. La técnica flamenca del floreo y el braceo, la inscripción intrincada y sinuosa en el espacio de hombros, caderas, manos, cabeza y pies, se ejecutaba en conjunción con los pasos clásicos del bolero. Mediante los ritmos insistentes y la articulación de manos y pies, la Argentina incorporaría el flamenco a una expresión física total de la danza española.

Así pues, la técnica aérea de la danza española del siglo XVIII, combinada con la interpretación del flamenco del siglo XX, mecánico y afilado, ayudó a la Argentina a construir un puente entre las visiones románticas de una mujer etérea y la atracción moderna por cuerpos parecidos a arquitecturas, por mujeres decididas que confían en sí mismas. En el universo románticamente moderno de la Argentina, la sílfide del ballet se encuentra con la mujer urbana, vestida con trajes gitanos, una especie de felicidad arcádica mezclada con la autosatisfacción en que se hallaban sumergidos los artistas de principios del siglo XX.

Desde esta inicial investigación literaria de los bailes populares españoles, la Argentina decidió que la mejor manera de aprender los estilos del baile flamenco era ejecutarlos. Varios meses después de la muerte de su padre, la Argentina aceptó un contrato en un café cantante de Sevilla, donde, formando parte de un cuadro flamenco, ganaba lo suficiente para pagar su habitación y su alimentación. Allí bailaba al principio de la noche porque las estrellas lo hacían al final. Después de su actuación, la Argentina observaba a los grandes del flamenco de la época, a bailaoras como la Macarrona y la Malena. Después se presentó a una selección para formar parte de la plantilla del Salón Variedades.[46] Lo hizo bien, y a pesar de no estar aún familiarizada con los muchos palos y variantes del flamenco, fue elegida entre unas cincuenta candidatas tras interpretar unas soleares.[47] «Trabajé durante un año en ese teatro —recordaría después—, ganaba cinco pesetas al día.»[48]

En el verano de 1905, la Argentina se trasladó a Barcelona para un contrato de un año como bailaora de flamenco. Debutó el 1 de junio en un tablao donde lo pasó muy mal:[49] «Me hacían la vida imposible. La gente se burlaba de mí y me criticaba, pero paradójicamente me imitaba... Pensaban que mi estilo era demasiado sofisticado».[50] No sabemos qué bailes interpretó en Barcelona, a pesar de que probablemente formaba parte de un cuadro femenino de los que rellenaban los intervalos entre los bailes de los solistas mientras éstos descansaban. Allí aprendió ritmos nuevos, quizá solicitando consejo y demostraciones a los bailaores gitanos más experimentados. Tanto el flamenco como la técnica clásica española exigían un torso superior controlado y vertical aunque elástico, y la Argentina, formada en el conservatorio, podía hacerlo sin dificultad. Entendió rápidamente la compleja jerarquía rítmica que el canon del flamenco requería: una cabeza que se mueve a contratiempo respecto a los pies, llevando el ritmo, girando de lado a lado, de derecha a izquierda. Probablemente lo que le costara más aprender fuera el zapateado y los versos cantados de acompañamiento, las coplas, en las que la comunidad gitana utiliza el sentido innato del ritmo creado por el cantaor, el guitarrista y el bailaor. (Volvería a Barcelona en 1908, con una fama creciente entre los intelectuales y aficionados de España y Sudamérica. Esta vez actuaría en el Teatro Arnau y en el Salón Doré.)

A principios del siglo xx, Barcelona era la ciudad más industrializada de España, así como su principal centro comercial. A pesar de la presencia de gitanos, los tablaos de la ciudad estaban llenos de extranjeros en viaje de negocios. Una forma habitual de ocio nocturno era ir a una taberna donde se mezclaban los españoles, los hombres de negocios europeos, los aficionados al flamenco y los turistas. En este ambiente, la Argentina bailaba y perfeccionaba su conocimiento de la complicada técnica flamenca. Los bailaores no estaban en absoluto protegidos del público, entre el que a veces había escandalosos borrachos. Los propietarios de los cafés de las grandes ciudades como Barcelona no eran necesariamente expertos en flamenco, ni siquiera aficionados, sino hombres de negocios in-

La Argentina con María Barrientos, 1931.

teresados en el beneficio económico, y el bienestar de las intérpretes femeninas, fácilmente sustituibles si se quejaban, no se tenía en cuenta. A diferencia del Teatro Real, donde los bailarines trabajaban bajo la supervisión de los profesores, maestros y maestras de ensayos y directores, una compañía de flamenco podía ser despedida por el patrón en cualquier momento.

Fue en estos lugares desagradables e inseguros, sitios incómodos para el baile donde uno aparecía acompañado por guitarristas, cantantes y bailaores que podían alterar los ritmos durante la actuación, donde la Argentina empezó a aprender los compases que están en la base del baile y el cante gitanos. Pasado un año se fue a Sevilla donde estudió intensamente con bailaoras gitanas, casi siempre mujeres gordas y mayores, que le enseñaron todos los pasos y las secuencias rítmicas que pudo absorber. A finales de 1905 se marchó a la capital francesa.

La Argentina obtuvo un contrato de tres meses en el Jardin de Paris como una más de las cien chicas que bailaban en el cuerpo de baile. El Jardin era uno de los cafés cantantes más grandes de la ciudad y, por lo tanto, un lugar muy visible donde empezar una carrera en los escenarios franceses. Estaba en una esquina de la Plaza de la Concordia, junto a los Campos Elíseos.[51] «Entre un cantante tirolés —escribió Édouard Beaudu— y una baronesa de altos vuelos, la Argentina bailó y sorprendió. Sus delgados brazos, mantenidos justo por encima de la cabeza, el suave taconeo y sus manos siempre tocando las castañuelas... Es una diosa con una larga cola detrás.»[52] Después de bailar durante algunos meses en París, volvió a Barcelona, donde mantenía su contrato.

A pesar de que no era feliz bailando en Barcelona, la Argentina se refirió siempre a su trabajo temprano en las peñas y tablaos de esa ciudad como el principio de su formación en el flamenco. Durante los siguientes años, además de bailar para mantener a su madre y a su hermano, la Argentina se sumergió por completo en el estudio del flamenco, sus ritmos, cantaores, guitarristas, bailaores y castañuelas, ese instrumento que convertiría finalmente en protagonista de actuaciones orquestales, a pesar de que nunca lo consideró un instrumento de orquesta por derecho propio. Las castañuelas y los complejos zapateados se convertirían en la marca personal de la Argentina, en el contrapunto del tiempo musical, en la respuesta a los arpegios de guitarra, el violín o la voz.

Dentro del género flamenco adoptado, y posteriormente adaptado, por la Argentina, el tiempo lo representaba todo. Representando solamente una idea —la idea de sí mismo en el escenario— el tiempo se revelaba al público mediante el ritmo y el contrarritmo producido por la bailaora, la guitarra y el piano (y en los trabajos más maduros de la Argentina, mediante una fluida interacción entre la orquesta y la compañía de danza).[53]

Sin embargo, en los estadios iniciales de su carrera como solista, la Argentina se mantuvo muy cerca de los fundamentos del lenguaje flamenco: tiempo y medida. Los elementos utilizados para producir el cambio dinámico y el tiempo en el flamenco eran el zapateado, las palmas, el cante, los arpegios de guitarra (toque y rasgueo) y la marca de fábrica de la Argentina, las castañuelas. Estos acompañamientos rítmicos subrayaban las partituras musicales y las composiciones coreográficas creadas desde el momento en que empezó a presentar sus composiciones solistas, en 1910, hasta su muerte, en 1936.

Los gitanos andaluces la enseñaron a reproducir el tiempo, a multiplicarlo y fracturarlo para componer nuevos compases y ritmos. La Argentina aprendió a seducir al público mediante numerosos formatos polirrítmicos. Las palmas, el chasquido de los dedos y el movimiento de los pies de los gitanos la enseñaron a extraer el ritmo del ritmo, a crear y usar la música como si fuera un personaje dramático, produciendo así su propia historia, un cuento musical.[54] Así pues, el tiempo para los gitanos era, y sigue siendo, una abstracción tan potente que representa la vida. Hacia 1910, la Argentina, como Falla, iba a incorporar la copla y el compás flamencos a los giros, movimientos de piernas y saltos de la escuela bolera, forjando así una conexión dramáticamente intensa entre la poesía, la música y la danza.

A partir de ahí, en la fusión de la Argentina entre el flamenco gitano y la danza española, el ritmo se convertía en narración tanto como en acompañamiento. Era un medio para contar una historia, proporcionando variaciones de esa historia mediante los contratiempos. Las castañuelas sonaban mientras los brazos formaban círculos en el aire, acompañados por el martilleo de los zapatos en el suelo. Un cuerpo produciendo ritmo entretejido con el argumento que así se desplegaba.

Quizá el papel que jugaba la voz —la cantaora— proporcionaba la línea musical más importante. A lo largo de toda su carrera, la Argentina nunca olvidó el cante y escogió a Ninón Vallin, Marguerite Beriza, María Barrientos, Alicita Felici y muchas otras cantantes para que la acompañaran en el escenario, junto a la guitarra, el piano y, en ocasiones, una orquesta de cincuenta instrumentos.

Como dijo un crítico americano en 1916, la Argentina poseía un sentido innato del tiempo: «Un perfecto sentido del ritmo da a su actuación una perfección excepcional... en la viveza de sus danzas... interpreta delicadamente y no mediante el vigor o el simple control muscular. También es una virtuosa tocando las castañuelas, donde nadie la ha superado».[55] Cada uno de los ballets creados por la Argentina empezaba, conceptualmente, con una partitura escrita por Manuel de Falla, o alguno de sus alumnos, a la que superponía los ritmos de los pies, cabeza y manos. A estos polirritmos, la Argentina añadía los de su compañía y, con esta enorme resonancia en la mente, empezaba a coreografiar. Aprendió de los gitanos y de haber observado a su padre cuando marcaba el ritmo con un bastón (conocido como el palo seco) ante los alumnos particulares de las clases nocturnas, así como de su temprana formación musical en el Conservatorio de Madrid, a centrarse intensamente en el ritmo.

Al final de su estancia en Barcelona, la Argentina se despidió oficialmente del Teatro Real. No le gustaba en absoluto bailar en los tablaos, pero escogió un camino aún más difícil: el estudio intensivo y en privado de los ritmos flamencos. Josefa mantenía la casa de la calle del Olmo, pero la cerró de nuevo para acompañar a su hija a Sevilla a principios de 1904. Este viaje marcaría el principio de su carrera.

En su búsqueda de una comprensión personal más profunda y una experiencia física de la danza española, la Argentina practicaba todo el día el zapateado, el compás y un estilo ornamental y articulado de colocar el torso superior, la cabeza y los brazos mientras los pies martilleaban el tiempo.[56] La colocación del cuerpo de las gitanas flamencas, que se mantenían erguidas, a veces moviendo los brazos y las caderas de lado a lado, pero siempre con control, agilidad y fuerza, no era tan extraña para la Argentina sino que, en realidad, le resultaba natural porque no era tan distinta de la colocación de la parte superior del cuerpo de la escuela bolera.

La formación de la Argentina en cómo las mujeres gitanas colocaban el peso de la parte superior del cuerpo y enmarcaban el rostro con los codos y las muñecas doblados se vio reforzada por una conciencia cada vez más clara del floreo (el movimiento de las manos y los dedos). Los brazos trazaban círculos continuos, empezando en la articulación del hombro, siguiendo con la del codo y rompiéndose en la muñeca para dejar los dedos libres para formar círculos interminables, parecidos a los *mudra* indios.

En agosto de 1906, la Argentina fue invitada a una gira por Portugal. El famoso bailaor Antonio el de Bilbao, con quien más tarde la Argentina compartiría cartel en el Teatro Palace de Londres, iba a ser el director del cuadro flamenco. El de 1906 era un contrato con el Casino Internacional de Figueira da Foz, situado en Foz, una ciudad costera unos cien kilómetros al norte de Lisboa. Fue la primera gira internacional oficial de la Argentina.

Desde Lisboa, la Argentina decidió ir a París, donde habían actuado bailaores de flamenco desde principios de siglo. La pasión parisina por la danza y el cante flamenco español había puesto de moda el flamenco hasta el punto de que los cafés cantantes, así como los music halls y los teatros de variedades contrataban a cientos de bailaores españoles para interpretar un número «étnico» en muchos espectáculos de variedades.

En el invierno de 1907, la Argentina debutó en la pantalla como bailarina solista e intérprete de castañuelas en una película, perdida hoy, *El Brillante de Cartagena*, y empezó a ser llamada «La Bella Argentina» por la prensa española.

Después de su primer y único trabajo cinematográfico (estrenado en 1908) la Argentina volvió a Madrid, y salió de gira por varias ciudades: Oviedo, Lisboa, Valladolid y Murcia. Estrenó el 15 de agosto en el teatro madrileño Príncipe Alfonso y el 15 de septiembre en el Salón Madrid. Ahora la Argentina actuaba tanto que su nombre empezó a aparecer con frecuencia en la prensa española. La publicación *La tierra cartagenera* escribía: «La notable artista de baile *Bella Argentina* hizo anoche su aparición en este favorecido salón y como en todas las campañas que ha realizado aquí, la "reina de la farruca" [un baile flamenco tradicionalmente masculino] obtuvo un gran éxito».[57] La Argentina debutó después en el Salón Novelty y el Gran Café Teatro de Madrid.

En 1909, la Argentina añadió a la lista de lugares donde solía actuar todos los grandes teatros de variedades de Madrid. Su nombre ya se asociaba con el Salón Artístico, el Pabellón Fino y el Cine Martín, los teatros de variedades, danza y cine más famosos, y el público madrileño ya se había acostumbrado a leer reseñas diarias sobre sus actuaciones en ABC, *Nuevo Mundo* y *La unión*.

La Argentina también amplió sus giras por España para incluir Andalucía. Actuó en el Salón Moderno de Málaga y en el Salón Artístico de Vigo para volver a Madrid y actuar en el famoso Royal Kursaal antes de regresar a Francia. El diario malagueño, *La unión mercantil*, publicó críticas diarias de las actuaciones de enero donde la describía como «la maestra de la farruca», así como «guapa y bella de cuerpo y voz, con una gracia tan original que no tiene rivales». El periódico seguía para subrayar que «en el *Garrotín* se revela como una maestra, inyectando los orígenes indios en sus bailes para que podamos entenderlos sin problemas».[58]

La Argentina, que de nuevo viajaba con su vigilante madre, llegó a París a finales del verano de 1910. Encontró trabajo inmediatamente en el coro del famoso café cantante Jardin de Paris. Ese verano, después de un gran éxito personal y más formación en flamenco en España, le ofrecieron un pequeño papel en un nuevo musical español. Según la prensa española, la juvenil energía de la Argentina transmitía su carisma al público. Ahora empleaba no solamente su experiencia clásica en los escenarios de teatro sino también su técnica flamenca de los tablaos. Debido a una crítica negativa en un diario de Montevideo, que tildaba su voz de aguda y poco sonora, la Argentina dejó de cantar durante sus solos de danza, que podían llegar a ser veintiséis en una sola noche, hacia 1915. Su actuación se volvió, pues, intensamente física y sin duda la atención que prestaba al decorado ayudaba a llenar el vacío dramático que creaba la falta de acompañamiento vocal. Sus múltiples técnicas de baile y sus años de formación con las castañuelas estaban a punto de lanzarla al estrellato.

Más adelante, en 1910, fue contratada por Halévy, Jouillot y Mareil, directores de un espectáculo de variedades compuesto mayoritariamente por obras de Valverde. La Argentina actuó en una opereta corta en el espectáculo y fue un éxito. El espectáculo se representaba en el Moulin Rouge, el local de Montmartre inmortalizado, entre otros, por Toulouse-Lautrec. Como habían visto la actuación de la Argentina en el Jardin de Paris, los directores decidieron darle a la joven artista un papel corto pero vistoso. Bailó junto a Antonio el de Bilbao y el famoso Mojigongo

A pesar de que en el número final era una más de las cincuenta bailarinas, su interpretación de los rituales propios de la tauromaquia realizados en la plaza de estilo árabe la lanzó a la fama y la prensa francesa empezó a hablar de ella. Más tarde, bailaría en el espectáculo un solo corto sobre un tema compuesto por Quinito Valverde, un compositor popular conocido como el Offenbach español. El número de danza más dramático en el espectáculo de Valverde, sin embargo, era *La corrida*. Cuando la Argentina la escuchó durante un ensayo, identificó inmediatamente el poder dramático de la danza. Pidió a los directores coreografiarla y bailarla. *La corrida* se convirtió en su buque insignia y se mantuvo en su repertorio de danzas solistas hasta su muerte.

Allí, la Argentina tenía que dar vida tanto al movimiento predatorio del toro como al sádico hundimiento de las banderillas en su lomo por parte de los banderilleros. Su taconeo controlado sin esfuerzo que sonaba como una ametralladora, ejecutado mientras el toro cae al suelo, mostraba a los banderilleros como sádicos asesinos.[59] En el número del 28 de septiembre de la revista de teatro *Comoedia*, el crítico M. Emery dijo que «el entusiasmo, la adoración, del público recayó, por encima de todo, en esta menuda bailarina que debutó en los escenarios de París, si no me equivoco, ayer por la noche... Esta maravillosa Argentina será uno de nuestros ídolos mañana».[60] La posteridad confirmó la intuición del señor Emery.

Tras terminar el contrato del espectáculo, la Argentina fue contratada de nuevo por los empresarios del music hall. Esta vez tenía que interpretar un solo creado por ella, dentro de un nuevo gran espectáculo de Valverde, una opereta en dos actos y cuatro escenas, *La rose de Grenade*, con vestuario de la famosa Madame Hannaux. Fue un éxito inmediato y estuvo un año en cartel. Llena de los saltos y caídas acrobáticos de Fredaff, *La rose de Grenade*, explicaba una historia muy divertida, un retrato en clave de farsa de toreros, gitanos, serenos y serenatas bajo los balcones, y bailaores que terminaban sus danzas con el típico desplante flamenco repleto de *olés*.

La rose de Grenade explica la historia de una joven virgen, Rosita, interpretada por una famosa rubia del music hall, Mariette Sully. Rosita, a pesar de haber sido prometida por su madre al marqués de Veracruz, se enamora trágicamente de un matador que la abandona por una joven bailaora de Granada.[61] Al enterarse de este otro amor del matador, Rosita cae al suelo víctima de la rabia y de un ataque de angustia.

El musical se presentó en 1911 en Bruselas, en el Théâtre des Varietées, para empezar luego una temporada de un año en el Teatro

Olympia de París. A nivel teatral, la historia no tenía ningún tipo de sofisticación, pero como entretenimiento extravagante, que era el propósito de sus productores, fue muy taquillera.[62] «El gran éxito de este musical —dijo *Comoedia Illustré*—, radica en la danza, admirablemente ejecutada por un trío extraordinario en el que estaba también Mado Minty, un mimo flexible y bello. Rafael Pagán, consagrado después de una larga temporada en el Odéon con su "Jardins de Murcie", plasmó los ritmos flamencos con un maravilloso tradicionalismo.» Finalmente, «la bailarina española Argentina, vibrante y voluptuosa, con sus relampagueantes tacones cubriendo la escala musical, tocando sus castañuelas con un placer sensual que... sorprendió» al público.[63] La prensa popular francesa, leída por «le tout Paris», los parisinos elegantes, confirmó su talento y su carisma.[64]

En 1916, en su primera actuación en Norteamérica, la prensa neoyorquina confirmó la habilidad rítmica de la Argentina. Sobre *La corrida*, un periodista subrayó que «la síntesis del toreo es espectacular y pintoresca. Encontrarán ahí el lado festivo y espectacular: los caballos, los banderilleros. No es un esbozo, sino una síntesis, científicamente deducida, del movimiento general de las corridas».[65]

La descripción de Guy de Pourtalès de *La corrida* es un testimonio de la segunda característica de la joven coreógrafa: su nacionalismo ferviente. La utilización del tema arquetípico español, la muerte, era evidente en este número de la Argentina. Portualès se remite a la frecuentemente citada conferencia del poeta García Lorca sobre la teoría del duende, en la que habló de España «como un país de muerte, como un país abierto a la muerte».[66] Fue la Argentina quien capitalizó la imaginería de la corrida como representación de la cultura española. En palabras de Lorca, «el triunfo popular de la muerte española» captado en «la cultísima fiesta de los toros» simboliza el «último valor metálico de la muerte».[67] Con este primer éxito coreográfico en París, la Argentina empezó a descubrir la importancia de una representación estética de la nación española a través de la danza. Desde 1912 hasta 1936, la Argentina seguiría el pulso neocasticista de Lorca, Falla y otras figuras del 98 y el 27. Lorca vio en la Argentina un apoyo artístico y un espejo: «Todas las danzas clásicas de esta gran artista —dijo en la Universidad de Columbia— son su palabra única, al mismo tiempo que la palabra de su país, de mi país».[68]

El gran flamencólogo y bailaor Fernando Rodríguez reiteró las palabras de Lorca en 1957 cuando dedicó su famoso trabajo sobre los artistas flamencos a «Antonia Mercé, la Argentina, paloma mensajera del arte flamenco», a quien describe como la primera bailarina en el ballet español que también es «la mejor bailaora de tablao». En ese libro dice: «Y ése es el mérito: que Antonia baila tan clásico y tan flamenco como las maestras, y que eran ellas y los profesionales del jondo los que más se entusiasmaron con ella».[69] La Argentina, ya desde las fases tempranas de su carrera, se había convertido en una estrella que con su fuerza estética consiguió que los españoles reflexionaran sobre su país y, quizá, sobre el tiempo que les había tocado vivir.

En 1912, la Argentina ya se había ganado un lugar al lado de Pastora Imperio, Fornarina, Candelaria Medina y la Monteverde. Sus variaciones sobre la técnica del baile flamenco —la formulación de un lenguaje de danza propio sobre temas españoles, nunca repetidos por nadie más— se convirtieron en el instrumento básico con el que conquistaría al público parisino.

3. *Un cuerpo para la gracia: del tablao a la sala de conciertos (1912-1923)*

Ritmo interno, emotividad poética, elegancia, plasticidad, todo en Antonia la Argentina entona un himno a la gracia.

El Universal *(1915)*

Creo que inventó una nueva técnica de danza combinando elementos de la técnica clásica con los del folclore español y el resultado fue un arte teatralmente grande en el escenario. Pero fue lo bastante inteligente para hacer ver que había olvidado totalmente la técnica de base para ser una verdadera «bailaora española» y no una «bailarina» que baila folclore, como hacen todas ahora.

Monique Paravicini

Al principio de su carrera, actuando primero en los asfixiantes tablaos de Barcelona (1904-1907) y luego en los grandes espacios al aire libre de los cafés cantantes franceses (1910-1912), la Argentina confió principalmente en el lenguaje del flamenco que había aprendido de las gitanas del sur de España. La técnica interpretativa del flamenco, su vertiente competitiva y un cuerpo que amalgamaba diferentes estilos de danza habían sido su alimento. A la búsqueda de un lenguaje del movimiento mediante el que expresarse, la Argentina descubrió en el flamenco su medio de comunicación proporcionado por el cuerpo del flamenco, su ataque, su plasticidad, elasticidad y potencial dramático. Desde el énfasis en la forma cómo el pie ataca el suelo, desde la punta hasta el talón, hasta el movimiento sinuoso de los brazos en el aire, el flamenco ofrecía a la Argentina una danza cargada emocionalmente así como una forma musical que podía expandirse.

A principios del siglo xx, en los cabarés europeos, el bailarín desempeñaba diversos papeles porque cantaba, actuaba, hacía mimo y bailaba.[1] La escritora francesa Colette escribió en 1910: «El music hall me ha convertido en mimo, bailarina, e incluso ocasionalmente en actriz, pero también ha hecho de mí una mujer de negocios muy honesta y trabajadora; incluso la mujer menos inteligente aprende rápido de qué va el asunto».[2] Y continuaba: «Los artistas de music hall son poco conocidos, despreciados e incomprendidos. Son románticos, orgullosos, llenos de una fe absurda y absoluta en el Arte. Solamente los artistas de music hall se atreverían a declarar, sobre fuego sagrado como lo hacen, que un *artiste* no debe, no puede aceptar, no puede permitir. Son orgullosos, incluso aunque a veces se quejen amargamente de esa vida miserable». Éste era el mundo que Colette satirizó y el que la Argentina abandonaría. La afirmación de Colette de «que ganaba 150 francos al día» no le parecería nunca suficiente a una diva como la Argentina.[3] (En 1930, la Argentina ganaba 10.000 francos cada noche.)

Al sumergirse profundamente en los aspectos musicales de la danza española durante la fase temprana de su carrera, la Argentina tuvo mucho éxito en los escenarios del music hall. Podía bailar cualquier papel —cualquier ritmo— y se estaba convirtiendo en una maestra de las castañuelas, pero además sabía que podía hacerlo mejor que cualquier otra. Pero ¿adónde iba? ¿Qué estaba buscando? ¿Cómo descubrió el puente coreográfico que iba a ligar el modernismo hispánico al mundo de la vanguardia francesa de las artes plásticas, la moda y la poesía? En realidad, la formación temprana en música de la Argentina en el conservatorio le proporcionó el enlace entre sus diseños escenográficos y sus configuraciones coreográficas para su nueva concepción combinatoria de la danza española.

El cuerpo de la Argentina se convertiría, entre 1912 y 1923, en el punto de partida para una nueva danza española, tal como la vislumbraba y la interpretaba esta nueva directora de danza. En 1921, cuando el crítico de danza ruso francés André Levinson y el poeta francés Paul Valéry vieron a la Argentina por primera vez en un escenario teatral, ella tenía ya treinta y tres años. Más delgada que cuando actuaba en los tablaos españoles, la Argentina era la encarnación alargada, delgada, grácil de «la plastique», la silueta icónica y moderna que la bailarina americana Loïe Fuller había llevado a Francia en 1892. La delgadez de la Argentina acompañó la acuñación, interpretación y refinamiento del acto coreográfico que sería su lenguaje en los continentes americanos durante la Primera Guerra Mundial. ¿Cómo pudo la Argentina convertirse en un agente creativo durante un período de inestabilidad política en España y de convulsiones en toda Europa? Era joven y decidida y, como artista y directora, imparable.

Antes de que encontrara la manera de formar su propia compañía, la Argentina, como ninguna otra de las bailarinas españolas que la habían precedido en Francia, confirió su carisma e individualidad a cualquier papelito que le ofrecieran en París los productores del Jardin de Paris, el Moulin Rouge, el Olympia o el Femina. A pesar de que recorrió el mismo camino que las otras, haciendo giras en Norteamérica y Sudamérica y el norte de Europa, la Argentina no se quedó en los music halls.

Hasta 1923, cuando actuó por primera vez en un teatro parisino y dio su primera conferencia-demostración ante André Levinson, la Argentina luchó por su oportunidad. Quería dar al «elevado» arte de la danza un lugar respetado en el París de los años veinte en el que pudiera reinventar la danza española tal como ella la veía. El viaje artístico y geográfico de la Argentina desde el Moulin Rouge hasta el Théâtre Femina, desde Madrid a París, Rusia y Nueva York, sentó las bases para sus piezas posteriores de teatro flamenco, *El amor brujo* (1925) y *Triana* (1929).

Es interesante observar que nunca pidió a su compatriota Picasso, que vivió en París durante su carrera, que diseñara para ella (a pesar de que éste pintaría los escenarios para *El sombrero de tres picos*, un ballet flamenco presentado por los Ballets Russes de Diaghilev en 1919). La Argentina quería ser la autora de toda la producción, desde la puesta en escena hasta el movimiento de los pies propio del flamenco. Esta manera de actuar iba a ayudarla a hacerse un sitio en la conciencia contemporánea, apartándola de los escenarios comerciales y llevándola hasta el escenario de la Ópera de París en 1921, donde presentó una velada de danza y música española. Sin embargo, volvería regularmente a los escenarios del music hall y de los casinos de Biarritz, Saint-Moritz, Niza y Montecarlo, porque allí ganaba mucho dinero, el suficiente para pagar a los bailarines, músicos y al personal, alquilar grandes teatros y ayudar a su familia (su hermano José y sus dos hijos) en Madrid.

La Argentina había dejado el Teatro Real de Madrid en 1898, a los diez años, y había viajado por España para buscar material cultural y de baile con el que compuso un repertorio que, al final, contaba con más de sesenta y siete solos de danza. A principios de la década de 1920, cuando tenía treinta años, la Argentina se había convertido en una artista cuya visión era transnacional, cruzaba fronteras, y maridaba la artisticidad de la música, la escenografía y la danza. Luego, en 1925, creó uno de los ballets españoles más importantes del siglo XX, una obra que aún se interpreta hoy en todo el mundo, *El amor brujo*. En 1923, la Argentina ya había reunido varios solos de danza en ballets formalmente narrativos de un solo acto. En ellos, mantuvo su énfasis inicial en la primacía del ritmo como fuerza conductora, el modus vivendi que había detrás de cualquier línea argumental. Con la exploración de ideas e inspiración que llevó a cabo durante toda su vida, reunió materiales con los que creó siete ballets completos entre 1925 y 1934.

París era grande en 1912. Sus cafés bullían con damas y caballeros sofisticados y expatriados europeos y americanos, algunos de los cuales se tomaban su *café crème* en el Café de Flore. Muchos peregrinaban a clubes nocturnos donde se bailaba toda la noche, como el Mabillon en Montmartre donde una *dame seule* podía bailar sola o con un amigo o bien pagar por una pareja de baile a un franco por pieza. Todos sabían bailar el tango —de dos compases— y muchos imitaban el fox o el fox trot. Algunos habían oído rumores sobre la Java, de cuatro compases, pero pocos sabían bailarlo. Las mujeres llevaban vestidos de noche con la espalda al aire, collares de perlas y zapatos de tacón de aguja. Aguantaban las largas boquillas perpetuamente de lado, como si fueran decorados de una comedia musical del music hall L'Empyrée Clichy, donde Colette trabajó a menudo.[4] Los hombres vestían camisas con cuello alzado y corbatas de seda. Fumaban puros y lucían largas barbas que pocas veces arreglaban o afeitaban. Llevaban trajes a medida y abrigos pesados y, con brillantina, rizaban las puntas de sus bigotes en dirección al cielo.

Había salones de baile (*bals musettes*) en todos los barrios de París, pero los de los barrios bohemios de Montparnasse y Montmartre eran especiales. Hombres y mujeres bebían mucho champán en los *clubs de nuit* de los Campos Elíseos.[5] Poetas, pintores, escritores y mirones que se dejaban caer por la orilla izquierda frecuentaban Montparnasse. Se sentaban en las terrazas de los cafés, como el Dôme o el Select, y el poco recomendable Deux Magots. Los literatos, como Hemingway y más tarde Jean-Paul Sartre, consumían horas interminables en los cafés observando y charlando. En el café Closerie de Lilas, «enfrente del salón de baile Bal Bullier», se hablaba de literatura y las conversaciones se interrumpían para la lectura de alguno de los ocho periódicos de París.[6] En la segunda década del siglo, el «lustroso y elegante» tango argentino hizo furor en París. El modisto Paul Poiret acentuó las formas femeninas, marcando las caderas y las nalgas y dejando los brazos desnudos que se adornaban con guantes largos y numerosos aros de oro o brazaletes de perlas.

Éste era el mundo parisino al que llegó la Argentina desde España en 1910, a la edad de veintidós años (aunque a menudo se quitaba dos). Después del éxito de su número corto, *La corrida*, en la opereta de Valverde, *La Rose de Grenade*, los empresarios teatrales y la prensa popular animaron a la Argentina a continuar con sus contratos en las salas de music hall. Estos contratos resultaban muy lucrativos y, como Colette recordaba a sus lectores, eran el lugar ideal para un artista que empezaba.

A finales de febrero de 1912, la Argentina dejó el Teatro Olympia de París para viajar a Montecarlo, en la Riviera. Allí actuó en una opereta flamenca, *La bella sevillana*, en la que bailaba un solo corto. Según una publicación que anunciaba «los acontecimientos de Montecarlo», la Argentina fue contratada para otra extravagancia, «un gran espectáculo», llamado «Espada», con música de Jules Massenet.[7] El espectáculo estaba formado por ciento setenta y cinco bailarines y la Argentina era una de las muchas solistas principales. El montaje viajó al Teatro Real de Bélgica en Bruselas, donde obtuvo cuatro contratos y, desde Bélgica, al Winter Garten de Berlín.

En mayo, la Argentina volvió a Madrid donde empezó los ensayos para un compromiso muy importante para el que preparó una serie de solos de baile que iba a ser presentada en un recital privado en el Palacio Real, el 5 de junio. El público estaba formado por el rey de España, Alfonso XIII, y miembros de la realeza. Después de la sesión, el rey regaló a «la bella Argentina» una caja de oro que contenía un par de pendientes de oro y perlas con el que le agradecía su actuación.[8] Diez días después, el 15 de junio, Jacinto Benavente, Santiago Rusiñol y Romero de Torres organizaron un homenaje a la nueva estrella en casa del escultor Sebastián Miranda. La honraron con un retrato pintado por Miranda (que aún cuelga en el despacho del presidente del Ateneo de Madrid) que llevaba los nombres de los intelectuales y artistas que la admiraban: Cánovas Cervantes, Tomás Borrás, Luis Bagaría, los hermanos Quintero, Jacinto Benavente, Luis Bello, Manuel Tovar, Romero de Torres y Julio Antonio. El 7 de diciembre, la Argentina debutó en otro salón, el Salón Llorens de Sevilla, y permaneció allí con un contrato hasta finales de 1912, continuando a la vez sus estudios de flamenco y el análisis de los bailes populares, estudios con los que seguiría durante toda su vida.

Durante sus actuaciones en el Salón durante 1913, la Argentina fue contratada para actuar en salas de music hall del norte de Europa. En todos los lugares donde actuaba, la prensa local celebraba su interpretación con las castañuelas, su bello rostro y su forma de bailar. Hasta entonces, ni la prensa «seria» francesa ni los literatos parisinos —Paul Valéry, Jacques Rivière, Jean Cocteau, Robert Brussel, Henri Malherbe— la habían visto, a pesar de que ya se la consideraba una estrella en su propio país. Actuó en el Luna Park de Bruselas a principios de 1913, el Teatro Lara de Madrid y el Salón Imperial de Melilla. En mayo, la Argentina estaba actuando en el Teatro Aquarium de Moscú y a principios de 1914 en Londres, junto a gitanos famosos, en el gran espectáculo musical *El embrujo de Sevilla*, que allí se llamó *The Haunting of Seville*. En este largo com-

«La reina de las castañuelas»; la Argentina con el vestido para La corrida, *1916.*

promiso con el Alhambra Theater de Londres (donde Diaghilev estrenaría la producción de los Ballets Russes *El sombrero de tres picos* en 1919), la Argentina fue presentada como bailarina principal y castañuelista y actuaba junto a artistas y músicos de los que había aprendido y a los que respetaba muchísimo.[9] El espectáculo continuó al prorrogarse los contratos en París, así como en Londres, dando a la Argentina tanta publicidad como una artista española del music hall podría desear.[10]

Después de la gira por Europa y Rusia, como parte de sus actuaciones en los music halls españoles y franceses así como en obras teatrales en los teatros parisinos, la Argentina estaba preparada para abandonar los espectáculos de los otros. Quería continuar creando su propio trabajo y ser su propia directora artística, musical y de danza.[11] Después de una década en los music halls europeos, desde 1904 hasta 1914, se sentía preparada para intentarlo por su cuenta. También se estaba buscando a sí misma: en el flamenco había descubierto una pulsación rítmica parecida a la suya propia, una fuente de inspiración llena de alma y que era también una provocación para el alma.

Como en el ballet, las líneas del flamenco son estrictas, requieren de una colocación especial del cuerpo, una posición y unos pasos que forman una secuencia. El flamenco tiene un código interno propio, y al aprenderlo y expresarlo, la Argentina se iba a convertir en una gran bailaora. Nunca sería de estirpe gitana y tampoco podría volver por completo a la tradición española clásica donde se había formado y se había alimentado durante la primera década de su vida profesional.

En cambio, en Francia, con su elegante telón de fondo de las artes plásticas y las nuevas líneas del art decó, con sus mujeres «liberadas», sus cafés, sus artistas y escritores, la Argentina había encontrado una nueva forma de ver a la mujer y de investigar las posibilidades de forma, silueta, movimiento, color y poder. Pronto incorporaría la potencia del verso flamenco, la ansiedad de su cante y su ritmo dirigido a la tierra, para continuar generando una mezcla de lo que más admiraba en las calles de París, versionándolo para el escenario de la forma que lo hacían las producciones de los Ballets Russes. Se convirtió en lo que quería ser en el momento —agosto de 1914— que el siglo xx se recrudeció y se hundió en la Primera Guerra Mundial. Con la movilización del zar Nicolás II, Alemania y Austria se enfrentaron a Francia, Rusia y Gran Bretaña —y en 1917 estalló con gran estruendo la Revolución rusa. La guerra terminó en 1918 con el índice de muertes más alto nunca alcanzado en suelo francés en las batallas de Somme y Verdún.

La Argentina pasó los años de guerra de gira por Sudamérica. En 1918, con el armisticio, regresó a París y la ciudad dio la bienvenida a su forma de bailar y sus actuaciones como parte del período parisino de posguerra. Las conversaciones de paz de París, donde se redactaron los tratados de paz —que exigieron a Alemania el pago de enormes reparaciones— y se establecieron nuevas fronteras, centraron la atención en la capital francesa y en el pueblecito cercano de Versalles. Después de varios años de negociaciones internacionales y de intensa vida diplomática, las conversaciones llegaron a término. La vida nocturna de París iba a cambiar muy pronto gracias a los exilados del este de Europa, judíos y rusos, y a los expatriados americanos. Fueron los «locos años veinte».

De alguna forma, dos estrellas del music hall español de finales del siglo XIX y principios del XX habían preparado el camino de la Argentina para abandonar el music hall y pasar a los escenarios de la Ópera de París, la Opéra-Comique y el Teatro Femina. Carmencita, la Perla de Sevilla (1868-1910),[12] y la Bella Otero (1868-1965), cada una a su manera, habían demostrado que la fuerza expresiva española era algo más que un exótico ritual gitano no estropeado o la mera representación de bailes populares regionales; a su manera, cada una demostró que la sensualidad terrenal del flamenco y la desnuda verticalidad clásica eran tanto formas femeninas como del ballet, formales pero místicas. Además pusieron de manifiesto las posibilidades teatrales inherentes a los géneros español y flamenco.

Tanto Carmencita como Otero se habían presentado como una exótica «otra», interpretando el papel del mito de la seductora y licenciosa gitana andaluza. Proporcionaron energía a muchos números de baile, inyectándoles una interpretación muy sensualizada de una feminidad sinuosa que iba más allá del exotismo, proyectando la idea de una bailarina española que podía convertirse en algo más que una interpretación «étnica», una intérprete que no era simplemente la que trabajaba para mantener a la familia sino quizá una «artista». Ambas tenían una cierta capacidad rítmica especial, y por tanto dramática, de contar una historia. El fandango de Carmencita, interpretado en un pequeño escenario de music hall de Nueva York en 1890, «lleno de humo de tabaco» desplegaba una «poesía del movimiento» que resultaba «reveladora, sensacional y devastadora» a los ojos del espectador.[13]

Un espectador, en 1890, describió la actuación de Carmencita como la aparición de la juventud —al modo como los seguidores de la simbolista Loïe Fuller describirían su hábil y brillante apariencia. «Los movimientos sinuosos y graciosos de Carmencita y sus actitudes siempre cambiantes» mostraban «una flexibilidad corporal» interpretada con «un abandono de lo físico» que es «perfectamente sorprendente».[14] Otro escritor recuerda sus «momentos apasionados» de danza como una muestra de «una personalidad extraordinaria que cautiva al espectador y lo sumerge en la mística mediante el poder de su efecto. Es [realmente] la encarnación de la armonía de la forma y el movimiento. Es el arte personificado».[15] Es interesante observar que, ya en septiembre de 1890, «moderno», palabra que se usaría para describir las actuaciones de la Argentina en Sudamérica entre 1915 y 1918, se utilizó también para describir a su predecesora.

A finales del siglo XIX, una bailarina «artística» española que actuaba en el music hall de Nueva York había ido de gira por América. Como Carmencita, que fue inmortalizada en el cuadro impresionista de William Merrit Chase en 1890, Carolina Otero también actuó en los escenarios del music hall de Nueva York. A diferencia de Carmencita, cuya interpretación se consideraba «una mezcla curiosa de castidad femenina» y de «pasión» española, con faldas de varias capas que recordaba el baile gitano, Otero prefería interpretar a la diva española, vestida con un traje blanco de volantes para alejarse de las tradiciones de sus orígenes nativos españoles.[16] A pesar de que la Bella Otero podía arrancarse por los bailes tradicionales que satisfacían a las masas en 1890 —las seguidillas, las jotas, los boleros, las tonadillas y el cante que acompañaba a alguna versión de la cachucha original—,[17] fue su moderno vestido de calle combinado con alguna traza de la España «auténtica» lo que ayudó a convertirla en una estrella del music hall.

Mientras que la interpretación de Carmencita era «la de una energía incontenible y salvaje, Otero desplegaba delicadeza y atracción refinada».[18] En realidad, Carmencita encarnaba de una forma especial «el baile de Andalucía» y, entre 1890 y 1910, ambas mujeres se convirtieron en grandes estrellas, atrayendo a las masas a beneficio de los propietarios y productores de los music halls. Pero ninguna de las dos pensó siquiera en ir más allá de los escenarios comerciales o en llegar a los teatros. Otero abandonó su carrera y fue famosa por su vida disoluta, Carmencita siguió siendo una estrella popular hasta que ya no pudo bailar más. A pesar de la capacidad para bailar y de su carisma, sus contactos con pintores como Sargent y Chase y sus muchas imitadoras en Nueva York, Carmencita nunca se vio a sí misma como algo más de lo que en realidad era. Sin embargo, Otero, a pesar de estar considerada como cantante bastante buena, una mujer de porte elegante y una presencia escénica de «clase alta», nunca pensó en utilizar la imagen que ella construyó de sí misma de flamenca moderna como una nueva forma de pensar la danza española. Es decir, todo el lenguaje expresivo —las técnicas tanto del flamenco como de la danza española clásica— nunca sedujo a ninguna de esas dos mujeres. Ninguna de las dos vio nada más allá de la interpretación del momento, más allá del posible productor o de la admiradora envidiosa. Pero prepararon el camino para que la Argentina pudiera ir más allá de la mera réplica de las danzas españolas.

La Argentina sacaría partido del talento de ambas, de su vestuario y su elección comercial e inteligente de canciones y bailes, para catapultarse a la consciencia contemporánea. En realidad, la Argentina combinó la imagen moderna de la mujer con la sílfide romántica. Su modernidad era el flamenco; su romanticismo fue la corte española del siglo XVIII. Eugen Wolf describió, en 1888, a este tipo de artistas capaces de inscribirse por sí misma en la historia como portavoces de lo contemporáneo: «Una mujer moderna, llena de espíritu moderno y, al mismo tiempo, una figura típica, una mujer trabajadora, que, sin embargo, está saturada de belleza y llena de ideales, que vuelve de su trabajo material al servicio del bien y de la nobleza de corazón, como si volviera a su hogar con su querido hijo. Es una mujer experimentada, pero pura, en rápido movimiento, como el espíritu de la época, con adornos que ondean y el pelo al viento, moviéndose hacia delante. Ésta es nuestra nueva imagen divina: la moderna», *la modernista*».[19]

Carmencita fue la bailarina española que realmente abrió el camino para que la Argentina se trasladara del music hall a las salas de concierto. A diferencia de Otero y, especialmente, de Carmencita, la Argentina no hizo otra cosa que trabajar. Por sus cartas y los contratos de las giras sabemos que no tuvo tiempo para sentarse en los cafés o pasear por Nueva York o París. Todo lo que Argentina hacía estaba ligado de alguna manera a la danza, la música o la producción teatral, a diferencia de sus predecesoras, que asistían a menudo a acontecimientos sociales. Y con su lirismo musical, su austera belle-

De gira en Londres, 1933.

za y su absoluta seriedad, la Argentina obtuvo un alto grado de profundidad que se hallaba tanto en su forma de pensar como, más tarde, en las críticas de los que escribieron sobre ella. Si las vidas personales de Carmencita y de Otero acabaron «minando su arte», la vida de la Argentina siempre giró alrededor de la danza.[20]

La contribución de Carmencita y Otero a la preparación del heterogéneo público de París para un cuerpo de mujer fuerte, potente y muy visible en el escenario del cambio de siglo fue muy relevante. Ambas habían mostrado una bailarina española hábil y rítmica y cuyo primer objetivo no era sorprender al espectador sino que la interpretación de ambas, con fuerza y agilidad, con orgullo y humor, permitió que los europeos y los americanos «descubrieran», sin temerlo o evitarlo, el despliegue abierto de una figura femenina en movimiento. Aunque al principio estas flamencas importadas fueron consideradas esculturas en movimiento —una forma sutil de aceptación de su feminidad—, esto no fue tan importante como la idea de que mostraban las rodillas, los brazos y la espalda ante un público acostumbrado a cuerpos más tapados porque solamente en los poco reputados night-

La Argentina posando junto a su coche; Madrid, 1935.

clubs enseñaban las mujeres su cuerpo a un público mayoritariamente masculino (bailando el cancán, por ejemplo).

Gracias a Otero, y a otras muchas bailarinas españolas de gira en esos momentos, la Argentina pudo, en realidad, saber lo que no quería ser: una mujer cubierta con seductoras puntillas y perlas. ¿Acaso la fascinación de la Argentina por los decorados y los tejidos —elementos importantes en el París de ese momento, en la puesta en escena tanto de la famosa Loïe Fuller como de los innovadores Ballets Russes y en el diseño de la alta costura— revela un conocimiento de Carmencita y Otero? La Argentina abandonaría las faldas múltiples del período art nouveau —el vestido de flamenca que daba una cintura estrecha pero marcaba las caderas de la mujer, escondiendo modestamente las pantorrillas y las rodillas— poco después de su regreso de la gira por Sudamérica de 1915. En su lugar, modificó su vestuario para parecer incluso más esbelta pidiendo a los diseñadores que alargaran la línea de la falda haciéndola caer en V por detrás, principio fundamental del moderno y austero diseño art decó. Un dobladillo circular hinchado se convertiría, para ella, en el acabado sinuoso de una falda que aunaba la clásica del bolero con el nuevo y moderno vestido de cóctel. La bata de cola tradicional se aliaba con el vestido de calle femenino transformando la cola

Foto publicitaria para la peletería Max Furs, 1928.

serpenteante en una versión más corta, que a veces adoptaba incluso la forma de las copas de martini.

La preocupación de la Argentina por el vestuario estaba influida por los diseños en boga de la alta costura de Paul Poiret y, después, en la década de 1920, por Jean Patou. Patou, en especial, tuvo una gran influencia tanto en París como en los diseños escénicos y las apariciones públicas de la Argentina. Vestía, y por tanto aceptaba, la visión de Patou de una nueva mujer, liberada, sexy y urbana. La Argentina posó en muchas fotografías para los programas de teatro vistiendo los nuevos diseños de Patou frente a coches, gramófonos o con botellas de perfume. Para el uso durante el día, Patou había acortado la falda, descubriendo las rodillas, y la Argentina había «aceptado la línea... que lo hizo tan famoso y popular. También aceptó el distinguido sombrero campana de Lucienne aunque impuso una pequeña modificación: se lo colocaba ligeramente hacia atrás para que se le vieran los ojos [bonitos y verdes]».[21]

Poiret y Patou dieron a la Argentina la idea de que los nuevos trajes y los nuevos vestuarios para el escenario proporcionarían a la forma femenina una «androginia atlética".[22] Los trajes femeninos de finales del siglo XIX pesaban tanto debido a las capas de tejido voluminoso y opresor. Sin embargo, en los anuncios y las ilustraciones de principios del siglo XX, la mujer iba a aparecer libre y no constreñida por pesados adornos. Las camisas largas y ceñidas, las faldas, los vestidos que arropaban el cuerpo sin oprimirlo transformaron a la mujer en una figura «informal y fluida» con trajes que le iban a favor y no en contra. Si eran ceñidos era porque ella quería mostrarse sexy; si eran sueltos o con muchas capas era para ganar bienestar, belleza, funcionalidad. Las mujeres pronto se vistieron «con telas sublimemente efímeras» en lugar de los tules y tafetanes que parecían bonitos, pero que eran opresivos, evidentes y restrictivos.[23] La mujer moderna ya no era vestida sino que decidía qué se ponía. Al hacerlo, dejó de ser prisionera de los corsés y de su propio cuerpo. La moda y las actitudes cambiantes alteraron radicalmente la forma en que la Argentina iba a aproximarse al vestuario escénico.

La Argentina anunciando una de sus grabaciones , 1935.

La Argentina en su juventud; Madrid, 1917.

La Argentina mantuvo algunas de las propuestas cómicas de Otero —el sombrero del caballero español, las botas, el bastón y la cantidad ingente de botones y capas de puntillas así como los abanicos del vestuario bolero— pero hizo un corte en la espalda, el lateral o el centro para permitir la movilidad en un vestido que, aun así, parecía estrecho o ceñido a la silueta.[24] El tradicional cuerpo redondeado de los vestidos clásicos españoles, como los que vestía Carmencita, se alargó para parecer más elegante y menos pechugón, y la seda reemplazó el algodón tradicional. Los zapatos bajos de la escuela española se convertirían en los zapatos de tacón de la bailaora de flamenco —que alargaban, adelgazaban y cosmopolitizaban— referencias directas a los modernos edificios y rascacielos que se estaban levantando en todas las ciudades del mundo.

Junto a estos relevantes cambios en el vestuario, el aspecto, el porte y la caracterización dramática —desde el carisma de la *showgirl* a la persona comprometida necesaria para encarnar un personaje— la Argentina alteró el paisaje de la danza española. Reencarnó a la bailarina, pero también a la mujer, española.[25] La Argentina recurrió a personajes tradicionales o contemporáneos de todas las regiones españolas y modernizó a la mujer mediante su estilo, su porte y su capacidad para tomar sus propias decisiones. Los personajes de la Argentina ya no eran las chicas del music hall sino invenciones de su propia imaginación que representaban a las mujeres de España que ella había visto en persona o había estudiado en la literatura.

Hubo otra influencia más en la visión madura de la Argentina de las mujeres españolas en el escenario y de sí misma como artista española de moda. Los cuadros de mujeres de principios del siglo XX expuestos en los Salons de París —especialmente en el de 1907— tuvieron un efecto significativo en la visión de la Argentina de sí misma como diva española. La imaginería de la tierra que cautivó la imaginación de esos pintores y enseñó a toda una generación de parisinos cómo había que mirar a la mujer, reaparecería en los ballets de la Argentina, pero rompió con la yuxtaposición de mujeres y naturaleza, de la potencia femenina asociada a un simbolismo panteísta.

Su movimiento equilibrado y sus secuencias de potente taconeo iban a sacudir teatros y públicos por igual, transformando la imagen de salón de las mujeres como materia insustancial, ligera —«diosas de una tierra hueca»— en un espíritu omnipotente, creativo, poderoso. Su introspección centrada en largas secuencias de danza borraba a la criatura desamparada y sumisa del pintor de fin de siglo como, por ejemplo, en *El jardín de Perséfone* (1896) de Robert Sewell y *Amanecer* (1886) de Walter Shirlaw.[26] Ni siquiera las mujeres de los pintores de los salones del cambio de siglo, *Sueño de día* (1880) de Dante Rossetti, *Las malas madres* (1894) de Giovanni Segantini y *Mujer en un árbol* (1903) de Paul Klee, se parecían en nada al personaje escénico de la Argentina. En lugar de mostrar certidumbre, flotaban sin dirección, como en *La danza de las horas* (1899) de Gaetano Previat. Iban vestidas como niñas, despojadas de autoridad y poder y se las mostraba en extrañas posiciones en los bosques. Era como si vivieran, de forma inhumana, en lugares alejados de los efervescentes centros urbanos. Como escribió un historiador del arte, era como si «el erotizado cuerpo de la mujer se hubiera convertido en el símbolo universal de la naturaleza para el hombre. Flotaba ligera en la brisa».[27] Así pues, se retrataba a las mujeres como ausentes de la vida diaria, ausentes, y por lo tanto insignificantes, de la existencia moderna. No pisaban terreno firme.[28]

Sin embargo, los primeros solos de la Argentina, desde 1914 hasta 1923, mostraban a una mujer totalmente honesta consigo misma, con su cuerpo. Su flamenco era, esencialmente, el de la tierra. La Argentina escénica, junto a su estética coreográfica, era coherente con las ideas que expuso en una serie de conferencias y conferencias-demostración entre 1923 y 1936 con André Levinson, Paul Valéry y Guy de Pourtalès. «La cuestión —dijo en una conferencia— es liberar el cuerpo de las restricciones, de su extrañeza, y devolverle su flexibilidad animal, la elocuencia originaria de una criatura hecha para el movimiento y la armonía entre sentimientos y gestos. La dualidad es evidente: por un lado está lo que uno siente, por otro lo que uno hace, ambos [afectados] por la visión interior. Hay métodos diferentes para reestablecer el equilibrio. Yo conozco uno, es el baile».[29] La Argentina siguió uniendo su aproximación feminista a una estética de la coreografía y el diseño escénico cuando dijo que «traducir la vida mediante la danza es buscar una armonía en la que el alma, el centro de todo ser, se expresa a través del movimiento del cuerpo. En la danza, todo es real. Creo en el encuentro en el cuerpo entre la música, la poesía, el dibujo, la escultura y la arquitectura».[30]

Estas palabras de la Argentina, parecidas a las de Duncan, representaban la antítesis de la mujer desamparada, virginal, inconscientemente voluptuosa que París presentaba como el reflejo más bello y real de la mujer. Por el contrario, la Argentina era una mujer que aunaba su ser físico, su ser público, y su ser en movimiento. La Argentina demostró desde el principio, ya en 1912, que ser mujer no era estar desamparada. Las mujeres podían acercarse más conscientemente a la gracia y la belleza —y por tanto a Dios— que los hombres. El pianista de la Argentina, Luis Galve, con quien fue de gira por América y gran parte de Europa, se hizo eco de su búsqueda de un código que pusiera de manifiesto, a la vez, la gracia femenina y la intensidad coreográfica. «Hablábamos de arte —recordaba Galve—,[31] tenía una percepción clara de que su fino instinto sabría cómo dirigir la danza hacia la música, más que junto a la música o a través de la música, como habían hecho otros bailarines. Entendí cómo, mediante su arte, su órbita me había atraído... Cuando empezaba a ensayar, esa mujer se transformaba mágicamente. Lo único que quedaba en ella era la poesía y su cuerpo no era otra cosa que el pretexto que henchía su alma, la creadora de las maravillas que su mente concebía.»[32]

¿Cómo, pues, se enfrentó la Argentina a la misoginia de finales del siglo XIX y principios del XX en su trabajo, de gira por el mundo, para convertirse en la bailarina y diva española más importante? La Argentina llegó a ser directora artística además de bailarina. Controlaba el medio y escogió el ritmo, protagonista en el canon gitano, como centro de su temprano código coreográfico, al que añadió la sinuosidad del torso superior andaluz y las formas esculpidas de la escuela española clásica. Se alejó de la mayoría de los bailarines españoles ya famosos en París aligerando el énfasis teatral en los pies y las manos, como protagonistas dramáticos, para centrar la atención del espectador en el argumento del ballet, la línea argumental de la narración, a través del vestuario, la escenografía y la orquestación, con nuevas composiciones que a veces exigían hasta cincuenta músicos. En 1923, cuando la Argentina estrenó las danzas más famosas para *El amor brujo* de Manuel de Falla, el baile flamenco ya era una técnica, un vehículo coreográfico propio que le ofrecía la posibilidad de creación de un código personal, a la vez que le permitiría volver, en parte, a su lenguaje original de la danza: el ballet español.

Los críticos europeos y latinoamericanos empezaron a diferenciar a la Argentina de otros bailarines que eran menos intérpretes que imitadores. Uno escribió: «Muchos bailarines le han robado su trabajo —incluso su título—, pero nadie tiene su capacidad de delicadeza y suavidad en el movimiento. Es fácil determinar la superioridad de la Argentina por encima de la de todos los demás que nos han visitado. Posee una elegancia sobria, incomparable con el bailaor clásico de flamenco. El centro de su atención es inteligente y hechizante».[33] Jacinto Benavente se hizo eco de esta opinión: «La Argentina es una fuerza revolucionaria, el epítome de la danza española. Nunca se presenta de forma ficticia, como es habitual entre sus colegas, sino que convierte el escenario. Su arte es dulce fantasía con motivos hispánicos [que] trascienden la pasión, la belleza y la elegancia».[34] Un tercer crítico escribió que la Argentina no tenía ninguna relación con la Argentinita cuyo arte no tenía nada en común con la forma de bailar de la Argentina: «Entre las danzas de la Argentinita las hay buenas, malas y peores. La Argentina es una verdadera artista, una bailarina que se aleja de la vulgaridad [es decir, del music hall] y el público lo nota».[35]

La Argentina dio entidad propia al solo de flamenco que se interpretaba habitualmente. Creó divertimentos en los dos tipos de flamenco (los cantes grandes y chicos). Utilizó la fuerza efectiva del ritmo no como personaje en sí mismo (como hacían los bailaores de flamenco), sino como acompañamiento para bailar. «Empezamos a oír el movimiento de sus castañuelas —escribió un crítico argentino— tan pronto como apareció... Uno se siente sobrecogido por el entusiasmo casi religioso experimentado durante su actuación; la armonía de sus ondulaciones, nunca discordantes, siempre precisas.»[36]

Desde agosto de 1910 hasta marzo de 1913, la Argentina actuó en París. Según José Ortega y Gasset, que escribió sobre la Argentina como una de las tres musas de la danza española —las otras eran Tórtola Valencia y Pastora Imperio—, la Argentina se trasladó desde el Jardin de Paris al Moulin Rouge, para ir poniendo fin a su vida de music hall con lo que Ortega describió como «un importante contrato para ir a Niza, Bruselas, Londres y Montecarlo».[37] Al terminar su primera gira por los casinos, el trabajo más lucrativo de la Argentina que, en esencia, iba a financiar sus experimentos teatrales desde 1923 hasta 1936, la Argentina volvió a sus actuaciones en el Teatro Olympia de París. Durante sus representaciones de *La Rose de Grenade*, la Argentina regresó a España para dos recitales solistas en el Teatro Lara, donde fue la primera intérprete española que bailó,[38] otro recital privado para la infanta en El Escorial y otro para el Marqués de Hoyos, que fue su última actuación en España antes del estallido de la Primera Guerra Mundial.[39]

En 1913, la Argentina y su pequeña compañía de bailarines dejaron París para ir a Moscú, donde tenían un contrato con el Aquarium, un gran teatro en el centro de la ciudad. El 23 de marzo de 1913 se concedió a la Argentina un visado ruso para un año que prorrogó para seis meses más el 12 de junio de 1914.[40] En un artículo del diario madrileño *La Época*, se daba la noticia de la concesión del visado y se describía a la Argentina como «una mujer atrevida».[41] La gira rusa de la Argentina, como la visita a Rusia de Isadora Duncan en 1905, sería uno de los momentos más significativos de su carrera internacional como intérprete. A pesar de que no se han podido encontrar los programas de mano del espectáculo en el Aquarium, parece, según los artículos en los periódicos (escritores sudamericanos que reseñaron el espectáculo para los lectores españoles y uruguayos) que su compañía interpretó una serie de danzas distintas cada noche. Las danzas individuales sobre varios temas se separaban unas de otras con una selección de solos de piano o de voz.

En un artículo español, publicado el 4 de octubre de 1914, la Argentina hablaba de su experiencia: «Estaba en Moscú ganando buenos rublos cuando llegaron las primeras advertencias sobre la guerra. Me quedé en Moscú hasta el último momento porque tenía que cumplir con un contrato y no podía marcharme hasta que no fuera absolutamente necesario».[42] «Una noche —recordaba la Argentina—, un grupo de oficiales rusos borrachos como cubas, uno con una espada, entraron en el teatro y lo rompieron todo, cantado canciones patrióticas e intentando entrar en mi camerino. Al día siguiente, íbamos andando por la calle (una bailarina joven y yo) y nos subimos a un tren que se dirigía a San Petersburgo para escapar hacia París», ciudad a partir de la cual su amigo el marqués de Hoyos le había prometido que podría viajar a salvo.[43]

La Argentina continuaba: «Inesperadamente, tuvimos que quedarnos once días en San Petersburgo porque había una huelga y no podíamos irnos».[44] La embajada alemana de Moscú «estaba totalmente destruida y lo entendí todo porque entendía el ruso y por eso me enteré también de que Rusia se había aliado con Francia y Gran Bretaña». Finalmente, un barco noruego que se dirigía a Estocolmo y Londres iba a partir y la Argentina y aquella joven compraron dos billetes. «En el Báltico, los oficiales alemanes abordaron el barco y detuvieron a todos los que no éramos alemanes. Se pasaron toda la noche inspeccionando los más pequeños detalles, todo el equipaje que iba a bordo. Yo les grité llamándolos "salvajes", porque yo y la otra joven bailarina estábamos aterradas.»

«Hablaba alemán porque había estado viajando durante un año a Berlín, Frankfurt, Chemnitz, Leipzig, Colonia, Düsseldorf y Hamburgo y por eso pude hablar con ellos... le aseguro —dijo la Argentina— que odio a esa raza. Tras algunas horas nos trasladaron desde nuestro barco al suyo y, al final de la noche, nos llevaron de nuevo al barco noruego y nos permitieron continuar el viaje hasta Estocolmo.»[45] Las dos mujeres fueron a Suecia por el Mar del Norte. La Argentina debía estar muy asustada. Continuaba diciendo: «Cuando llegamos a Londres me mandaron al consulado español, pero como no tenía dinero, solamente cuatro mil rublos, no pudimos comprar los pasajes para España».[46] La Argentina arrastró a la joven bailarina con ella «a todas partes. Obtuvimos francos franceses en el banco ruso y viajamos a Folkstone, donde tomamos un barco rumbo a Boulogne».

«Me sentí feliz al tocar tierra francesa —dijo—.[47] Los franceses nos cogieron prisioneras, creyendo que éramos espías porque nuestros pasaportes no habían sido firmados por el cónsul en Folkstone. Nos llevaron a una cárcel de frontera donde pasamos la noche.»[48]

«Después de diecisiete horas en la cárcel —continuaba un periodista que relataba la historia— las mandaron de nuevo a Inglaterra» para obtener la firma del cónsul que las autorizaría a entrar en Francia. La Argentina había sido arrestada dos veces.»

«Tres días después —doce tras su llegada a Londres la primera vez— llegamos a París. Fuimos directamente al Crédit Lyonnais y solamente pudieron darnos doscientos francos por nuestros menguantes rublos. Así que fuimos a la casa de empeño y obtuvimos cincuenta francos por uno de mis anillos de mil dólares.[49] Se suponía que tenía que encontrarme con mi diseñador, pero todas las tiendas y los teatros estaban cerrados. El estilo de vida de la ciudad había cambiado por completo.»[50]

Según el periodista que contaba la historia, un amigo español encontró a la Argentina y a su amiga y las llevó al consulado de España, donde les dieron dos pasajes para Irún. «Por culpa de esa guerra —acababa la Argentina— perdí muchos contratos en Europa y lo que de verdad me permitió sobrevivir a ese caos fueron mis ahorros.» La Argentina era fuerte y tenía las ideas claras, estaba dispuesta a trabajar en cualquier momento para sobrevivir y volver a España. «Debería estar preparando mis conciertos en Madrid, y en cambio me tienen aquí sentada —dijo la Argentina en una entrevista en París—.[51] Si me hubiera quedado en Moscú me habría convertido en una bailarina famosa. La guerra me ha afectado mucho.»[52]

A finales de octubre de 1914, habiendo escapado por los pelos de la guerra, la Argentina se subió a un tren en París con destino a San Sebastián: «Me fui a San Sebastián dejando mis maletas en París».[53] Los alemanes estaban invadiendo Compiègne y Chantilly cuando la Argentina se fue al País Vasco. Al final se vio obligada a volver a España, que no estaba alineada.[54] Durante los pocos días que había pasado en Londres y París esperando los visados para Francia y después España, la Argentina intentó conseguir contratos en ambas ciudades, pero como era el principio de la guerra, no había dinero, la gente estaba asustada y ningún teatro funcionaba.

La Argentina pidió a un amigo parisino algunos francos que le permitieron comprar comida para ella y los bailarines hasta que los pasajes para el regreso a Madrid estuvieron finalmente en regla. Hubiera preferido quedarse en París, pero las autoridades no se lo permitieron. Tenía la consideración de refugiada, que viajaba de vuelta a casa bajo «protección» española. Si se hubiera quedado en París durante la guerra, quizá no habría logrado salir de los music halls. El año 1914 en Madrid, así como la gira de 1915 por Sudamérica que la llevó a Nueva York en 1916, fueron hitos en su carrera porque le permitieron perfeccionar sus solos y sus castañuelas, olvidarse de cantar y forjar una relación con la nueva escuela de músicos españoles que sería vital para su éxito parisino de la posguerra.

Cuando volvió a la capital española en 1914, la Argentina se puso a trabajar enseguida. A diferencia de Otero y Carmencita, «purificó su arte con ejercicio, estudio y observación intensos», perpetuamente en busca de la gracia y la belleza que serían las características de su estilo de danza y de su aspecto personal.[55] la Argentina emprendió entonces con entusiasmo su propia transformación, cambiando primero su cuerpo, adelgazando para mostrar una figura de ágil sílfide. Dejaría de ser simplemente un producto de la escuela española clásica, y la prensa española ya no la llamaría «Antonia Mercé» o «Antonia Mercé, la Argentina», donde era demasiado evidente el enlace con su padre y sus primeros años en España. Ahora sería simplemente «la Argentina», a menudo «esa bella bailarina española», e iba a lanzarse a una carrera como solista que la llevaría al estrellato.

En diciembre de 1914, dio una serie de recitales que tuvieron mucho éxito ante la vanguardia literaria de Madrid, en el Teatro Romea, un pequeño teatro circular que se hallaba dentro del Ateneo en el centro de Madrid. En enero de 1915, el comité de Bellas Artes, cuyo presidente era Fernando Periquet, el libretista de la ópera *Goyescas* de Enrique Granados, organizó un homenaje a la naciente estrella. Entre los miembros del ambiente literario que asistieron a esa velada se hallaban Jacinto Benavente, los hermanos Quintero, los Sierra, Fernández Ardavín, Antonio Gullón, Luis de Tapia, Rusiñol, Torres, Niat, Benedito, Sinesio Delgado, Pedro de Repide y Manuel Machado. Al día siguiente, los periódicos de Madrid proclamaban que la Argentina «era una artista cuya danza sirve para refinar la cultura de la gente».[56]

En abril de 1915, la Argentina se embarcó hacia Buenos Aires donde llegó en mayo.[57] En Madrid había actuado en teatros con todas las entradas agotadas, a la vez que, el 15 de abril de 1915, se estrenaba la primera producción del ballet de Falla *El amor brujo* en el Teatro Lara. Este estreno fue considerado «un fracaso español», para desgracia de Falla y los bailarines Pastora Imperio y Víctor Rojas. Diez años después, en París, la Argentina interpretaría la obra de Falla en una producción moderna propia, con su propia visión y sería un éxito tanto musical como dramático.

La Argentina había llegado a España en 1914 con un repertorio de veintisiete danzas solistas.[58] En ese momento, no toda su música era española. Siguiendo los pasos de muchas artistas españolas de music hall, la Argentina bailaba piezas de Edvard Grieg, Jules Massenet, Charles Gounod y, por supuesto, de Enrique Granados y Manuel de Falla.[59] Estas secuencias de compositores españoles, franceses y de otras partes de Europa en piezas solistas cortas, de tres a cinco minutos, eran típicas de Carmencita y Otero así como de Tórtola Valencia, Amalia Molina, Teresina y muchas otras bailarinas «artísticas» españolas. Hasta ese momento, la Argentina estaba siguiendo los pasos de las otras bailarinas españolas.

Cuando la Argentina se fue de España en 1915, lo hizo de la mano

Teatro Colón de Buenos Aires, 1933.

del empresario argentino Rogelio Pérez, que la había contratado para varios teatros sudamericanos.[60] En Buenos Aires, por ejemplo, tenía contrato con el Teatro Buenos Aires y el Teatro Nuevo, donde bailó con la compañía de la famosa bailarina y directora Orfilia Rico, que debutaba en el Teatro Nuevo ese otoño. Se unió a la compañía como solista principal y debutó con ellos como bailarina, coreógrafa e intérprete de castañuelas, el 1 de octubre.[61] En base a su creciente fama, la compañía seguramente se presentó como un cuadro flamenco antiguo, donde cada bailaor actuaba según un rango jerárquico y el mejor bailaba el último. Siendo así, la Argentina habría tenido libertad para crear su propio momento en el escenario, escoger su música, como ya había hecho antes de irse de Madrid, y bailar solos coreografiados por ella. Sin estas garantías, no hubiera aceptado el contrato. Sus críticas en Buenos Aires fueron tan favorables que no necesitó asociarse con ninguna otra compañía para conseguir un teatro y logró un contrato en el Teatro Buenos Aires, un pequeño teatro de opereta que fue el lugar donde muchas compañías de bailarines y músicos refugiados actuaron durante la guerra, como el Teatro Colón, en el que ella también bailó.[62] Durante sus actuaciones en el Teatro Colón en junio de 1915, la Argentina se casó con el argentino Carlos Marcelo Paz. De Carlos Paz, empresario y ahijado de Carlos Cossío y Rodolfa Barruti, se decía que era sobrino del general Roca, antiguo presidente de la República de la Argentina y propietario del periódico *La Prensa*. La pareja celebró una boda religiosa en la Basílica de Nuestra Señora de la Merced de la calle Reconquista, el 23 de junio, después de la celebración civil del 5 de junio. En la partida matrimonial, la Argentina figuraba como «hija de padres desconocidos». La Argentina tenía veintisiete años y Marcelo treinta y uno.

En 1920, la Argentina ya había dejado a Paz por motivos de «incompatibilidad de caracteres» y porque había tenido que mantenerlo con los beneficios de sus actuaciones desde que se casaron, puesto que parece que él nunca trabajó. En un documento mecanografiado escrito por la Argentina para probar la separación legal de su marido y certificar que no tenían hijos, la artista describe con rabia cómo él se dejaba mantener. Además, en documentos médicos fechados en 1923, queda claro que su marido le contagió una gonorrea de la que nunca terminó de recuperarse.

Paz nunca concedió el divorcio a su mujer a pesar de que ésta abandonó París para irse a vivir con su hermano a Madrid de forma que pudiera probar que tenía una residencia distinta a la de su marido durante un período de seis meses. Cuando regresó de Madrid a París en 1921, en el Teatro Femina, los productores Pierre Laffite y Robert Ochs contrataron a la Argentina para representar una serie de números de music hall que le reportaron mucha fama en Francia.[63] En 1925, algunos años después de haber conocido a Ochs, la Argentina se fue a vivir con él. Esas actuaciones de 1921 marcaron el inicio de una relación íntima con Ochs que duró doce años y con quien convivió en París y en Bayona, hasta su muerte en 1936. Ochs, un hombre veinte años mayor que ella, le ofreció estabilidad y amor.

Desde Buenos Aires, en 1915, donde el baile, las castañuelas, el vestuario, la coreografía de la Argentina habían sido muy aclamados y donde se tenía en cuenta el hecho de que era la Argentina de nacimiento, la Argentina se fue a Uruguay. Allí, tanto en el teatro de Montevideo como en el de Rosario, continuó ganándose al público y a la prensa. Debutó en Montevideo el 18 de julio y continuó con sus actuaciones en Uruguay hasta el 10 de septiembre.[64] En noviembre, se fue a Santiago, Chile, donde debutó en el Teatro de la Comedia, el 14 de noviembre. La prensa chilena reconoció a la Argentina como la artista que había convertido la danza española en una forma artística universal. «En ella —escribió uno de los críticos—, vibra la belleza subconsciente de las aguas de luz y sonido; se trata del espíritu unificado de la vida y la mujer.»[65] El 24 de noviembre, la Argentina actuó en el Teatro Victoria de Valparaíso; el 12 de diciembre llegó a Lima, Perú, porque había firmado un contrato con el empresario peruano Abreu y permaneció allí hasta finales de 1915, cuando Enrique Granados le pidió que fuera a Nueva York.[66]

Mientras actuaba en el Teatro Municipal de Lima, la Argentina recibió un gran honor. «Al final de una actuación, los admiradores que había en el público tomaron las riendas de los caballos de su carruaje y, con ella dentro, lo condujeron por las calles hasta su hotel.»[67] Era una persona querida y apreciada por los amantes del teatro de toda Sudamérica, quizá porque todos estaban convencidos de que presentaba su propia estética y no simplemente una serie de bailes españoles influidos por el flamenco. «La Argentina se presenta de una forma increíble... creando una forma gráfica de baile», escribió un crítico. «Después del solo "Alegrías", el público no podía ni moverse.»[68]

Los críticos sudamericanos de principios del siglo XX tuvieron que poner a prueba sus capacidades literarias para describir sus actuaciones. La Argentina era, como escribió uno de los críticos, la encarnación «del ritmo interior, la emotividad poética, la elegancia y la plasticidad».[69] Las proezas rítmicas de la Argentina, la traducción mediante su cuerpo de la velocidad y la fiereza emocional del flamenco, cuidadosamente compensadas por la colocación de los trabajados brazos de la parte superior del cuerpo típico de la danza española clásica, fueron estudiados una y otra vez por los críticos del norte y del sur de América durante sus giras de 1917 y 1918.

La idea de plasticidad, un concepto común a escultores y pintores desde la segunda década del siglo XX, influenciada por las líneas en forma de zarcillo de Aubrey Beardsley y por las creaciones del art nouveau de finales del siglo XIX de Louis Comfort Tiffany y, más tarde, por la descarnada linealidad geométrica de los diseños industriales modernos del art decó, fue motivo de polémica durante la primera gira de la Argentina. Su línea y su contorno (es decir, la silueta que emergía del movimiento de su cuerpo cuando se movía en el espacio) recibieron el nombre de «plásticos». A pesar de dar a su cuerpo al moverse en el espacio una línea sinuosa y, a veces, serpenteante, siluetas propias del lenguaje del flamenco, la Argentina se convirtió en la perfecta encarnación de la escuela plástica del estilo art decó a medida que éste se iba difundiendo a través de las críticas literarias y el mundo artístico de América y Europa. Había conocido la alta costura en París y los fracasos de las Carmencitas de imitación del vodevil. Había entendido qué era lo nuevo y diferente y lo había adoptado. Sabía lo que había en la coreografía y la experimentación que fuera suyo y lo que no lo era. Su capacidad de comprensión, su talento y sus habilidades la alejaron del music hall.

El éxito peruano de la Argentina fue magníficamente subrayado por un crítico: «No hay cadencia que Antonia la Argentina no traduzca; ritmo que sus pies no cubran; tampoco hay armonía que no emane de su aura. Ver bailar a la Argentina educa el gusto, como escuchar buena música educa el sentimiento. El artista que trabaja en profundidad sabe cómo espiritualizar su material. D'Annunzio ha dicho que todo el cuerpo de la Gioconda era como una mirada. La Argentina es la Gioconda de la danza».[70] También se comentó mucho «la línea escultural de su expresión estética».[71] De nuevo, se habló a favor de la musicalidad de la Argentina y se tradujo en poesía, como también harían los poetas franceses a finales de la década de 1920. Además, su unión entre musicalidad, materialidad y espiritualidad con la corporeidad física y las musas más importantes de la historia fue siempre un tema destacado por la crítica en sus actuaciones de la segunda década del siglo xx. La Argentina bailaba honesta y seriamente. Su paso medido y la sensualidad de su forma encantaron a la intelectualidad sudamericana. Además, la Argentina quiso experimentar con los nuevos lenguajes de la danza. Con su formación como bailarina de ballet y bailaora de flamenco, y después de haber dominado ambas técnicas, se planteó el reto de descubrir el medio más adecuado para su cuerpo y a través del cual poder decir algo, especialmente algo nuevo. El período de entreguerras fue para la Argentina el de la adaptación de su cuerpo a una estética muy femenina que estaba ya en boga. También fue la forma de decidir cómo iba a continuar superando el estilo que había practicado durante veinte años.

Enrique Granados telegrafió a la Argentina a Sudamérica pidiéndole que se reuniera con él en el Metropolitan Opera House de Nueva York, donde él se encargaría de que la contrataran como coreógrafa y bailarina principal para su nueva ópera *Goyescas*, que tenía que estrenarse en febrero de 1916. Cobraría tres mil libras esterlinas al mes.[72] A los ojos de la prensa latinoamericana, la llegada de la Argentina a Nueva York era «la primera vez que la danza española adquiría estatuto de danza clásica. La bailarina se va como mujer para convertirse en la metáfora de la mujer. Es la primera vez que una mujer latina bailará en Nueva York», cosa que no era totalmente cierta porque muchas bailarinas españolas ya habían actuado en la ciudad.[73] (Seguramente la Argentina había conocido a Granados cuando volvió de Rusia a Madrid en 1914). Para Granados, que era un compositor español reputado y ampliamente respetado, pedirle a una bailarina de su país que coreografiara una ópera era una decisión radical. Significaba una ruptura con la hegemonía de los maestros de ballet italianos de las óperas europeas y norteamericanas, cuyo servicios eran siempre requeridos para coreografiar una ópera u otros trabajos en los grandes teatros.[74] La aceptación inmediata por parte de Granados de la Argentina como artista solista ilustra su propio pensamiento revolucionario, su fe en ella y su intento de internacionalizar su trabajo artístico al presentarla ante el público neoyorquino, tan crítico y restrictivo. Esta invitación significaría, en 1923, una ayuda para lanzar a la Argentina al estrellato y a la amplia aceptación por parte de los escritores franceses que, cuando escribían recorrían teatros llenos de bailaores españoles y bailarines de «arte» moderno de todo el mundo, muchos de los cuales tenían bastante talento, aunque permanecieron siempre en el circuito del music hall.

Cuando la Argentina llegó a Nueva York, el puesto que ella esperaba había sido confiado a Rosina Galli, la *prima ballerina* y amante del director del Metropolitan Opera House. Granados se quedó tan sorprendido por esta inesperada y vergonzosa decisión, tomada sin su consentimiento, que buscó la manera de compensar a la Argentina, cuyos gastos de viaje habían sido muy elevados y que no tenía ninguna intención previa de presentarse en Nueva York como solista porque creía que aún no estaba preparada. Sin embargo, Granados la ayudó a alquilar el Teatro Maxine Elliot y compuso y le dedicó una pieza. Con ella, la Argentina estrenó su temporada en Nueva York como artista española solista y más tarde salió de gira por Norteamérica.

El público y la prensa quedaron tan impresionados por la Argentina que el *New York Times* citó a Anatole France, el famoso escritor francés, que había cantado sus alabanzas: «Su gracia y el ritmo de su pose —escribió— son música para el oído. Esta sutil bailarina es un poema animado y armónico. Expresa los más sutiles pensamientos con la danza, sea ésta oriental, árabe, andaluza o gitana. Es una bailarina de todos los tiempos y todos los países porque encarna un espíritu profundamente religioso que debe ser universal».[75] France puso en palabras la tríada temática de la Argentina: «amor, muerte y dolor».[76]

La danza de la Argentina era un verdadero comentario sobre España. El Maxine Elliot era propiedad de la familia Schubert y estaba en Broadway, en la calle 39, al lado del Metropolitan Opera House. El 29 de febrero estrenó un espectáculo de «danzas de concierto». Fue presentada como «la más grande bailarina española» y estaba acompañada por la Little Symphony, una orquesta popular dirigida por George Barrere.[77] La Argentina presentó dos programas distintos, separando sus solos con interludios musicales de piano, violonchelo y voces solistas de la Little Symphony.

Con la mezcla de danza clásica española, rumbas cubanas, personajes franceses de opereta de sus días en el Olympia y el Moulin Rouge, así como flamenco gitano, sevillanas andaluzas, fandangos y escenas de mimo, un formato propio del music hall, la Argentina demostró su conocimiento de los géneros populares así como de la danza extremadamente técnica. Desarrolló personajes en los que trabajaría y que perfeccionaría a lo largo de toda su carrera, como don César de Bazán de Massenet. En *La maja y el chispero* cobraron vida una danza clásica española y un tango argentino. La Argentina demostró su habilidad para bailar una historia sola en el escenario.

La Argentina con mantón de Manila, 1929.

También mostró su gran conocimiento de música, desde Valverde hasta Massenet, de Camacho a Lamuto, de Grieg a Granados. Cada baile fue aclamado por la prensa neoyorquina como un mundo total en miniatura, tan bien representado que el público creía que la Argentina había vivido todos los momentos de la historia que interpretaba. «Es tan personal —escribió un crítico—, tan distinta a otros bailarines que nos han visitado, que su actuación ha sido un lujo inusual.»[78] El mismo escritor describió a la Argentina como «una gran belleza española» que «en su España nativa está considerada como un ídolo. Ni siquiera la gran Carmencita, se dice, causó tanta expectación con su primera actuación en América como esta nueva artista».[79] Pero lo más importante era que el escritor describía la danza de la Argentina como una representación realista de danza española, cuyo «fuego nativo está sugerido de manera artística más que con el vigor de sus movimientos o con el mero control muscular».[80]

Otro crítico dijo además, «los trajes de la Argentina eran sorprendentes por su simplicidad y colorido y tendían a acentuar su grácil delgadez. Ya desde la primera actuación obtuvo un éxito inmediato ante un público compuesto por actores, actrices, músicos, cantantes de ópera y mecenas artísticos».[81] Como en España y en Sudamérica, el público de la Argentina se componía de miembros del mundo artístico que respetaban y admiraban su espíritu aventurero, sus características distintivas, su elección de trajes modestos pero coloridos y su musicalidad. La Argentina había adaptado al escenario los volantes tan en boga en Francia, añadiendo color a su rumba cubana y al flamenco de las gitanas flamencas, y cintas y botones a sus majas del siglo XVIII. Además, los trajes llegaban simplemente hasta la rodilla, permitiendo que las piernas pudieran moverse con libertad bajo las capas de las faldas. «En su forma de vestir —escribió otro crítico—, es más que artista.»[82]

El trabajo más memorable de la Argentina de 1916, que continuó representando hasta 1923, fue compuesto para ella por Enrique Granados poco antes de su trágica muerte. En 1916, Granados y su mujer iban a bordo del vapor británico *S. S. Sussex* en un viaje desde Nueva York a Inglaterra, cuando el barco fue torpedeado por un submarino alemán. Dejaron seis hijos.

La danza de los ojos verdes, la última obra de este compositor español, era una pieza elegante y poética y tanto la coreografía como la intervención de las castañuelas permitían a la Argentina lucirse como concertista y bailarina. Vestida con un traje de seda amarillo pálido y verde, con simples adornos de encaje y el tradicional delantal catalán de terciopelo colgando de la cintura, el pelo recogido hacia atrás en un moño apretado en forma de flor, la Argentina adoptó las posturas corporales del bailaor, la bailaora y el matador.[83]

Después de actuar ante el público norteamericano durante un año, la Argentina regresó a Uruguay y luego viajó a Cuba y a México. Mientras actuaba en Nueva York, había entablado amistad con María Conesa, una conocida bailarina mexicana, y los colaboradores de Conesa, el pintor Carlos Mejía y Miguel Lerdo, que dirigía una orquesta folclórica. El grupo de danza y música mexicana estaba actuando en el Carnegie Hall mientras la Argentina lo hacía en el Teatro Maxine Elliot. Con el grupo mexicano viajaba el empresario Arbeu, el hombre que había representado a la Argentina en Lima y que estaba representando al grupo de Lerdo. Arbeu volvió a contratar a la Argentina, ahora para una gira en México. Estuvo muy influido por el grupo de danza popular. La Argentina afirmó: «México es el país latino más folclórico. Quiero descubrir más cosas sobre su cultura».[84] Los críticos subrayaron que durante sus conciertos en México se concentraba menos en los pies y las manos y más en el cuerpo, en las posibilidades de movimientos inesperados y serpenteantes y en alejarse de la rigidez y la monotonía que consideraba como definición de la técnica clásica. «Al principio —dijo la Argentina en una entrevista de 1917 en Ciudad de México—, los maestros de la danza rechazaron mi "revolución de la danza clásica". Ahora todas las bailarinas no sólo intentan imitar mi forma de bailar, sino también mis gestos y mi peinado. En todas las escuelas ya se enseña solamente mi forma de bailar.»[85] La Argentina no parece ni modesta ni insegura de sí misma. Se da perfecta cuenta de lo que ha logrado y creado hasta entonces y cómo ha influido sobre otras bailarinas (especialmente la Argentinita, a la que acusa de «imitar [mi] forma de escribir»). Pero no pudo predecir su propio futuro.[86]

En junio de 1917, la Argentina actuó en Ciudad de México después de una gira por Texas durante algunos meses.[87] En noviembre había aceptado un compromiso de music hall en Nueva York, producido por primera vez por españoles, que le ofrecieron el papel principal en *La tierra de la alegría*, otra opereta de Valverde. El crítico del *New York Times* describió el musical como un éxito y resaltó que los productores eran «conscientes del hecho de que, solamente en Nueva York, hay cerca de trescientos mil latinoamericanos».[88] Como en *La tierra de la alegría* había mucha danza, la Argentina tuvo la posibilidad de ganar dinero y de obtener publicidad y con ello pagó las giras por América cada año desde 1928 hasta 1935.[89] En cada una de ellas ofreció más de cuarenta actuaciones en menos de tres semanas.[90]

Obra en dos actos y once escenas, *La tierra de la alegría*, como *L'Amour en Espagne* y *La rose de Grenade*, era una comedia musical. Su compositor español, al «escuchar la nueva música de baile americana en París, regresó a Madrid y añadió nuevos bailes nativos... que mostraban bellas escenas de la vida española [con] un argumento americanizado... interpretadas mediante la danza y el canto».[91] Actuando, de nuevo, junto a Antonio el de Bilbao, que interpretaba al torero, la Argentina se superponía literalmente al libreto y era presentada como «la más famosa bailarina de España». Su imagen se había hecho tan popular que se presentaba con «una gracia abrupta y talento... y un soberbio sentido escénico».[92]

Después de sus amplias giras por América del norte y del sur, desde 1915 hasta 1918, la Argentina desapareció de los ojos del público para dedicarse a su nueva pareja. El *New York Times* afirmaba que ella había dicho, en una entrevista de 1916, que estaba viviendo el momento más feliz de su vida. «Solamente ha habido una gran aventura en mi vida —dijo la Argentina—. Ésta ha sido mi matrimonio con el señor Carlos Paz con el que estoy ahora.»[93] Sin embargo, en 1920, después de su separación de Paz, la Argentina fue entrevistada por *El Caballero audaz*. «Moriría si no cultivara mi arte —dijo—, lo necesito para mi alma y para mi cuerpo.» Paz dijo al periodista español que «su mujer padecía una grave artritis y que cuando llevaba una vida tranquila la aquejaban fuertes dolores».[94] Fuera a causa de la artritis o de su marido, lo cierto es que la Argentina volvió a los escenarios franceses con dedicación completa a finales de 1920.

Influida por la utilización de Valverde de la música ragtime afroamericana mezclada con el tango argentino y la música de las operetas de Massenet, la Argentina empezó a aprender, como artista solista y estrella del music hall, el arte de combinar la fuerza de la danza y de la música para convertirla en una afirmación personal.

De entre los muchos solos que interpretó en el Teatro Maxine Elliot, como manera de ir presentándose como artista seria, la Argentina solamente conservó uno en su repertorio a lo largo de toda su vida: *Danza V*, compuesta para ella y a ella dedicada por el maestro Enrique Granados. Con sus melodías cantarinas y pasajes rápidos de bravura para el taconeo y la intervención de las castañuelas, se convirtió en el segundo trabajo con la firma personal de la Argentina después de *La corrida*. *Danza V* fue muy apreciada y querida por la vanguardia musical española. En realidad, su coreografía mostraba su visionario sentido escénico e iba más allá de la opereta de music hall y de «las danzas nativas españolas» y, a partir de 1920, preparó el camino hacia la creación de su primer ballet completo, *El amor brujo*.

Vestida con un traje largo y recto de terciopelo negro con ribetes de encaje dorado justo por encima de las pantorrillas y una exquisita serie de bordados de hilo de seda de color dorado oscuro a la altura de los muslos, la Argentina había creado con *Danza V* lo que los críticos de ambos lados del Atlántico consideraron ser la versión española del Canto del cisne. «*Danza V* —escribió Levinson— fue para la Argentina lo que *El Lago de los Cisnes* para Pavlova.»[95] «Con un soberbio juego de líneas —escribió H. T. Parker— que sube y baja recorriendo el cuerpo de la bailarina, el ritmo subiendo a través de él, cada vez más tenso, desde el movimiento de los pies hasta la inclinación de la cabeza [...] y fuera de nuevo hasta alcanzar el cierre de los dedos, la verdadera forma y el movimiento de la música transmutados en carne viva.»[96] Otro crítico consideró que *Danza V* representaba «la tristeza de la condición humana».[97]

La Argentina entraba de perfil, dijo Levinson, «con los brazos en alto para enmarcar un rostro afilado, alargado por el peinado, el movimiento de la rodilla liberándose lentamente de su estrecha funda de terciopelo negro, el apasionado porte del cuerpo que se rompe de repente en un paseo pensativo».[98] Caminaba y giraba con abandono. Cruzando el escenario con un «aire hechizado», a veces como «elegante silueta», la Argentina se movía rápido, girando, saltando y parándose de golpe para esculpir sus poses en las que exhibía una «actitud plástica».[99] Los brazos de la Argentina enmarcaban suavemente el rostro y el cuerpo, manteniéndolos sobre la cabeza con extremo cuidado para alcanzar un momento de perfecta armonía», y permitiendo finalmente que sus brazos cayeran de nuevo.[100] «La majestuosa *Danza V* —consideró el crítico de danza John Martin— era una expresión sin tacha de soberbia musicalidad [...] y [demostraba] una aguda percepción de sí misma como bailarina. El mundo es inconmensurablemente más rico con la *Danza V*.»[101]

La Argentina regresó a España en 1918, después de su exitosa gira por Cuba y Venezuela, que acabó en agosto en México. Allí, los trabajadores «le regalaron una medalla de oro», como homenaje.[102] Entonces se fue a Madrid para presentar una serie de recitales con música de Albéniz, Ravel, Fauré y Chabrier y, con la colaboración del pintor catalán Josep Maria Sert, un trabajo de danza para teatro titulado *Los jardines de Aranjuez*.[103] Había conocido a Robert Ochs unos años antes con ocasión de una actuación en La Réserve de San Juan de Luz y, poco después de este concierto en Madrid, él y su socio Pierre Laffitte la invitaron para actuar en sus teatros, primero el Femina y el Ambassadeurs y después el Moulin Rouge. Esta vez, su amigo Joaquín Nin la acompañaría. Durante estas actuaciones de concierto y music hall, la Argentina conoció también a Arnold Meckel quien, a finales de 1922, se convertiría en su representante para toda la vida.

La mujer «eurrítmica» captada por la prensa peruana y uruguayana de la década de 1910 no fue reconocida como una *créatrice* importante en París hasta 1923. Entonces, en sus conferencias sobre danza española, que tuvieron lugar en la Comédie de los Champs-Elysées con André Levinson, la Argentina ilustró, bailando y gesticulando, sus palabras. Las conferencias fueron extremadamente importantes para conseguir la aprobación y el reconocimiento, no sólo hacia ella sino también hacia la danza española como lenguaje serio y clásico. «Las lectoras de *The Dancing Times* —dijo un crítico especializado en moda—, habrán estado encantadas de haber asistido a una de las recientes conferencias de los viernes. Una *danseuse* española, la Argentina, provocó un aplauso entusiasta por la exhibición de sus tangos españoles acompañados por sus castañuelas.»[104]

Levinson también escribió en un artículo de 1928 que la Argentina «había dejado los escenarios del music hall para ofrecer exitosos

La Argentina con Arnold Meckel; Ámsterdam, 1930.

recitales de danza en toda Europa», y se descubría a sí misma en aquellas conferencias. Estas conferencias, escribió Levinson, «pueden haber ayudado a la Argentina a descubrir la fórmula que al final le proporcionó tanta reputación».[105] Además de la danza propiamente dicha, fue como estudiosa y comentarista de su propia forma de bailar como la Argentina se ganó la aclamación de los críticos, los mecenas y el mundo artístico parisino. «Desde el momento que conocí al crítico Levinson —dijo la Argentina en una entrevista—, empecé a dejar los escenarios de music hall.»[106]

Es interesante observar que también el público popular iba a verla, a ella y a su compañía. Incluso el Teatro Trocadero donde el aforo es de cuatro mil plazas se llenaba fácilmente y Meckel tenía que añadir nuevas representaciones en el contrato. Después de haber pasado tanto tiempo «escalando hacia la cumbre» subiendo su propia escalera, la Argentina conocía bien el significado de las palabras «ruina» y «lucha» y, por ello, ofrecía una serie de entradas con descuento para la gente pobre y siguió siempre bailando para recaudar fondos para obras benéficas. De esta forma, la Argentina mantuvo un equilibrio público, financiero, moral y creativo entre los escenarios comerciales y los de concierto.

Como muchos artistas de la época, la Argentina nunca dejó del todo los escenarios de music hall porque eran muy lucrativos y tenía mucha gente contratada en su compañía. Pero su compañía, los Ballets Espagnols, nunca actuó en esos escenarios. Recordemos las palabras de Colette: «El music hall es la profesión de los que nunca han aprendido ninguna». ¡Quizá la Argentina había leído a la actriz francesa! En cambio, permitió que Meckel firmara contratos para la compañía en teatros de ópera grandes y pequeños en Europa y las Américas. Quería que el público supiera que, como ellos, se tomaba su trabajo y su compañía en serio, como una misión. Después de tantos años en los escenarios del music hall, ella y su compañía pertenecían a teatros «serios». A ellos acudía a verla un público devoto y consciente.

4. El amor brujo *como obra de vanguardia*

> Pero el antiguo espíritu [y] el método de la Ópera de Madrid sobrevivió... en la persona de una sola, y posiblemente la única, artista, la Argentina, la estrella de un firmamento oscurecido. Por eso estoy obligado a escribir mi monografía sobre esta artista sin rival que sobrevivirá como intermediaria entre nosotros y el misterio de la danza española.
>
> *André Levinson*

El 8 de enero de 1925, la Argentina apareció en el lugar decimoquinto en un espectáculo de music hall del Olympia. Bailó quince solos entre los que había *Córdoba*, *Ché, mi amigo*, la *Danza de la mujer de Miller* de *El sombrero de tres picos* de Massine (1917), *Danza del fuego*, de la producción original de *El amor brujo* (1915) y su trabajo de firma personal, *La corrida*. Un crítico consideró que era «la más admirable de todas las bailarinas españolas». Repitiendo el título que una vez le había concedido la prensa española en 1914, afirmaba, «es la reina de las castañuelas».[1] Tres meses después, no actuó en un escenario de music hall sino en el del Teatro Trianon Lyrique, un teatro cuya gestión, bajo la dirección de Louis Masson, se dedicaba a la producción de ópera lírica y obras innovadoras. A las nueve de la noche del lunes 23 de mayo, la Argentina representó la versión completa de *El amor brujo* en un teatro en el que se habían agotado las entradas.[2] A pesar de que ya había bailado dos danzas solistas del libreto del ballet original (1915), «La danza del fuego» y «La romanza del pescador», nunca había montado todo el ballet. Tras cuatro años de trabajo a solas con el compositor para hacerse con la pieza, la Argentina se sintió preparada para interpretar toda la obra. Precedida por *L'histoire du soldat* de Stravinsky, dirigida por el propio compositor, la Argentina y una compañía de trece bailaores gitanos entraron en escena. El amigo de Stravinsky, Manuel de Falla, dirigió su propia obra y la Argentina fue bautizada esa noche como «la artista de concierto más grande de España que el mundo haya nunca visto».[3]

La evolución de la estética de la Argentina desde 1920 hasta 1925 hizo posible la realización de un ballet teatralmente tan complejo como *El amor brujo*. ¿Qué atrajo a la Argentina para escoger este libreto? ¿Por qué condensó la partitura y el libreto y encargó intrincadas y caras escenografías y vestuario para acompañar la música y la danza? ¿Podía la Argentina prever que su producción de 1925 no sería criticada, como lo había sido la de 1915, por «carecer de carácter español»?[4] ¿Montó el ballet como si fuera un examen personal, para promocionarse como artista moderna cuyo trabajo representaba el arte español a través de la interpretación de la vida gitana? Al llenar su coreografía con rituales gitanos y trajes típicos, ¿estaba la Argentina creando una nueva forma de dramatizar el folclore español? ¿Qué tenía de específico *El amor brujo* que la Argentina entendió como algo genuinamente español? ¿Y por qué concibió los personajes gitanos y españoles como si procedieran del mismo país, creando así una cultura española unida, diversa y artísticamente igualitaria?

Hay que situar a la Argentina y a Falla en el mundo artístico del neoprimitivismo en el que trabajaron. Sólo así resulta posible analizar el ballet e incluso la música. ¿Cómo —mediante qué medios coreográficos y composicionales— reinventó la Argentina la imagen de la gitana española en *El amor brujo*, creando a la vez un éxito comercial y un tema para el teatro moderno serio? Porque, realmente, hallamos en el ballet de Falla la más moderna presentación española de danza, un ballet que aún sigue representándose en España y América.[5] *El amor brujo* es una serie de entremeses dramáticos, viñetas al estilo del siglo XVII, unidos por el cante y el baile.

La producción de la Argentina de 1925 de *El amor brujo* supuso un puente entre el ballet romántico de la década de 1840, tal como se representaba en los escenarios del Teatro Real de Madrid y de la

Ópera de París y el teatro experimental moderno de la década de 1920 de París. Su *El amor brujo* conectaba el romanticismo inherente a la técnica del ballet francés con la escuela bolera española que incluía el flamenco, enlazando así a Dolores Serral con la reputada bailarina romántica Fanny Elssler. Mediante una puesta en escena moderna y el diseño del vestuario, la Argentina se adhirió a los movimientos de vanguardia con base en Madrid y en París. El resultado fue un trabajo que podía ser definido como moderno y como español. Para entender cómo resucitó la danza española del siglo XIX a través de su estética moderna, es necesario observar a las antecesoras de la Argentina, la escuela romántica francesa de música y arte. Las obras de Georges Bizet, Prosper Mérimée, Édouard Manet y el pintor de origen americano John Singer Sargent fueron las precursoras de la danza escénica de la Argentina.

En 1875, Georges Bizet llevó a los escenarios franceses a una antiheroína, un retrato auténtico de la *femme fatale*. Se llamaba Carmen y representaba a las gitanas.[6] A pesar de que la novela de Mérimée, *Carmen*, se había publicado con éxito en 1845, la ópera ligera se estrenó treinta años más tarde. Como ópera ligera con partes recitadas, *Carmen* tuvo tanto éxito en la Opéra-Comique que se le añadieron recitativos para que pudiera representarse en la Ópera.[7] En 1882, siete años después del estreno de *Carmen*, John Singer Sargent se ganó el corazón de los parisinos con otra visión de la vida sevillana, el cuadro titulado *El jaleo*. Como en la historia de Mérimée sobre las cigarreras, Sargent captó una imagen del sur de España retratando un tablao flamenco nocturno. El cuadro de Sargent también era un retrato del trabajo de las gitanas, pero esta vez hablaba del baile flamenco. Sin embargo, a diferencia de Mérimée quien, como Théophile Gautier y Washington Irving, pasó muchos meses viajando entre los gitanos del sur de España, Sargent recordaba España desde el punto de vista del marginado y escogió a la modelo francesa Marie Renard para que posara como protagonista del cuadro. También a diferencia de Mérimée, que escribió *Carmen* en España, Sargent pintó su gitana flamenca en su estudio de París. *El jaleo* es una visión orientalizante de España, pintado fuera de Sevilla donde, según los diarios de Mérimée, éste había visto bailar el jaleo de madrugada en un bar.

En 1900, ambos trabajos se habían convertido en un símbolo de una misma cosa: la seductora gitana española que consolidaba la atracción que empezaba a ejercer España en los salones de París y en los escenarios. Además, tanto *Carmen* como *Jaleo* provocaron en los parisinos las ganas de ver más cosas «españolas». La frase a menudo citada de Alexandre Dumas de que España era «la puerta de entrada a Oriente» y el neoprimitivismo del mundo artístico de París habían preparado al público. En realidad, el mundo pictóricamente exótico que habitaban los gitanos españoles representaba lo que la historiadora de arte Mary Crawford Volk llamó «el poder inherente del cante jondo andaluz... de los ritmos elementales de los lamentos gitanos y la vibración de la guitarra», todo lo cual resulta en una «confrontación entre las exigencias de una urbanidad a la moda y las formas expresivas de los pueblos antiguos».

Carmen y *Jaleo* fueron dos *tours de force*. Su atractivo perduró, su tema místico y su efecto fueron «trascender la realidad». A través de *Carmen* y la gitana protagonista de *Jaleo*, París se hizo adicto a la cultura española, a lo que Volk llamó «hispanismo como modernidad».[8] No solamente el tema hispánico significaba algo nuevo, algo moderno, sino que, para artistas como Sargent, España proporcionaba un nuevo prisma en el que el neoprimitivismo podía bucear para extraer la verdad y extrapolarla. En esencia, Mérimée y Sargent prepararon el escenario para que la Argentina pudiera dar voz a «un culto moderno por las cosas españolas. Porque el hispanismo era el significante más claro de la modernidad».[9] En todos los ámbitos artísticos, la cultura gitana se convirtió en un laboratorio étnico para el estudio de la «vida» real.[10]

La aceptación de *Carmen* como una obra sinfónica seria en el escenario de la Ópera de París y el éxito de la pintura influenciada por España, a principios del siglo XX en los salones de París, sirve como trasfondo para la investigación sobre la producción de la Argentina de 1925 de *El amor brujo* en la que, con su creación y estreno, la Argentina plasmó su estética personal. Sin embargo, a través del prisma de estos primeros trabajos, podremos comprender el gran éxito artístico de la Argentina, un triunfo estético que hubiera sido imposible si París no hubiera estado preparado.

La versión de la Argentina de *El amor brujo* iba mucho más allá que las danzas previas o los trabajos teatrales de tema español. Quizá esto fuera, en parte, porque no había sido escrito, compuesto, coreografiado, diseñado y concebido por franceses sino por españoles, todos ellos miembros de la vanguardia madrileña de la nueva escuela española. Al igual que *Carmen*, empezó siendo un «trabajo lírico» que fue ganando reconocimiento operístico a medida que maduraba en los escenarios europeos.[11] El Trianon Lyrique, segundo escenario de la obra (el primero había sido el Teatro Nacional de Bruselas) era un recinto íntimo, con cortinajes, sillas y alfombras de terciopelo rojo y con un aforo aproximado de quinientas plazas. Al principio se planearon seis representaciones, pero como las entradas se agotaron se añadieron diecinueve más.[12] Cuando terminaron, el 30 de junio, la Argentina salió de gira para presentar el ballet seis veces en Europa y el sureste asiático.[13] Se presentaba en un programa conjunto con la obra moderna *L'histoire du soldat* de Stravinsky, que había causado mucho impacto la noche de su estreno, y la comedia musical de lord Berners, *Le carrosse du Saint-Sacrement*, que, a pesar de estar inspirada en la obra de Mérimée, no tuvo mucha aceptación. Pero *El amor brujo* se convirtió en la sensación del programa.[14] Después del estreno en París obtuvo críticas muy favorables y *Le Figaro* publicó una reseña a toda página con una gran fotografía de la Argentina. «En realidad —escribió Levinson—, se trata de un ballet sobre la magia y el embrujo.»[15]

El argumento de *El amor brujo* había sido escrito como pieza teatral, *Amor el brujo*, por María Lejárraga, la mujer del libretista de *El sombrero de tres picos*, Gregorio Martínez Sierra. Había unido el folclore gitano, historias, leyendas y mitos, con la revolución musical iniciada por Felipe Pedrell y Adolfo Salazar y concretada por Manuel de Falla. María Sierra era la única mujer miembro de la vanguardia madrileña que escribía.[16] Sus libretos apuntaban a un teatro total que pudiera entretejer las historias de los cuentos populares gitanos para formar un tapiz de teatro musical que exigía un inteligente e intrincado uso del espacio, numerosas entradas y salidas de los personajes principales y secundarios y una escenografía que pudiera cambiarse durante las secciones instrumentales y bailadas de la representación. Desde el estreno en el Teatro Lara de Madrid, el 15 de agosto de 1915, la historia de Sierra fue un gran éxito incluso a pesar de que el «fallido experimento operístico» de Falla fuera considerado un fracaso musical que obligó al compositor a reescribirla como «suite sinfónica».[17]

En 1925, *El amor brujo* de Sierra (*L'amour sorcier* como se la llamó en Francia y *Love, the Magician*, nombre con el que se refirió a la obra H. T. Parker en Boston) era un ballet-pantomima en un acto y dos cuadros, con vestuario y decorados de Gustavo Bacarisas, diseñador de Sevilla y amigo de Manuel de Falla.[18] La partitura de Falla contenía partes cantadas, recitadas y bailadas. Ninón Vallin y Conchita Supervia, elegidas para los papeles de mezzosoprano por Falla, estaban acompañadas por una orquesta de doce instrumentos y clavicordio.[19] Para el diseño de la cubierta del libreto, la Argentina y Sierra escogieron un dibujo cubista de la escenógrafa de Diaghilev, la artista rayonista Natalia Gontcharova, que dibujó una mujer española cuyos rasgos faciales se abrían en forma de abanico.[20] Nos mira, frontalmente, con un ojo redondo y flores y más abanicos. Más allá del rostro hay un hombre con sombrero que pende en el fondo. La partitura contiene ocho secuencias separadas de danza, que empiezan y terminan con diálogo hablado (que la Argentina suprimió) y gritos de «¡olé!» y «¡arsa!»

El argumento es el siguiente: Candelas, interpretada por la Argentina, ama a un seductor gitano, Carmelo (interpretado varias veces por Vicente Escudero y M. Marco) que la ha hecho desgraciada. Desafortunadamente, Candelas no puede olvidar a su amante fallecido (interpretado por Georges Wague, el famoso mimo francés), que va reapareciendo como un fantasma que la tiene hechizada y le advierte que no se enamore de Carmelo.[21] Éste persuade a Lucía (interpretada por Carmita Escudero), que es la amiga íntima de Candelas, para que exorcice al espíritu demoníaco del fantasma. Al final, el amor triunfa. En la monografía sobre la Argentina de 1928, André Levinson no describe *El amor brujo* como un ballet mímico, sino como «una obra cuyos gestos no son ni figuras decorativas ni la expresión espontánea e incoherente de la pasión. Son encantamientos, conjuros para rechazar al espíritu encarnado. La maravillosa imagen del alma que viaja y lucha contra el caos» nos eleva al contemplarla.[22]

La Argentina presentó el cuadro gitano de Sierra, mediante recursos coreográficos —los ritmos los producían tanto los bailarines

La Argentina en la danza del fuego de El amor brujo, *1936.*

como la orquesta fuera del escenario— y mediante la escenografía y el diseño del vestuario y la iluminación. A nivel coreográfico, para la Argentina, el cuerpo detentaba la supremacía. Sus sonidos polirrítmicos y la exhibición de los miembros del cuerpo articulaban el argumento de Sierra, mientras que el decorado, inundado de motivos

Ensayo con vestuario de El amor brujo, *1928.*

gitanos, proporcionaba a toda la producción una atmósfera de ritual y de misterio. La coreografía de la Argentina descansaba sobre los gestos; el taconeo flamenco y el movimiento de las manos, los círculos clásicos españoles con los brazos en quinta posición, la colocación corporal, los saltitos de la jota aragonesa y la expresividad de los hombros, las caderas y la cabeza propias tanto de la técnica de la danza clásica española como de la del flamenco gitano.

Utilizando el cuerpo como instrumento dramático, la Argentina integró la técnica flamenca en la escenografía de Bacarisas, construyendo así un ambiente que abrazaba a los bailaores en los espacios abovedados de las cavernas donde vivían de forma que la escenografía y la coreografía interactuaban completamente tejiendo los temas de la vida gitana, tal como lo había proyectado Sierra en el libreto para la Argentina. El tema de la leyenda gitana se articulaba a través de los bailes flamencos —tangos, seguiriyas, peteneras y fiestas por bulerías— que figuraban en el repertorio del Teatro Real de Madrid. Los temas gitanos se convertían después en gestos de pantomima ejecutados por Candelas y el fantasma.

El encantamiento de la gitana por parte del espíritu demoníaco da continuidad a la trama argumental, bellamente transmitida por el uso hechizante que hace Falla del cante gitano más antiguo: la saeta antigua, que tal vez proceda de un canto judeoespañol. La Argentina experimentó con una elongación de la línea flamenca, transformando su manera de moverse de una coreografía de movimientos corporales profundos y ondulantes, cuya proximidad al suelo evocaba la atmósfera de superstición del acervo gitano, a unas extensiones más lineales de la pierna desde las caderas con el pie en punta hacia adelante acompañado por una extensión de la parte superior del cuerpo hacia atrás mientras la cabeza se movía lateralmente con lentitud. Los hombros, en lugar de moverse hacia delante y hacia atrás, como era habitual en los lenguajes tanto del flamenco como de la danza clásica española, se desviaban lateralmente, abriendo o achatando la forma del cuerpo. El efecto pretendido era crear un personaje escénico más bidimensional. Así pues, la Argentina, indudablemente influida por las líneas del art decó que estaba viendo continuamente en los diseños parisinos de ropa, mobiliario y coches, reprodujo estos motivos como una nueva manera de producir el movimiento gitano.

Según la prensa francesa, que escribió extensamente sobre *El amor brujo*, la coreografía de la Argentina era una combinación de Oriente y Occidente, de flamenco y clasicismo occidental. «En la danza oriental concéntrica —escribió Levinson—, todo converge en el centro... la bailarina gira sobre sí misma.» En contraste, «el cuerpo de la bailarina, en los movimientos de la danza occidental, se extiende hacia afuera». Levinson seguía diciendo: «La Argentina, al ejecutar la vuelta quebrada gira sobre sí misma. En la "Danza del fuego" sigue la línea de una espiral continua, como una S mayúscula. En esta española, cada detalle del cuerpo sigue o recrea alguna variación en el contorno de las curvas: las caderas sobresalen, las cejas se arquean, las pupilas se elevan, las muñecas se arquean, la espalda forma un hueco. En resumen, éstos son los principios plásticos que determinan la originalidad de la danza española».[23]

El cuerpo de baile gitano, cuyos miembros la Argentina escogía personalmente después de largas audiciones, funcionaba como un coro griego, entrando y calentando el escenario para animar a Candelas, advertir de la llegada del fantasma, cotillear sobre Candelas y Carmelo y contarse unos a otros cuentos gitanos en presencia de Carmelo, Candelas y Lucía. Pero quizá lo más importante era que el cuerpo de baile creaba el acompañamiento rítmico de la orquesta con el zapateado, los pitos, las palmas y los gritos. Los gritos estaban escritos en la partitura de Falla, el taconeo, las palmas y los chasquidos, así como otros movimientos corporales, fueron introducidos por la Argentina como narrativa rítmica y, por lo tanto, dramática. Como gitanos, se paseaban por el escenario tal como lo hubieran hecho en sus casas (y en sus pueblos encalados), sirviendo vino en jarras de barro a los recién llegados. El movimiento de sus chales y las cascadas de tela fruncida de sus trajes añadían movimiento a los giros laterales de las caderas y al marco circular que formaban los brazos alrededor del rostro.[24] Cuando paseaban por el escenario, parándose en grupo en algún momento, irrumpían en secuencias de dos minutos de frenético taconeo interrumpiendo los períodos de lirismo sinfónico de la orquesta con la naturaleza competitiva inherente a su compás.[25]

La Argentina creó relaciones polirrítmicas dentro del cuerpo de baile manteniendo el entretejido de Falla entre la intensidad del cante jondo y el lirismo de la línea melódica sinfónica. Así, la combinación del compás con el gesto dramático trabajaba al unísono con la yuxtaposición de Falla de las formas de la música árabe: modo frigio con cadencias y principios tonales andaluces. Variada y compleja, concentrada y fluida, la coreografía de la Argentina era el reflejo de la intensidad emocional y el clímax lírico de la partitura de Falla. Era un ballet donde la coreografía de contrapunto y la profundidad musical se enfrentaban.

Los arreglos espaciales de la Argentina permanecieron tan fieles al montaje como fue posible, con los bailarines moviéndose continuamente sobre el escenario y alternándose en la exploración sinuosa del espacio. El uso que la Argentina hizo del espacio movilizó a su cuerpo de baile como si fuera un cuerpo orgánico narrador de mujeres, que anticipaban y comentaban la acción pasada y las escenas que estaban por venir. En algunos momentos, las mujeres se reunían en grupos al fondo del escenario, esperando la entrada de Candelas, quietas con un pie adelantado, una cadera vuelta hacia

La Argentina con Georges Wague en El amor brujo, *1925.*

fuera en el plano sagital, la cabeza hacia atrás en dirección al suelo. Estas líneas clásicas, muy propias del ballet, proporcionaban una dimensión más lineal y refinada a las más sinuosas curvas en forma de S creadas por el torso superior en otros momentos. «La S mayúscula —escribió Levinson sobre el ballet—, es la imagen y el emblema de la belleza oriental», y «está tan tiernamente dibujada que la Argentina respeta y alcanza los fundamentos figurativos de estas danzas» y las transforma completamente para convertirlas en «sus propias representaciones estilísticas» de la vida gitana.[26]

En otros momentos, el cuerpo de baile se refugiaba en los huecos de los arcos de la cueva, dejando a Candelas sola para rechazar los avances del fantasma. El cuadro se balanceaba lateralmente o adoptaba una postura exagerada, forzada, como reacción a los avances que hacía el fantasma hacia Candelas, como si, al modo del soldado de Stravinsky, tuviera que oponerse a los avances diabólicos de una figura de otro mundo. Cada postura servía para poner de relieve la intensidad emocional del miedo de Candelas y, como su predecesora romántica del siglo XIX, Giselle, se volvía loca poco a poco, corriendo en movimientos sincopados hacia fuera y hacia dentro del espacio escénico que imitaba una gruta. Cuanto más evolucionaba hacia la locura, más se curvaban hacia atrás los miembros del cuerpo de baile, como reflejando el dolor y el sufrimiento que su compañera gitana estaba soportando. Los volantes de los vestidos se levantaban cada vez más cuando apartaban a Candelas del fantasma.

A medida que el movimiento progresaba, los codos se doblaban en ángulo de cuarenta y cinco grados, a la vez que las muñecas se arqueaban y los dedos se movían lateralmente. La Argentina fragmentaba semióticamente los cuerpos de los bailarines mientras se inclinaba a partir de las caderas más de lo que parecía posible, apartándose del fantasma cuyos brazos y manos se dirigían a su garganta. La fractura de estas suaves posturas corporales en formas lineales geométricas se contraponía bruscamente a la redondez de los volantes y los grandes topos de los vestidos de las mujeres. Incluso los chales tradicionales de las gitanas parecían extraños en una coreografía que usaba el baile flamenco a la vez que rompía la habitual línea sinuosa con bailaoras gordas y mayores. La más angulosa era, por supuesto, Candelas, cuyo cuerpo inusualmente delgado se movía con naturalidad haciendo girar los pies y las caderas y balanceándolo, con el codo siempre delante de la cabeza y la mirada dirigida hacia el fantasma. Extraño y poderoso, el fantasma se mantenía erguido, con la mirada clavada en su aterrorizada víctima y con el som-

La Argentina con Georges Wague en El amor brujo, *1928.*

brero negro y puntiagudo apuntando hacia el techo, con una cinta gitana atada en la frente y una capa de matador prendida al hombro izquierdo. Su imagen reflejaba una presencia tan ominosa que parecía que Candelas iba a desaparecer entre las capas de su traje.

A pesar de que el cuerpo de baile era gitano y la Argentina paya, era el cuerpo el que mantenía una clara línea clásica española y la Argentina, irónicamente, era la que reproducía los movimientos de una gitana vencida por la superstición y la trepidante y momentánea pérdida del juicio, como si hubiera cruzado el umbral del orden.[27] La Argentina aumentaba la intensidad de los polirritmos producidos por el cuerpo de baile, plasmando así la transfiguración de Candelas, como si emanara de un diálogo continuo que se desarrollara entre sus manos, sus brazos y sus pies. Así pues, la coreografía de la Argentina funcionaba a tres niveles: la narración de un cuento gitano, la expresión de un estado psicológico y la transformación tanto de la mente como del cuerpo en un sistema de signos. Según Levinson, el ballet de la Argentina «resumía un conjunto de formas en movimiento», el cuerpo de baile, en un «símbolo plástico, un paso de baile».[28] Los personajes del escenario eran tanto reales como surreales, accesibles pero que no estaban del todo allí.

Las dos escenas más dramáticas del ballet, la «Danza del terror» entre Candelas y el fantasma y «El ritual de la danza del fuego», entre Candelas y sus amigas gitanas, fueron coreografiadas por la Argentina. La correspondencia entre la Argentina y Georges Wague evidencia, sin embargo, que las secciones con gran presencia de mímica, en las que el rostro, los ojos, la cabeza y los brazos se usaban más que el torso inferior, fueron concebidas para el escenario conjuntamente por la bailarina y el mimo.[29] Siendo el mimo más famoso de París, Wague había trabajado con Colette desde la primera década del siglo hasta la segunda en muchos music halls de Montmartre y también había sido invitado por Falla para interpretar el fantasma original de 1915 en Madrid. En 1925, cuando participó en la versión de la Argentina de aquel libreto, la interpretación de Wague narrando mediante la mímica era ya muy sofisticada, pero se refinó, se coreografió y se fragmentó a nivel gestual en una serie de movimientos necesarios para completar una frase. Como Wague no tenía formación de bailarín, expresaba su extraña presencia en *El amor brujo* mediante unos ojos asesinos y exagerados gestos aterradores como si quisiera golpear o estrangular a Candelas, y abriendo un amplio espacio entre sus brazos desplegados cuando intentaba ahogar a Candelas en su pesadilla.[30] Candelas corría por el escenario en compás de 3/4, esperando que el fantasma hubiera desaparecido cuando ella mirara hacia atrás. Pero allí estaba, ominoso, fantasmagórico e incansable.

Con el cuerpo de baile ahora fuera, Candelas daba vueltas alrededor del fuego llevada por la locura, con las manos tendidas hacia un lugar desconocido. Las secciones iniciales contenían fieros taconeos, su traje se movía locamente hacia arriba, como una bandera azotada por el viento, los brazos y las manos abiertas dirigidas hacia el público, con la cabeza inclinada hacia abajo como si estuviera rezando de miedo.[31] La entrada de Wague abalanzándose sobre ella confirmaba los miedos de Candelas que, movida por el miedo y la superstición, se apartaba del fantasma cuya presencia tanto la hechizaba. La Argentina ofrecía entonces la escena más dramática del ballet. Como el cuerpo de baile, Candelas empezaba a inclinarse hacia atrás, con la cadera hacia afuera, a la vez que su pie delantero se deslizaba por debajo de la larga falda, para mantener el equilibrio. Sus brazos, ahora equilibrando el torso inferior, caían sobre la cabeza, con una mano dirigida hacia un lado mientras el vestido flotaba hacia arriba, el chal enrollado alrededor del cuerpo y sus numerosos collares volando al viento. El fantasma la asustaba tanto que Candelas abandonaba la colocación vertical del cuerpo que exigen las técnicas clásicas y dejaba que se contrajera sobre sí mismo como si se hallara «en el paroxismo del dolor».[32] En su danza con el fantasma, la Argentina «se destilaba y purificaba, dando una exquisita nobleza a sus apasionadas ondulaciones». En su terror, bailaba «embrujadoramente».[33]

Como dijo Levinson, la pantomima de la Argentina y Wague servía como «preludio a la lucha contra el instinto oculto, a partir de un cuerpo tensado por la pantomima, inclinado hacia la tierra por el miedo».[34] Para estos críticos, pues, el fantasma y su desgraciada damisela significaban una metamorfosis; todo el ballet se convertía en algo lleno de exorcismo, de encantamientos y tensión, expresados a través del ritmo, la interpretación alucinatoria y una ilimitada creación de formas corporales que servían como caja de resonancia del estado de ánimo interior de Candelas. A medida que «avanzaba con pasos cruzados», alejándose del fantasma, «con el volante de las faldas meciéndose en alto», la Candelas de la Argentina se volvía tan intensa que se transformaba en la idea de sí misma, una metagitana, dejando detrás de sí solamente el contorno de su última postura para que recordáramos su existencia en el escenario.

Foto publicitaria de la Argentina con Vicente Escudero en El amor brujo, *1936.*

Los ritmos percusivos de los pies y los chasquidos de los dedos duraban un segundo y luego se desvanecían, cuando el fantasma era rechazado y se iba. Cuando Candelas bailaba y alejaba su miedo, el fantasma también se sentía exhausto y se marchaba. Las mujeres volvían a entrar con Lucía, que pedía a Carmelo que volviera y le reclamaba su amor.[35] Entonces, Carmelo y Candelas se besaban, con un desmayado eco del antiguo peligro tocado suavemente por los oboes y las cuerdas. A medida que la orquesta retomaba los tonos menores de la partitura, los recuerdos de la «Danza del Terror» desaparecían y una suave melodía en staccato se convertía en el motivo argumental de Falla. Se sustituyó la ominosa voz de la mezzosoprano, que se resquebrajaba como la cantaora, por una sonora flauta cuya resonancia alargaba la frase, reemplazando el compás corto marcado por el oboe.

El dúo más dramático de Candelas era el que ésta interpretaba con Wague como compañero, porque el personaje del fantasma era más significativo en el libreto y la partitura que el del amante. La prensa, sin embargo, no se olvidó de las extraordinarias líneas creadas por «el gran Escudero».[36] A diferencia de la Argentina y Wague, Escudero se había formado solamente en el baile flamenco. *El amor brujo* de la Argentina fue el primer ballet de Escudero.[37] Así pues, la referencia a «las líneas plásticas creadas por la silueta de su sorprendente figura» tiene que estar presente en cualquier comentario sobre el ballet porque su interpretación del papel del amante gitano fue sorprendente e inolvidable».[38] El baile de Escudero transmitía a la vez tanto la profunda tristeza ante la amenaza de la pérdida de su amada a manos del espíritu demoníaco como la alegría por su recuperación.[39]

Señalada por la desaparición del fantasma y por el sonido dramático de las cuerdas y las trompetas, Carmelo bailaba su felicidad al recuperar a su amada, de nuevo a salvo en sus brazos. En compás de 4/4, Escudero empezaba a moverse, frente a Candelas, mientras colocaba las manos en quinta posición, con los dedos abiertos como era tradicional en el bailaor flamenco. Escudero mantenía las piernas firmemente juntas, exhibiendo la potencia masculina al no perder nunca el equilibrio, pero combinándola con la competencia y el virtuosismo de los gitanos en su caracterización de Carmelo.

Una vez seguro del equilibrio, Escudero se ponía de puntillas manteniéndose sobre las botas mientras giraba despacio sobre sí mismo.[40] Como en la coreografía de la Argentina para el cuerpo de baile, Carmelo también tenía que mantener la parte superior del torso alineada y quebrada, con los codos doblados y las manos colocadas, de forma aparentemente incómoda, delante del pecho, palmeando.[41] Carmelo emprendía entonces un taconeo sobre el sitio similar a un martillo percutor, habitual en la farruca, un baile flamenco viril y serio. Llevando el ritmo más allá de los pies mientras daba la vuelta al escenario, Carmelo volvía a la parte izquierda donde se hallaba Candelas y la pareja se besaba en la «danza del amor». Cuando Candelas y Carmelo se unían en el amor, la compañía volvía a entrar para bailar el final, «Campanas de boda de la mañana», feliz de que se fuera a celebrar una boda y de que el pueblo hubiera recuperado a Candelas, que había conseguido ahuyentar al espíritu infernal. Al final, el amor triunfaba y bajaba el telón.

A partir de 1925, Falla encabezaba sus cartas a la Argentina diciendo, «A la Argentina, la admirable Candelas». La Argentina escribió al dorso de las fotos que mandó a Falla después de la primera representación: «Al Maestro y amigo, para que no olvide a esta Candelas de *L'amour sorcier*. Con total devoción».[42] En la última partitura que Falla mandó a la Argentina a París cuando vivía en Granada, el compositor escribió: «¡Ya no puedo imaginar este ballet sin usted!».[43]

«El estreno de *El amor brujo* —escribió Falla— señala una fecha definitiva para la coreografía española con los decorados y los figurines.»[44] La idea de la Argentina para *El amor bujo* derivaba en gran parte de los aspectos decorativos de la cultura rural gitana y española. Exploró los motivos de color y diseño, usándolos como plantilla para el desarrollo de sus propios diseños coreográficos. El interés de la Argentina por lo local como expresión de un pueblo homogéneo y encerrado en sí mismo condujo al montaje del cuadro flamenco, un reflejo de los clanes gitanos aislados. La vida de los gitanos, en última instancia privada y aislada, proporcionó a la Argentina una especie de utopía: un laboratorio etnográfico perfecto. Como artista, descubrió en su propio país las «herramientas» esenciales del lenguaje de su movimiento, salvaguardadas por la gente más allá de la cultura de documental. Para ella fueron una voz viva, auténtica, motivadora y objetiva dentro de un universo completamente subjetivo de canción y baile, que modificó y recompuso mediante su cuerpo, el de una intérprete mitad andaluza, mitad castellana. Su visión romántica de España se convirtió con ello en su nueva expresión artística.[45]

El trabajo de diseño de Gustavo Bacarisas, construido cuidadosamente con la Argentina a través de una correspondencia constante entre 1923 y 1925, proporcionaba la atmósfera perfecta. Como tanto la Argentina como Bacarisas estaban interesados en utilizar los motivos populares en la concepción de su trabajo teatral, era más que apropiado que colaborasen. Bacarisas produjo las maquetas que la Argentina deseaba y creó unos diseños que integraban el vestuario en la historia. Porque consideraba que el vestuario era algo integrado con el personaje que estaba proyectando, el color y el motivo se convertirían en algo significativo en su intento de llevar a cabo una nueva forma de teatro total: un espectáculo completo y compacto. Los intrincados bordados de la mayoría de los trajes significaban que Bacarisas había entendido el deseo de la Argentina de usar la artesanía tradicional para plasmar el sentido especial de sus coloridos orígenes, pero destilándolos a la vez para convertirlos en algo nuevo, algo extraordinario.

Al principio, Falla había escrito a la Argentina para comunicarle la dirección de Sevilla de Bacarisas: «Creo que la colaboración de Bacarisas es indispensable para *El amor brujo*».[46] Más tarde, Bacarisas escribiría: «Le pido que me mande dos líneas tan pronto como le sea posible. Le estaría muy agradecido si me dijera qué piensa de mi idea para su vestido, incluso aunque la respuesta sea que no lo apruebe. He terminado el diseño de grupo para *Amor*. Proviene del *modello* que usted ya vio. Espero que le guste. He hecho todo lo que he podido. Estoy trabajando en los temas del cuadro y el de Granada».[47]

Toda la acción transcurre en un solo acto. Bacarisas diseñó un único decorado que, como la mayoría de los diseños para ópera francesa, se podía cambiar casi instantáneamente para transformarse en un nuevo entorno para el segundo cuadro del ballet. Bacarisas llevó a cabo esta tarea del siguiente modo: la escena principal era una taberna gitana, cuyas entradas en forma de tríptico a una especie de cueva, unas puertas que se levantaban desde el suelo, introducían al espectador en la acción escénica. Los arcos superiores que colgaban de las vigas podían añadirse o quitarse a voluntad, para cambiar los cuadros. Acorde con el argumento de Sierra y la partitura de Falla, Bacarisas escogió grises suaves y fríos y un conjunto de paredes de blanco roto, con un cielo nocturno azul profundo que se abría al fondo y daba un tono naturalista a la taberna gitana. Los numerosos arcos circulares de Bacarisas conducían al espacio exterior, donde los personajes principales terminaban sus solos de baile o salían del escenario. Se equilibraban gracias a los colores cálidos de los decorados: platos amarillo oscuro y azul brillante pintados en las paredes, jarras de vino marrones, velas doradas y manteles blancos sobre mesas planas pintadas en la parte inferior del decorado, y paredes de arcilla roja que daban un realismo terrenal al diseño general. Un dibujo de un santo con aureola adornaba el lado izquierdo de la pared y chales largos de aspecto mexicano se encontraban en otras partes del escenario, drapeando los asientos de las sillas de mimbre y zonas del suelo.[48]

Las arcadas eran móviles. Para las dos escenas centrales en las que Candelas bailaba alrededor del fuego con su cuadro gitano y se encontraba con el fantasma encantado, los arcos se retiraban y así la altura del escenario quedaba reducida para el ballet interior. A la Argentina le pareció apropiado rodear a los bailarines con arcos colgando a poca altura y llamas de medio metro (que aparecían durante la «Danza del fuego») para crear un efecto ominoso. El montaje lograba transmitir una atmósfera cerrada al situar a los bailarines en un espacio escénico estrecho que producía en el espectador la impresión de una «auténtica» gruta gitana. El diseño circular recordaba los temas de la magia y la superstición de Sierra, que resonaban tanto en la música como en la coreografía. La dimensión frontal de la cerámica y el mobiliario para la primera y la última escena era un bajorrelieve art decó circular, aunque plano. El decorado central representaba una caravana ambulante gitana sin ningún hueco vacío. Los motivos folclóricos abundaban en el escenario por doquier, como en cualquier casa ambulante de una familia gitana «real», con objetos católicos, la imagen de un santo colgaba de la pared trasera, y objetos gitanos abstraídos y repetidos en varias partes el escenario.

Quizá los chales drapeados y los volantes en cascada de las faldas brillantemente coloreadas de Bacarisas eran los motivos gitanos más poderosos: rojo índigo, oro, marrón, amarillo; suave púrpura de Marruecos, rosas, azul oscuro y el gris y el blanco roto del gótico español, casi antitético con el rico patrón de color que presentaba el resto de las piezas de arte gitano popular. Al igual que la escenogra-

Vestido de Néstor de la Torre para *Triana* (colección Paravicini).

Vestido de Néstor de la Torre para *Triana* (colección Paravicini).

Vestido para *Tango andaluz* (Cátedra de Flamencología, Jerez de la Frontera).

Vestido para *Danza de los ojos verdes* (colección Mariemma).

Vestido para *Bolero clásico* (Institut del Teatre, Barcelona).

Vestido para *La cariñosa* (colección Gaube-Bertin).

Vestido para *La charrada* (colección Mariemma).

Vestido para *Lagarterana* (colección Paravicini).

Decorado de Gustavo Bacarisas para *El amor brujo,* 1925 (archivo de la Fundación Manuel de Falla).

Vestido de Bacarisas para *Danza ibérica* (colección Paravicini).

Vestido de Bartolozzi para *El contrabandista* (colección Paravicini).

Vestido de Bacarisas para *Almería* (colección Mariemma).

Caricatura de la Argentina en *El fandango del candil,* 1928; diseño de Néstor de la Torre (Fundación Juan March).

Decorado de Néstor de la Torre para *Triana,* 1928 (Museo Néstor, Las Palmas de Gran Canaria).

La Argentina en *El fandango del candil,* 1928 (Museo Néstor, Las Palmas de Gran Canaria).

La Argentina en *Cuba,* 1932; dibujo de Montelano (Fundación Juan March).

Cartel de Tejada para los Ballets Espagnols, 1927 (Fundación Juan March).

Caricatura de M. Bralet, 1934.

Caricatura de M. Bralet (sin fecha).

Caricatura de Estrada, 1909.

Caricatura de Cárdenas Castro, 1923 (Fundación Juan March).

Dibujo para un cartel de 1932 (colección Paravicini).

Festival benéfico en el Salón Novedades de Barcelona, 1906 (colección Juan María Bourio).

Cartel publicitario holandés diseñado por Chris Lebeau, 1928 (Institut del Teatre, Barcelona).

Cartel para una representación de *El amor brujo* en el Teatro Español de Madrid, 1934 (colección Paravicini).

fía, el vestuario de Bacarisas también reinventaba la cultura popular con sus explosivos topos donde los patrones de color se invertían, el oscuro sobre el claro. Los topos de Bacarisas, directamente tomados del famoso motivo gitano, se disponían en círculos, de forma que no parecían el diseño tradicional sino una idea original. En el traje de Candelas, como los volantes de topos se multiplicaban hasta el suelo, los topos eran más grandes, de forma que la referencia era aún más abstracta. Bacarisas fue más allá de sus fuentes al realizar los trajes para el ballet.

Bacarisas también alargó el cuerpo de todos los vestidos, incluidos los que llevaban las mujeres que personificaban a la bruja del pueblo y a la anciana. Bajó la cintura hasta las caderas y, para el traje de Candelas, hasta el principio de los muslos, extendiendo así hacia abajo, de forma columnar, la línea art decó del cuerpo. Bacarisas repitió estos motivos en los trajes del coro gitano, alternando niveles de tela de la falda y volantes (algunos volantes iban de arriba abajo a lo largo de todo el vestido, mientras otros aparecían solamente en la base del traje). Algunos personajes femeninos lucían cintas en la cabeza, otros peinaban el pelo hacia atrás en apretados recogidos estilo años veinte, con pequeños rizos aplanados contra la frente, al estilo español.

Como normalmente la mujeres gitanas no estaban delgadas, el adelgazamiento de las líneas verticales de los trajes ocultaba algo la forma, pero sin taparla por completo. Al final de los vestidos estaba el calzado —el zapato flamenco— un objeto que la Argentina nunca alteró. Aunque Bacarisas conjuntó los distintos colores con las escenas del ballet y el sentimiento dramático de la música, nunca hizo desaparecer la poco atractiva, aunque funcional, cinta elástica que envolvía el metatarso para proteger el pie durante el fuerte taconeo en el suelo. Sin embargo, usó seda para los zapatos de Candelas y los del cuerpo de baile eran un arco iris de colores de piel natural, sin trabajar. Para el fantasma y para Carmelo, Bacarisas conservó el tacón flamenco añadiendo piel para obtener una bota más alta con botones a los lados, iguales a los que había en las mangas y en las chaquetas. El zapato producía ritmo. Realmente era en el compás del contrapunto de la coreografía del ballet donde el zapato se convertía en un signo consistente de los orígenes del espectáculo.

La habilidad de Bacarisas para multiplicar sus visionarias «rein-

Vestido de Bacarisas para Candelas, protagonista de El amor brujo, *1925.*

venciones» era tan afirmativa y efectiva que, al final de la obra, el público sentía haber vivido la experiencia total de un clan gitano. Sus comentarios en caló y su porte eran los de los gitanos, pero el vestuario y los decorados que los rodeaban «urbanizaban» y temporalizaban la obra. El resultado era una síntesis entre lo gitano y el moderno diseño francés. La realización de Bacarisas tuvo tanto éxito que la Argentina volvió a encargarle el trabajo tres veces, cuando el vestuario y los decorados se estropeaban a causa de las giras. Le otorgó la libertad de cambiar las formas originales —la largada y los colores de los chales y de los trajes—, pero nunca le pidió que alterara demasiado sus concepciones originales. El público de la década de 1920 reconocía la fotografía de la Argentina vestida como Candelas, con los collares de perlas y el traje de manga corta y asociaba inmediatamente el traje con el personaje y la obra.[49]

Dolores Moreno, que anotó las partituras para las castañuelas, describió así la relación de trabajo entre la Argentina y Falla. «El alma de Falla y la de la Argentina —escribió—, estaban predestinadas a conocerse y a unirse.»[50] Al final, dijo: «La Argentina tradujo el deseo de Falla de expresarse a través del sonido. No se puede disociar la música de la danza. La espiritualidad de una encuentra su eco en la otra. La Argentina personificaba lo que Falla quería».[51] La Argentina estaba de acuerdo: «Trabajé en "La danza del fuego" de Manuel de Falla durante diez años —dijo en una entrevista—. Esa música me penetró con la fuerza del primer amor. Explota como algo nuevo dentro de mí, un momento que me supera. Le he dado todo mi ser, todo lo que soy capaz de dar y he descubierto en ella algo relacionado con la inmortalidad.»[52]

Entre 1914, cuando probablemente la Argentina conoció a Falla en Madrid, y 1928, cuando Falla le pidió que volviera a coreografiar la partitura de *El amor brujo* para la representación que él dirigiría en la Opéra-Comique, ambos intercambiaron cartas sobre el ballet en las que descubrieron la semilla de su creación. La vida de *El amor brujo* como obra escénica sería larga, como ella misma dijo. El mayor regalo de la Argentina a Falla fue que ella se dio cuenta enseguida de que el fracaso de la producción original de 1915 no se debía a la experimentación de Falla con la música y las leyendas gitanas, sino a la forma como la partitura y el libreto ligaban con la coreografía. Según la Argentina, la producción de 1915 fue un desastre teatral porque aburrió al público con largas secuencias de verso recitado acompañadas por algún movimiento de las manos o un taconeo. Las secuencias de danza no estaban integradas en el resto del argumento y, por lo tanto, se situaban fuera de la línea dramática de la historia. La prensa criticó su carencia de «hispanidad» porque Falla no había encontrado la manera de usar los temas populares gitanos a un nivel cinético. Necesitaba un coreógrafo y un director de escena y, para la producción de 1915, tenía a Pastora Imperio, una gitana cuyos bailes eran solamente los tradicionales bailes flamencos. El libreto y la música de Falla eran amplios y variados y requerían un uso no tradicional del espacio escénico que lo expandiera y, en cambio Imperio, como flamenca, trabajaba con una técnica cuya coreografía no utilizaba demasiado el escenario. La Argentina sabía cómo utilizarlo y, lo que más le importaba —y en lo que tuvo carta blanca—, pudo hacerlo porque Falla estaba disgustadísimo por las críticas de 1915 y quería recuperar la obra.[53]

La Argentina emprendió la tarea de la reconstrucción siguiendo los deseos de los creadores del ballet, Falla y Sierra. Suprimió ciertas interpolaciones en la partitura para unificar la pieza. Falla, en una carta a la Argentina, nos ofrece una detallada prueba de su colaboración: «Supongo que usted tiene la edición separada de esta danza ya que en el ballet queda interrumpida. Hay [una] solución que sería unir la tercera estrofa de la página 17 con la tercera de la página 29 y así continuar sin interrupción hasta el final de la página 30 y el final de la primera parte del ballet. Tenga en cuenta por favor esta versión. ¿Cuál considera usted que será más práctica?».[54]

La Argentina no solamente unió la música de los interludios con el acompañamiento narrativo de Falla sino que se aseguró de que la composición se centrara en la danza. Sobre este punto, Falla escribió respondiendo a la petición de la Argentina para que retocara la partitura.[55]

> Granada, 10 de septiembre de 1925
> Querida Antonia: He pasado algunos días malos con los nuevos cambios en la partitura y ésa es la única razón por la que aún no he contestado sus amables cartas anteriores. Soy yo quien le da las gracias por su espléndido trabajo en nuestro querido *Amor brujo*. No se olvide de visitar la Alhambra. Recuerdos de María del Carmen.[56]

> Granada, 23 de abril de 1926
> Queridísima Antonia: Soy yo quien está orgulloso de trabajar con usted, la cuestión sería que el primer programa no fuera demasiado largo, porque esto es siempre peligroso. Pero como me pregunta qué más podría bailar, también he pensado en ello. ¿Qué le parecería la «Danza de la molinera» del *Sombrero de tres picos*? Será una parte de una obra que se presentará en la Ópera, por ejemplo, la primera suite desde la página 10 a la 30 en lo que respecta al piano. Como verá, la danza queda interrumpida por la intervención del corrector en la página 19, pero se retoma en la página 27 y acaba en la página 30. Otra combinación posible para el programa de la Ópera: «Danza molinera», «Danza del fuego»; y una orquesta que tocara el «Romance parado» mientras usted descansa. Como María del Carmen

no puede ir a París, le manda calurosos recuerdos. Su devoto amigo, Manuel de Falla.[57]

Granada, 31 de diciembre de 1926
Querida y admirada amiga: Al volver de mi viaje, por cierto muy provechoso, encuentro su carta fechada el 12. Estoy muy preocupado por la forma en que interpreta mi silencio. ¿Cómo podría ser *El amor brujo* posible sin su admirable colaboración?[58]

Granada, 14 de abril de 1927
Querida y admirada amiga: Recibí su telegrama y su carta con gran alegría y gratitud. Le debo a usted el éxito de *El amor brujo.* Qué alegría hubiera sido para mí estar ahí. Deseo hablar con usted largo rato y de nuevo disfrutar de su espléndido talento al que le debo tanto. Mientras, mi leal amistad. Saludos de María del Carmen.[59]

Granada, 30 de agosto de 1929
Mi querida amiga: Lo que usted ha hecho y está haciendo con *El amor brujo* es tan magnífico que incluso en el mejor de los casos, nada, nadie, podrá superarlo. Solamente piense, admirada amiga, que usted y *El amor brujo* son virtualmente una única y sola cosa y así lo cree todo el mundo.[60]

Está claro que estas cartas eran respuestas a demandas de la Argentina para alterar la partitura, cosa que nunca hizo sin pedir permiso a Falla. Su correspondencia también pone de manifiesto que fue la Argentina quien vio «las rupturas» en la acción. Al comprender la necesidad de una obra coherente, entendió cómo hacerlo, tanto coreográfica como escenográficamente, utilizando material gitano.

A pesar de que Falla, en su producción de 1915, había intentado la reinterpretación de la cultura gitana a través de la música, utilizando partes de flamenco y bailaores gitanos (en lugar de payos), no imaginó nunca una pieza de teatro bailado. La Argentina, construyendo sobre los cimientos de la composición original de Falla, utilizó el material popular pero no lo exhibió de forma literal sino que dejó a la orquesta la representación áurea de la «gitanidad». La gitanería de la Argentina era una escena que funcionaba como abstracción de un pueblo gitano y al hacerlo así se acercaba a la fuente de su ballet. Además, no representó a los gitanos como lo había hecho Falla (empleando, por ejemplo, figuras como la madre de Pastora Imperio, una cantaora gitana). En su lugar, la Argentina utilizó la dulce y suave voz lírica de la mezzosoprano francesa, Ninón Vallin y de la soprano española Conchita Supervia. Además, Falla no sabía nada sobre vestuario y tampoco lo pretendía, a pesar de que conocía a los mejores diseñadores de la nueva escuela española. Fue Falla quien habló a la Argentina del talento de Bacarisas y, más tarde, de Néstor, el hombre que diseñaría la última obra de la Argentina, *Triana* (1934), una pieza de teatro cubista en la línea del *Parade* de Cocteau, Massine y Satie (1917) que había sido producida por los Ballets Russes con decorados de Picasso. «Esta fusión —escribió la Argentina— de lo español con lo moderno ha sido reconocida como una definición verdadera del carácter de la danza española, que tiene un papel en la cultura estética, tanto dentro como fuera de España.»[61]

Como la Argentina era una artista cuidadosa, empezó su trabajo con la partitura de *El amor brujo* bailando primero algunas partes. Había presentado algunas ante la vanguardia de Madrid (1914) y las había llevado de gira, junto con otras, por Europa, Asia y América del norte y del sur (1915-1923), sin escenografía porque era demasiado caro trasladarla y repararla. Para ella, cada representación era un nuevo experimento donde ensayaba la coreografía y la música de formas diferentes, buscando la mezcla perfecta de los ingredientes. Así pues, gran parte del trabajo lo hacía ella misma a solas, después con los tres protagonistas más y un cuadro de trece, el fantasma, el amante de la gitana, Carmelo, y su amiga, la coqueta Lucía.

La correspondencia entre Falla y la Argentina pone de manifiesto que su primera conceptualización de la obra había empezado a partir de la música remitiéndose a la partitura original de 1915 para sus primeros solos de danza. Tras haber interiorizado la intensidad emocional de las partes más potentes de la partitura —«La Danza del fuego» y «Pantomima»—, la Argentina trabajó a partir de ellas en la creación del trabajo del cuerpo de baile, tarea que llevó a cabo mientras encargaba y revisaba el diseño escénico. La compañía se convirtió en un tejido escénico que se movía en su espacio de taberna gitana, una línea típica de la Bauhaus de cuidadas sugerencias. En un artículo que escribió en 1917 para un periódico mexicano, recogió sus ideas sobre la danza española moderna. «Creo que he llevado a cabo la fusión de ambas danzas —decía—, la española y la que llamamos moderna. He anulado la rudeza (a veces casi acrobática) para conservar su belleza primitiva e imprimir sobre ella el sello de su color y su significación específica. A esta fusión le he aplicado la experiencia del estudio constante y la observación, luchando por adaptar a mi temperamento y forma personal de ver las teorías sobre la distinción y la armonía de las siluetas. La clave de esta euritmia ha hecho de mí una innovadora y una reformadora.»[62]

Las cartas ponen de manifiesto una serie de temas. Primero, que Falla creyó, desde la primera representación de las constantes revisiones del ballet de la Argentina, que ella era una coreógrafa, intérprete y artista de danza impecable. Segundo, que sin ella Falla quizá nunca hubiera visto realizada su querida obra. Después del doloroso fracaso de su producción de 1915, Falla necesitaba a alguien que pudiera imaginar lo que él no podía: un espectáculo de arte que satisficiera sus deseos de crear nuevos sonidos, una obra verdadera y experimental y algo que fuera placentero a los ojos, una pieza que entretuviera. Tercero, Falla respetaba a la Argentina, a quien escribía con más admiración y convicción que a sus propios alumnos, Ernesto Halffter y Óscar Esplá.

En resumen, la Argentina fue providencial para Falla. En sus palabras, por contenidas y formales que puedan parecer, se adivina la emoción. Cuarto, la cantidad de cartas —y aquí solamente hemos citado algunas— es extraordinaria. Docenas y docenas que dejan claro que colaboraban por correo. Solamente tuvieron una reunión en Granada, antes de la primera representación. Después de ésta, tan sólo se relacionaron por carta y hay algunas que indican que Falla nunca acudió en las fechas de las representaciones en las que la Argentina esperaba que él dirigiera la orquesta. Finalmente, a pesar de que Falla estuvo encantado con el trabajo de la Argentina durante toda su vida, hizo una cosa bastante peculiar y fuera de lugar cuando ella murió en 1936. En sus últimas voluntades, Falla pidió que el ballet no fuera representado por las «imitadoras» de la Argentina (aquí Falla se estaba refiriendo a La Argentinita y a Teresina, porque ambas estaban representando versiones de *El amor brujo* «sin ningún refinamiento»).[63] En resumen, Falla creía que la coreografía de cualquiera que no fuera la Argentina era lasciva y se sintió profundamente disgustado en los años anteriores a su muerte en 1946, porque se había vuelto extremadamente religioso y fervientemente ascético. Falla no quería que se mostraran partes del cuerpo ni que hubiera danzas con contenido sexual.[64] Sin embargo, al no permitir la utilización de la partitura original, Falla, en esencia, estaba censurándose a sí mismo porque eso le impedía cobrar los derechos y además provocaba que la versión de 1925 de la Argentina de su producción original de 1915, la más exitosa de las dos, se olvidara. Como colaborador y amigo de toda la vida, su decisión de no permitir que nadie más interpretara *El amor brujo* era un signo de lealtad, pero, al tomarla después de la muerte de la Argentina, no resultó muy acertada. Está claro que Falla no necesitaba la compensación pecuniaria de una intérprete como La Argentinita, sin embargo, la danza muere rápido y, si no se representa, se olvida.

El amor brujo de la Argentina adquirió dimensión nacional y universal, como quedó de manifiesto durante un acto en la neoyorquina Universidad de Columbia cuando Lorca dedicó tres composiciones del *Poema del cante jondo* a «la prodigiosa Antonia Mercé».[65] «Aquí quería yo llegar para señalar el arte personalísimo de la Argentina, creadora, inventora, indígena y universal —dijo en aquella ocasión—. Todas las danzas clásicas de esta gran artista son su palabra única, al mismo tiempo que la palabra de su país, de mi país.»[66]

Si Lorca usaba la copla para crear ritmo e imprimir tiempo a sus poemas, la Argentina utilizaba el compás para reforzar sus temas castizos. En 1917, un crítico de Montevideo subrayó el control estético con que la Argentina utilizaba el lenguaje gitano: «La Argentina tiene una comprensión clara y precisa de la belleza: un control total de su forma, sin provocación, la Argentina es como un músico, combinando una serie de variaciones de un tema conocido, escogiendo una frase determinada y ejecutándola de forma caprichosa para mostrar su virtuosismo». Además, dijo, escoge la música, el ritmo de la danza, y crea a partir de esos elementos una interpretación personal. Después, rebasa los límites.[67] En esta reseña de 1917 hallamos la prueba de la búsqueda de la Argentina de un instrumento musical y coreográfico con el que construir un lenguaje moderno para la partitura de Falla. Ese mismo año, un crítico mexicano atribuyó la modernidad de la Argentina a las líneas decó de sus formaciones coreográficas: «Sus danzas —escribió— son poemas, sinfonías coreográficas, ejecutadas con los pies, el cuerpo, el alma. Ofrece su alma a la danza, siempre obedeciendo a la ley estética. Su figura es pura plasticidad, animada por la flexibilidad de sus movimientos. Con cada paso y cada gesto, nos sorprende y nos fascina. La estética está en sus posiciones curvadas, como de estatua. Transforma siempre las líneas, inclinándose con el polimorfismo de las figuras decorativas y las posturas instantáneas. Es el ejemplo más claro de una nueva manera de bailar, armoniosa, fluida. No rompe la línea como hacen otros modernos, sino que mantiene una fluidez constante. Se ha convertido en una de las representantes más plásticas de la nueva escuela».[68]

André Levinson, en 1925, reflejó en un artículo los sentimientos de Lorca cuando escribió: «La cualidad distintiva de su danza es que no interpreta ni ilustra la música, sino el ritmo que deriva de su ser interior. La Argentina crea una abstracción de todo lo que no es expresión corporal».[69] Levinson la situó entre los «modernistas» de su época. Era la representante divina del art decó parisino. Más significativamente, a nivel musical, Levinson destacó en el baile de la Argentina su cualidad de abstracción, su habilidad para estetizar lo físico a través del sonido, y reveló la imposición por parte de la Argentina de su propio tipo de sensibilidad musical sobre la partitura de Falla, que funcionaba como su propia línea musical. Fue esta modernidad musical, su habilidad para formular ritmos —tan característica de la tradición flamenca, pero en última instancia, al mismo tiempo, el resultado tanto de la mente como del cuerpo de la Argentina—, lo que situó la partitura experimental de Falla en el contexto perfecto al permitir que el ritmo se convirtiera en el protagonista de *El amor brujo*. Fue también la habilidad para insuflar vida a las seculares melodías gitanas, en la fusión de Falla de la música moderna española, lo que dio al ballet de la Argentina su profundidad, fluidez y perdurabilidad.

Falla como compositor y Lorca como portavoz poético habían

proporcionado los modelos para el ideario neocasticista: el estudio y la canonización de la música y la poesía flamencas. Falla, por ejemplo, había vivido entre 1907 y 1914 en el ambiente de la vanguardia impresionista francesa, el de Claude Debussy y Maurice Ravel, pero, al mismo tiempo, la Argentina estaba embarcada en el proceso de crear su propio retrato multicultural de la moderna danza española, proceso durante el que recurrió a otros elementos del flamenco —el feroz zapateao del bailaor, intensamente contemplativo, centrado en la sensualidad— para completar su misión.

La Argentina iba a dar un paso más que Lorca o Falla porque usaría los palos del flamenco, sus cantes chicos y grandes, livianos y jondos, para modernizar de forma efectiva y prometedora la danza española utilizando el canon flamenco para plasmar su propia estética. Como Falla, la Argentina rechazaba los temas españoles que, como él decía, «tuvieran como base documentos folcloristas». Aunque «cada región tenga su propio sabor, es necesario entender y beber de las fuentes naturales, las fuentes vivas, sus sonidos, su ritmo, y usarlas como sustancia única».[70] Según Falla, la Argentina plasmó visualmente sus composiciones: «Con qué emoción he leído cuanto me dice de *El amor brujo*, que tanto debe a su arte espléndido. ¡Yo no me lo imagino ya sin la colaboración de usted! ¡Se lo aseguro!».[71]

Como Lorca y Falla, la Argentina respetó tanto sus fuentes que trabajó muy cerca de ellas. Mantuvo en su forma original frases de danza enteras, pero fue su abstracción de, por ejemplo, una frase de diez compases en una de seis, con el compás bailado *alla breve*, lo que demuestra su transformación de la coreografía original y del tiempo en un nuevo género. A lo largo de *El amor brujo* doblaría un codo formando un ángulo agudo o exageraría el giro de un tobillo o una pierna en un intento de rebasar los límites de la línea tradicional, más allá del contorno y la forma original, para formar una imagen más angular, aguda y marcada. En el contexto de toda una obra, estos pequeños cambios se acumulaban para transmitir una nueva imagen que indicaba tanto de dónde procedía la Argentina como donde estaba actuando: París.

No hay duda de que sus viajes con su pianista, Carmencita Pérez, al sur de Andalucía para estudiar los ritmos gitanos tuvieron gran influencia en la coreografía de *El amor brujo*; la Argentina entendió este arte popular desde el interior. Cuando empezó a trabajar en el ballet, sin embargo, se aproximó a él desde el exterior: ¿Cómo podría ser visto al sacarlo de su origen? ¿Cómo lo vería un público parisino? Al igual que hizo Fokine con las fuentes rusas, cuando la Argentina volvió a París, creó una coreografía que idealizaba los orígenes. Ecos constantes de lo que había visto, oído y sentido a lo largo de la Península Ibérica resonaban en toda la obra, la música, la puesta en escena, evocando a sus anfitriones gitanos, de los que tanto había aprendido.

El amor brujo estaba basado, en realidad, en una extracción de las formas, los colores distintivos y los estilos y cualidades de movimiento más importantes del flamenco. Era la reconstrucción de algo bello, basada en los temas del movimiento básico. Pero la danza de la Argentina era la de la sociedad cosmopolita, una idealización. El papel de Candelas estaba concebido a imagen de la mujer solista que el temperamento de la Argentina y una rigurosa interpretación bailada había extraído del pueblo y convertido en algo más cercano y más atractivo para el público. De esta forma, la Argentina creó un vínculo entre España y Europa. Ella, como el ruso Nijinsky, se había convertido en una bailarina moderna, que transmitía un nuevo estilo internacional. Quizá lo más importante es que la Argentina no llevó a los bailaores gitanos al music hall, donde ya habían actuado, sino al Trianon. Ningún gitano había actuado en un escenario de concierto fuera de España hasta que la Argentina creó su *Amor brujo*, su versión del cuento gitano de María Sierra.

En las propias palabras de la Argentina sobre el ballet, así como en la reconstrucción de la coreografía y de la escenografía, descubrimos una revisión de España. La génesis de esta española moderna se había llevado a cabo: la cultura popular fue el material para un nuevo lenguaje de la danza. Su mujer gitana se convirtió en todas las mujeres gitanas, el núcleo de todas las leyendas gitanas. Era fuerte, poderosa, terrenal, sensual, pero etérea dentro de los confines del proscenio. Y mediante su presencia y poder femeninos, alcanzaba la significación universal mientras seguía siendo, solamente, uno de los elementos de una producción teatral más amplia.

El uso de la Argentina del folclore gitano forjó una especial conexión entre su casticismo español y su modernidad hispánica. Para la Argentina «traducir la vida mediante la danza [era] buscar una armonía en la que el alma —la base de todo ser— se exprese mediante los movimientos del cuerpo. De ahí que la verdadera danza gitana sea siempre sagrada».[72] Lo gitano proporcionó el puente que unía el teatro de la Argentina con su querida España, con ella misma. Así, mediante esta mujer trascendental y escénica, la Argentina creó un mundo imaginario, pero posible, que su público vio desde 1925 hasta la última representación, el 24 de junio de 1936, en la Ópera de París. *El amor brujo* se había convertido realmente en lo que la Argentina había previsto. Gracias a sus materiales, era, en esencia, «una faceta colorida de la cultura popular, la danza española formalizada [adoptó] un estilo coreográfico destinado a su aceptación universal».[73] Como resultado, el primer ballet de la Argentina fue solamente el principio de su difusión de la cultura popular española a través de la danza.

La Argentina siguió su trabajo en *El amor brujo*, ensayando el ballet antes y después de las representaciones y volviendo a encargar nuevas escenografías y vestuario cuando se ajaban. Su atención a cada uno de los detalles del ballet dejaba clara la especificidad de su visión y la energía con la que la llevó a cabo. Fue el éxito de *El amor brujo*, su primer ballet completo, lo que condujo a la formación de su compañía permanente. En 1928, la Argentina fundó los Ballets Espagnols, una compañía de ballet española cuyo nombre francés remitía sutilmente a los Ballets Russes de Diaghilev. Esta compañía se convirtió en el barro con el que el sueño neocastizo popular iba a ser moldeado. Entre 1928 y 1936, crearía más de diez nuevos ballets, cada uno de ellos con largas partes solistas para ella, y todos con colaboraciones musicales y escénicas de la nueva escuela española.

Quizá sea apropiado acabar con una cita del poeta francés, Paul Valéry, quien, como Ortega y Gasset, tomó a la Argentina como una musa simbolista de la danza moderna: «Creo que ha logrado su objetivo, un objetivo magnífico, ya que significaba salvar una forma de arte y regenerar su nobleza y poder legítimos mediante un sutil análisis tanto de los recursos de este tipo de arte como de sus propios recursos. Es algo muy cercano a mí, que me preocupa de forma apasionada. Soy un hombre que nunca ha visto la contradicción —en realidad no puedo ver ninguna— entre la inteligencia y la sensibilidad, la reflexión consciente y su materia prima, y saludo a la Argentina como hombre que precisamente se siente complacido con ella tal como le gustaría sentirse consigo mismo».[74]

5. *Un folclore feminista: la Argentina y la mujer española (1910-1936)*

Cuando bailaba, esta mujer llevaba en ella a todas las mujeres.

Suzanne de Soye

El éxito de las colaboraciones entre la Argentina y Manuel de Falla y la impresionante publicidad que le procuraron prepararon el camino para la formación de su propia compañía: los Ballets Espagnols, una agrupación compuesta solamente por bailaores gitanos y compositores, libretistas y diseñadores españoles.[1] La Argentina se había convertido en empresaria: «la Pavlova del flamenco, la embajadora de su propio arte y de la música de los compositores españoles modernistas».[2] Como el «*âme dansante* tanto de la vieja como de la nueva España», ahora dirigía y se había responsabilizado por contrato de los salarios de una amplia compañía de bailarines, músicos, y colaboradores escénicos con los que hacía giras por todo el mundo.[3] Con el nombre, el conjunto cuidadosamente construido por la Argentina demostraba su filiación española, el país que la reconoció como estrella por primera vez, mientras que, simultáneamente, recordaba a la prensa internacional su deuda con los Ballets Russes de Diaghilev.

Es importante destacar que dos de las características que ya habían aparecido en la obra de la Argentina hacia 1910 llegaron a madurar artísticamente en la década de 1920 y la primera mitad de la de 1930: el casticismo y el feminismo. La coreografía de la Argentina reflejaba una narrativa que evolucionaba dentro del marco de, o expresada por, personajes españoles. La especificidad que la Argentina alcanzó en sus números sobre ciertas figuras durante este período de veintiséis años revela la profundidad de sus ideas y las posibilidades que descubrió al usar su cuerpo como texto. Mi análisis se limita a las danzas que ella creó cuando bailaba en los music halls franceses y españoles en la década de 1910 en París, y que después reconstruyó para las salas de concierto. Se trata solamente de cuatro solos de danza de entre sesenta y siete.

A pesar de que la Argentina mantuvo su versión de *El amor brujo* de 1925 en el repertorio a medida que aumentaba el número de ballets completos de la compañía, prudentemente, continuó manteniéndose separada de sus bailarines, compañeros y músicos. De esta forma, asumía la posición de primera bailaora en su propia compañía, interpretando múltiples solos de varios temas, retándose a sí misma y a sus colaboradores y alejándose así también de bailarinas rivales españolas que estaban visitando París en esa época.[4] Además, estos solos, su marca personal desde el principio de su carrera en España, permitieron a la Argentina seguir investigando en su propia coreografía y sus propios parámetros físicos.[5]

Desde 1925 hasta 1936, *El amor brujo* se mantuvo como el buque insignia de la compañía, del mismo modo que *Petruschka* y *La consagración de la primavera* habían lanzado a la compañía de Diaghilev a la fama. *El amor brujo* se representaba cada temporada. Como Diaghilev, la Argentina se había convertido en una programadora muy hábil, colocando en el repertorio de la compañía antiguos y nuevos ballets y recuperando solos.[6] A pesar de que *El amor brujo* fue siempre su ballet más famoso, la Argentina iba a ampliar la tradición que ella misma había establecido llevando a cabo muchas más colaboraciones con la nueva escuela española. A medida que su fama aumentaba, se incrementaban también sus responsabilidades. Los salarios de los que trabajaban para ella —bailarines, diseñadores, músicos, técnicos, modistos franceses, administración— recaían sobre sus espaldas. Para pagarlos a todos, así como mantenerse y mantener a su familia, la Argentina siguió actuando en los casinos de lujo de Niza, Cannes y Biarritz, bailando solos y a menudo ganando más de diez mil francos en una noche. Lo había conseguido, pero ahora cargaba con la responsabilidad de continuar desarrollando su nueva obra. Los críticos la observaban de cerca, particularmente Levinson. Y, entre 1926 y 1931, produjo al menos un nuevo ballet cada año.

Fue la importancia de *El amor brujo* como obra moderna española, plenamente reconocida por la prensa internacional, lo que permitió a la Argentina experimentar más ampliamente, financiera y artísticamente, a pesar de que nunca se alejó de su deseo de crear nuevas obras de tema español. La colaboración con Falla había sido esencial para llevar a cabo con éxito sus ambiciones y el propio ballet había sido, y continuaba siendo, bastante lucrativo. Como *La rose de Grenade*, una de sus interpretaciones tempranas de music hall, *El amor brujo* siempre fue un éxito de taquilla, dejando a la Argentina libre para concentrarse en nuevas creaciones de diseño y coreográficas. Además, después de las representaciones de 1925 de *El amor brujo* en Europa, América y Asia, Falla empezó a aconsejar a la Argentina, modestamente y sin presionar, cómo era su estilo, que colaborara con sus alumnos Gustavo Durán, Óscar Esplá y Ernesto Halffter. Así pues, ¿qué significó *El amor brujo* para la Argentina? ¿Qué le había enseñado como artista, española y mujer? ¿Qué podía depararle el futuro después de ese éxito y la creación de su propia compañía? ¿Fueron la modernidad, el nacionalismo o la estética de las obras los que influyeron en la Argentina para crear obras dedicadas únicamente a las mujeres españolas?

Algunas fechas marcan el nacimiento de un folclore feminista español en las coreografías de la Argentina: 1910, cuando coreografió el primer solo de Valverde; 1927, cuando realizó la suntuosa *Sonatina* de Halffter, y el principio de 1936, poco antes de su muerte, cuando creó sus últimos solos, *La fregona* (con música de Amadeo Vives) y *Polo gitano* (con música de Tomás Bretón). Crear solos no era nada nuevo para la Argentina. En el repertorio español, particularmente en la escuela bolera, hay muchos solos de danza que un miembro del cuerpo de baile tiene que aprender y practicar por su cuenta. Así pues, se había formado desde los cuatro años en el aprendizaje de nuevas coreografías, adaptando su cuerpo a nuevos pasos de baile y nuevas posiciones que solamente después enseñaba a los miembros de su cuerpo de baile. Como demuestran sus primeras actuaciones en el Jardin de Paris, la Argentina siempre se había sentido intensamente fascinada por la novedad. ¿Cómo creaba su cuerpo la forma y la linealidad? ¿Cuán fuerte podía taconear? ¿Cuán rápido podían sus manos tocar las castañuelas? ¿Cuán lentamente podía extender sus brazos y sus piernas en el espacio? ¿Qué personajes españoles o caricaturas podía utilizar para crear nuevas dimensiones en el espacio, para el cuerpo y el ojo?

Hacía falta ser muy valiente para interpretar personajes de la literatura, el teatro, el teatro musical y la poesía españoles. El personaje de Carmen se había hecho popular entre los espectadores de teatro y los aficionados a la ópera, una figura conocida, pero los personajes normales, aunque fueran de clase alta, de la historia española nunca habían sido considerados personajes principales —los protagonistas— de España.

Más allá de esto, en la historia cultural española, las mujeres habían desempeñado siempre papeles secundarios en la mente de los artistas españoles. De hecho, siempre habían sido representadas casi como figurantes surreales por Goya y Cervantes, Lope de Vega y Calderón. Si se las tenía en cuenta era solamente para convertirlas en caricaturas de sí mismas, figuras escénicas que, en virtud de su ausencia histórica, no sabían qué habían aportado a su país. Como en el cuadro de Sargent, *El jaleo*, y en la novela de Mérimée, *Carmen*, la mujer española quizá había alcanzado el nivel de solista. ¿Pero qué tipo de solista? ¿Cómo podía ser «real» si siempre había sido moldeada por los hombres? ¿Y cuánto sobre la cultura y la época española podía entender el público si las señoritas españolas aparecían continuamente como meras formas de sexys y lascivas *femmes fatales* que conseguían convertirse en rectas y dignas señoras?

En sus siete ballets completos, totalmente orquestados y con vestuario, la Argentina imaginó personajes para ella, sus mujeres, que tenían que parecer, actuar y transmitir un único personaje en un ballet más largo. Es decir, sus gestos y movimientos tenían que adecuarse al lenguaje del movimiento que explicaría una historia. Estos personajes —la maja de la *Sonatina*, la gitana de *Sacromonte* o la campesina de *La malagueña*, por ejemplo— eran, por lo tanto, piezas de un conjunto. Sus movimientos venían dictados, y expresaban, la historia que se estaba explicando. Sin embargo, en sus solos dentro de una obra más amplia, como *Sonatina*, o en las piezas de tres minutos (obras en las que ni un compañero ni ningún miembro del

La Argentina en «Chacona», de Isaac Albéniz.

cuerpo de baile ocupaba nunca el mismo espacio escénico que la Argentina) podía transformarse, y lo hacía, en varias mujeres. Al hacerlo, era capaz de mostrar todo el espectro de estados psicológicos, emocionales y físicos según la edad y la clase social del papel que estaba interpretando. Mediante el movimiento y el diseño del espacio, la Argentina exploraba la naturaleza apropiada del personaje en cualquier momento, como Sarah Bernhardt excavaba profundamente en la naturaleza de las mujeres trágicas que interpretaba en los escenarios franceses.

La Argentina interpretó mujeres que eran entusiastas, enérgicas y comprometidas. Esas divas escénicas aparecían bajo formas diversas y tenían edades distintas: madres, hijas, tías, abuelas. Como mujer, coreógrafa, directora y bailarina, la Argentina creó solos que sirvieron como números creativos tanto para sus ballets más largos como para retratar a la mujer española a lo largo de la historia.

Como en la pintura, eran los modelos, esbozos preliminares, experimentales, y, por lo tanto, abstractos. A partir de ellos, la Argentina podía desarrollar un único personaje para poner de manifiesto la profundidad y la amplitud de cualquier mujer española de cualquiera de las cuarenta y nueve provincias de España. Como ejemplo, el vestuario de sus personajes —meticulosamente diseñado por la Argentina y realizado por las famosas firmas de alta costura Les Callots Soeurs y Alix, hasta el último botón, manga bordada o topo— representaban las particularidades y el sabor regional de Granada, Valencia, Galicia, Salamanca y muchas otras ciudades y provincias españolas.

La Argentina tomó del flamenco, imaginando guiones y bailes que contaban historias sobre temas cotidianos, desde el trabajo hasta la casa, el amor, la vida, la pérdida y la muerte. Observó la enorme profundidad de lo femenino dentro de la tradición gitana, que corre pareja a la fuerza y la voluntad que las gitanas expresan en

La Argentina bailando «Polo Gitano» en el Casino de Biarritz, 1936.

el momento del trance, el duende. Cada uno de estos momentos se convirtió en material para sus viñetas que, al final del trigésimo octavo año de su carrera, componían un corpus que plasmaba otra visión de la historia de España en la que se tenía en cuenta la exploración artística de las mujeres españolas.

Mediante su propia manera de bailar, así como mediante su coreografía, la Argentina encarnó su visión personal de las mujeres españolas. Las recordaba, rendía homenaje a su memoria colectiva, «siendo» ellas. Como resultado, el intento de la Argentina de explorar la psique, el cuerpo y el aura femeninos añadió nuevas dimensiones a su combinación de cultura popular y vanguardista, insuflando vida en una obra como *El amor brujo*. Quizá ya en la zarzuela, que contaba con un siglo de historia, habían aparecido personajes femeninos, pero nadie —ningún director artístico— había ido tan lejos como la Argentina, que experimentó con las posibilidades físicamente virtuosas y elementalmente psicológicas del personaje de la mujer española.

En los pasos de bolero clásico que la Argentina ejecutaba en su solo *Bolero clásico* (1916), por ejemplo, yuxtaponía los giros, círculos, saltos y pliés del bolero del siglo XIX con círculos de brazos altos y a media altura en quinta posición, entretejiendo la técnica francesa y la flamenca. En esta danza, como en todos los otros sesenta y siete solos, lograba una síntesis y, por tanto, una nueva tesis sobre la danza española. Al mismo tiempo, se mantenía fiel al sentimiento, el estado de ánimo, la medida de las frases y el diseño de la más clásica de las danzas españolas. Tal como hicieron Fokine y Stravinsky para la danza escénica rusa, ella profundizó en la tradición española para poner de manifiesto el modelo más auténtico de una determinada danza y el cante que la acompañaba.

La Argentina también derivó algunas danzas de melodías populares como sucede en *El garrotín*, una obra de doce tiempos cuyo compás nunca era interrumpido por una variación en el nivel dinámico o una colocación del acento en una determinada pulsación. La Argentina escogía cuidadosamente qué bailes iban a permanecer cerca de sus modelos originales y los que podrían ser expandidos y reforzados, aquellos que, a pesar de mantenerse cercanos a sus fuentes, se convertirían en algo tan distinto que adoptarían un nuevo rostro. Interpretaba seguiriyas, por ejemplo, sin acompañamiento, a pesar de ser musicalmente el más intenso de los bailes flamencos. Este ejemplo ilustra la forma comprometida que la Argentina tenía de escoger qué bailes tenían que ser recordados y cómo tenían que reinventarse para mantener todo su sabor; es decir que tenían que permitir a la artista el más amplio abanico interpretativo sin destruir, más allá del reconocimiento, la fuente de su material.[7]

Para plasmar su «feminismo» coreográfico, la Argentina se convirtió en una investigadora meticulosa y constante. Viajó por toda España para decidir qué mujeres encarnaría y qué ritmos usaría para describirlas. Trabajó dentro de los parámetros de algunas composiciones musicales nuevas escritas para ella y de otras más antiguas de Enrique Granados e Isaac Albéniz, cuyos temas recordaban el bolero clásico o el fandango. La Argentina ayudó incluso a crear nueva música cuando coreografiaba nuevos pasos de baile; tanto ella como Carmencita Pérez, colaborarían en la adaptación musical de melodías locales, trabajando hasta la madrugada para fundir un tango gitano, por ejemplo, con una versión del tipo de las de Valverde (fraseo suavizado y alargado) de una tonada auténtica. Juntas, desde aproximadamente 1917 hasta 1929, cuando Luis Galve se convirtió en el principal acompañante de la Argentina, las dos mujeres buscaban baladas regionales y luego inventaban y perfeccionaban una serie de eufonías con las que la Argentina podía encerrarse en el estudio para preparar sus ensayos de danza.

Como recuerda la sobrina de la Argentina, Carlota, «siempre era la música primero». Y continúa, «si podía percibir el ambiente que intentaba describir tan profunda e inmediatamente, entonces el guión imaginado —una historia, quizá— emergía. Y después ¡la danza! La danza era siempre el elemento final para mi tía. Y en realidad pensó siempre mientras vivió que ella era una compositora que confiaba en su música. Promovió una especie de comunión entre la música y la danza».[8] Además, según su sobrina, la Argentina no intentaba reproducir simplemente los ritmos que ella y Pérez habían oído en sus formas originales. Como Falla, intentaba transmitir tanto como fuera posible de la melodía original —la dulzura del sonido, por ejemplo, de la sardana catalana o de la jota vasca—, siguiendo las reglas de la armonía y la disonancia que había aprendi-

La Argentina en Tango andaluz; *Londres, 1934.*

do en el Conservatorio de Madrid y o siendo miembro del público parisino, cuando asistió a las primeras sesiones de los Ballets Russes que interpretaban las sorprendentes y modernas composiciones de Stravinsky y Debussy.[9]

Es decir que la Argentina, como la nueva escuela española que trabajó con ella desde 1925 hasta 1936, siempre luchó para plasmar nuevos sonidos. Lo más importante eran sus castañuelas. Mediante sus solos de danza —las obras en las que se permitía más libertad para experimentar con las tonalidades— la Argentina desarrolló su forma de tocar las castañuelas. Logró ser tan buena que en representaciones más tardías de las obras de Falla, el maestro le permitió que acompañara y fuera acompañada por cualquier orquesta. Las colaboraciones, aparentemente inconscientes, sinfónicas, de la Argentina transformaron las secuencias rítmicas de compás continuo en coreografías interpretadas en compás sincopado. Es interesante subrayar que sus piezas favoritas —sus trabajos más personales, *La corrida* (1910) y *Seguidillas* (1911)— descansaban en gran medida en los ritmos producidos no sólo por sus pies y el movimiento rápido del cuerpo y los brazos, sino también por las manos, que bellamente desplegaban una miríada de sonidos interpretativos dependiendo del tipo y calidad de la madera de las castañuelas.[10]

Las posibilidades metafóricas de la madera, que dependían de cómo las hojas entrechocaban en sus manos, eran, diría la Argentina, ilimitadas. Para una coreógrafa como la Argentina, un instrumento que uno puede entender plenamente y puede tocar con virtuosismo proporcionaba la compañía perfecta. Sus castañuelas podían ser contrapuntísticas, llevando el ritmo y convirtiéndose así en la contrapartida masculina de su danza, porque en el lenguaje flamenco llevar el compás se asocia con la virilidad masculina. De esta forma, mediante su danza y su instrumento, la Argentina se acompañaba a sí misma siendo tanto el hombre como la mujer en el cuerpo de una sola persona. Además, controlaba todo el espacio escénico, cualquier sonido que ella producía se convertía en una extensión de sí misma, de su cuerpo. Las castañuelas, por lo tanto, añadían una dimensión teatral a sus solos de danza hasta entonces desconocida en la danza española y, por la misma razón, desconocida en el ballet y la danza modernos. Solamente los intérpretes orientales, un contemporáneo como Uday Shankar, conocían las extensas posibilidades dramáticas del autoacompañamiento y la musicalidad.

A pesar de que los alumnos del Teatro Real de Madrid aprendían a tocar las castañuelas como parte integrante de algunos bailes, no las utilizaban siempre. Tampoco se atrevería ningún bailarín a montar toda una pieza coreográfica sin el acompañamiento de toda la orquesta. Las castañuelas, tal como se aprendían en el siglo XIX y principios del XX en Madrid, eran un deber, simplemente algo que se aprendía, el acompañamiento rítmico del movimiento de los brazos y de las piernas con el que se probaba la coordinación y el virtuosismo del bailarín. Según el Teatro Real, las castañuelas no eran en ningún caso un mecanismo rítmico por derecho propio. Quizá la Argentina vio las castañuelas como los gitanos veían la guitarra: primaria y básica para cualquier baile. Y en su búsqueda de una aproximación moderna a la danza, consideró que el papel del toque (el guitarrista) gitano del flamenco era el modelo a utilizar para estructurar su propia forma de bailar.

La Argentina en La corrida; *Londres, 1934.*

Y lo que es más importante, quizá, para nuestro análisis general de la gran atención que la Argentina prestó a la música dentro de su repertorio de solista, es su transformación de las castañuelas en solistas de música: un instrumento por derecho propio. Así pues, la Argentina fue vista, tanto por el público como por la prensa, como una partitura musical transformadora y metafísica en el cuerpo de una mujer que bailaba. En especial Paul Valéry descubrió en la «musicalidad» de la Argentina lo mismo que había percibido en Loïe Fuller: una presencia musicalmente metafórica divorciada de su físico, pero no de su feminidad. Para Valéry, «la música de la Argentina "era la del ser interior... una rapsodia gitana de volantes almidonados que se movían con la fantástica precisión de sus castañuelas».[11]

La Argentina logró esta especie de simbolismo autorreflexivo (que Levinson describió como «una serpiente heráldica que ondula sobre su cola») gracias al aislamiento. El uso de las castañuelas como compañeras, acompañamiento instrumental y contrapartida rítmica, demostró que la Argentina era una seria estudiante de muchas formas musicales, fundiendo los movimientos de su cuerpo con la línea melódica del cantante o del piano para crear una única línea musical. De esta forma, la Argentina «abrió» la danza española a infinitas posibilidades musicales, tanto desmembrando el baile mientras experimentaba con la música, como explorando las posibilidades del tiempo, el elemento más profundo del lenguaje musical gitano.

Levinson escribió en un artículo lo que él creía que era la abstracción del cuerpo de la Argentina a través de la propia transformación de figura danzante en mero instrumento. Escribió: «A veces coloca entre sus brazos parte de la falda para liberar los pies que ejecutan a velocidad vertiginosa el staccato con los tacones, otras veces se desliza con la elegancia de un velero, con la cola como si fuera la estela de su avance, mientras las palmas, sonoro acompañamiento con las manos, marcan el compás hasta pararse de pronto, ejecutando el *bien parado*».[12]

Finalmente, en su enlace textual del instrumentalismo rítmico de la Argentina con su propio contexto, Levinson se preguntaba si no había una conversación «entre los dos pares de castañuelas al final de sus brazos y los pies golpeando el suelo». Para Levinson (y para Valéry) las manos y los pies de la Argentina, sus castañuelas y sus zapatos, creaban una narrativa musical que representaba la historia de cada solo. «El verdadero reino de la Argentina —dijo Levinson—, la languidez y la sonoridad [desplegadas] en la fluidez continua de una armoniosa transición.» De esta forma, la danza de la Argentina simbolizaba «un melancólico poema profundo en la sensación y desolado en la ensoñación».[13]

Dolores Moreno, que hacía las partituras de las castañuelas para la Argentina, es la que escribió con más precisión sobre las danzas de la Argentina cuando dijo «la forma de tocar las castañuelas de la Argentina creaba un juego matizado, aumentando en un crescendo de diversos sentimientos que cubrían el escenario. Su música nos envuelve y nos seduce, arrastrándonos a cada uno de los cuadros».[14] Dentro del universo de las castañuelas, vestuario, puesta en escena y baile de la Argentina descubrimos a la mujer española. Como escribió Moreno en 1934, «las concepciones de la Argentina eran ricas en prosa, comedia y drama y en la tristeza de la condición humana». En sus ballets también hallamos «representaciones ilustradas de la danza española artística... cuyas características malvadas definen épocas enteras convirtiéndose en nuestro arte porque cada nota contenía fuego, medida, luz e intensidad y proyectaba [sus] sombras hacia afuera de mil formas diferentes. Su baile era una religión, una enseñanza en toda regla».[15]

La corrida fue el solo de danza más antiguo y más representado de la Argentina. La estrella emergente lo coreografió por primera vez en agosto de 1910 para unas actuaciones en el Moulin Rouge.[16] *La corrida* se convertiría en una de las mejor recordadas de las muchas danzas de la primera opereta de Quinito Valverde para los escenarios del music hall de París, *L'amour en Espagne*.[17] Después de su triunfo con la danza de la corrida en París, se fue de gira por Inglaterra durante un mes con un agente inglés que le consiguió contratos en varios teatros pequeños de vodevil donde fue presentada como «la estrella española».[18] Cansada de estos compromisos, la Argentina volvió al continente para actuar en el Théâtre des Variétées de Bruselas, en su segundo espectáculo de Valverde en el que interpretó uno de los tres papeles principales con el que se convertiría en lo que Jacinto Benavente llamó, «la bella Argentina y la reina de las castañuelas».[19]

En *La corrida*, una danza corta de cinco minutos de duración, la Argentina bailaba y tocaba las castañuelas mientras «simulaba una faena taurina».[20] «Mi danza favorita —afirmaba la Argentina—, que a menudo dejo para el final del programa, es *La corrida*.»[21] Un crítico francés escribió «en su *Corrida*, la Argentina proyecta todo el entusiasmo de la lucha, las patadas de los caballos, la carrera precipitada; después como un olor de sangre y carne, un rapto de amor y voluptuosidad, sube desde el escenario».[22] A pesar de ir vestida con un traje de elegantes capas de seda y encaje —tejidos suaves, de señora—, el baile de la Argentina era de total abandono. «Ritmo sobre ritmo, su danza se convierte en la de la ilusión sensual... una traducción del movimiento mimético e intensificado.»[23] Tenía un aspecto elegante, pero bailaba como si vistiera el traje de matador. Su forma de bailar, según uno de los críticos, era «intensa y febril».[24] Su habilidad para comunicar tanto la crueldad del acontecimiento como la valentía de sus protagonistas daba fe de su capacidad para explicar la más famosa de las historias españolas, comentarla sin deconstruirla.[25]

En *La corrida*, la Argentina construía todo un mundo: ambiente, argumento, desarrollo del personaje y el desenlace, mediante una coreografía en la que todo iba al unísono, porque se superponía a la partitura operística original de Valverde, momento a momento, durante la representación. «Con destellos y brusquedades —escribió H. T. Parker—, "La corrida" es un baile de ritmos quebrados y resplandores calientes que contiene toda la excitación de una corrida.»[26] Aquí, la intensidad rítmica de la Argentina simbolizaba su intento de crear y conducir una representación a través de la intriga y alcanzó este nivel de dramatismo confiando en tres elementos para caracterizar al toro, el matador y la escena de la corrida: 1. secuencias masivas y complejas de agudos taconeos; 2. toques rápidos de castañuela que la Argentina usaba polirrítmicamente, a contratiempo con la partitura más suave de Valverde cuya melodía se basaba en gran medida en la vívida tradición musical de la zarzuela; y 3. su yuxtaposición del impulso de las piernas de la escuela bolera, ejecutado desde posiciones de giro, combinado con los brazos redondeados para equilibrar momentos de teatralidad rítmica. Más allá de esto, escribió un crítico, «su dominio de las castañuelas es milagroso. Con esos agudos staccatos, lánguidos murmullos y ruidoso parloteo, habla al público. Marca el compás de sus bailes con las castañuelas, proporciona color a las figuras que ejecuta, derrama sobre la música un adorno de percusión».[27]

Con los brazos hacia el suelo, los codos doblados hacia delante, la Argentina empujaba su falda en un recorrido rápido en dirección al público, como si fueran los espectadores en las gradas de una plaza de toros. Interpretando tanto al toro como al valiente torero, «lleva un sombrero y [está] destinada a ganar mientras uno sigue con abierto interés la lucha sangrienta hasta que da muerte al toro».[28] Siguiendo con la historia, la Argentina entonces daba la vuelta al escenario, parándose en algún momento de puntillas, una muestra típicamente masculina de equilibrio y fortaleza en la tradición del bailaor. Usando los pasos del flamenco para encarnar y dar vida a su matador, la Argentina alternaba los pies, poniendo uno delante del otro, en profundas arremetidas frontales y laterales, mientras los brazos hacían círculos bajos, cerca de los pies, como si estuviera sintiendo la suciedad bajo sus zapatos polvorientos.

Después la Argentina se recomponía, trazando una analogía literal con los personajes, para convertirse en una mujer que plasmaba la intensidad emocional de la corrida. De esta forma, habiendo dibujado claramente a los personajes desde el principio del solo, ya podía hablar solamente de ritmo consolidando así al protagonista, símbolo del toro, matador y bailarina. La Argentina era capaz de revestir su danza con la seriedad de la vida y la muerte, ideas centrales en la corrida, transformándose en instrumento. Todo su cuerpo, corriendo, caminando, martilleando el suelo o ejecutando círculos con los brazos, contenía un lenguaje que relataba la historia que había previsto contar. Quizá, por esta razón, la prensa internacional adoraba esta producción.

La prensa francesa la llamó «estrella», una artista que sabía cómo comunicar un «sabor español» al público. A pesar de que las primeras críticas de la Argentina no distinguían entre su personaje escénico y su habilidad coreográfica, quedaba claro en las reseñas que su coreografía para *La corrida* fue un medio potente para lanzarla echando mano del amor de los parisinos por las cosas españolas y los bailaores españoles como encarnaciones de algo misterioso, remoto y potente. En una entrevista de 1929, la Argentina subrayó que con el ballet ella se convertía en facilitadora, conservadora y proselitista: «Si el mundo persiste en pensar que la danza española es simplemente vivaz, coqueta y seductora, mi trabajo habrá sido en vano... La danza española es un arte sutil que irradia una energía indómita, dolor, solemnidad y pasión».[29] A pesar de que *La corrida* era un baile sobre la muerte, «la idea de la muerte desaparecía» cuando ella bailaba.[30]

La Argentina iba vestida de mujer cuando interpretaba el doble papel masculino del matador y el toro: el victimario y la víctima.[31] A diferencia de Carmen Amaya que, en la década de 1940, se vestiría con un traje blanco de matador cuando interpretaba papeles masculinos, la Argentina siempre se vistió como mujer, incluso para interpretar a hombres. Esta elección provenía, sin lugar a dudas, de su formación conservadora en el Teatro Real de Madrid y de la influencia que la alta costura francesa tuvo sobre ella cuando vivía en París. «Siento —diría— que el traje tiene que ser de un color y una textura tales que la tela caiga suavemente, flotando o crujiendo. Tiene que brillar con luz o tiene que ser suave y sombreado. A veces pido a Callot Soeurs que copien un cuadro, pero casi siempre hago yo el diseño.»[32] En otras palabras, la Argentina no necesitaba vestirse de hombre para interpretar a un hombre. Podía hacerlo simplemente incorporando los ritmos masculinos del flamenco y los toques de castañuelas clásicos españoles con tanta potencia que se apartaba de la imagen normal, de principios del siglo XX, de las mujeres, desplegando su sexualidad mediante su danza y no recurriendo literalmente al vestuario.

Además, la Argentina, a pesar de estar delgada, era alta para la época, «aproximadamente un metro sesenta y cinco de estatura y cincuenta y cinco kilos de peso» (un metro sesenta y nueve con zapatos) y podía, en virtud de su estatura y silueta, intensificar su movimiento con la fuerza y el tono muscular.[33] Así, sus distintos trajes, como el de *La corrida*, reflejaban los personajes con apropiados diseños del color que la propia la Argentina concebía y cosía. Para *La corrida*, la idea del color, que primero representaba una plaza de arena y luego una plaza ensangrentada, era importante como motivo del diseño de su vestuario. Se usaron encajes de gasa y trazos rojos para poner de manifiesto estas ideas. Además, «los colores del traje, la música y el baile tienen que mezclarse», dijo la Argentina, que creía que «los colores tienen que armonizar».[34] «Sus trajes cuidadosamente planeados» reflejaban esto, puesto que «su juego artificioso con la tela... crea movimientos circulares de barrido con las faldas, sacudidas arqueadas de las mangas onduladas, son partes indispensables de toda la danza».[35]

En 1916, la Argentina diseñó el primer traje de *La corrida* para una gira de dos meses por América del Norte y del Sur. Era sencillo: seda negra con una falda amplia de volantes y manga corta cuyos bordes llevaban largos remates de rojo sangre. Cada uno de los cinco volantes de la falda también llevaba estos ribetes geométricos. El cuerpo era simple y ajustado y el escote en forma de V permitía que la cabeza y el cuello pudieran moverse libremente. El ancho de las mangas y la redondez de la falda dejaban libertad a brazos y piernas y muchas reseñas hablaron de los momentos febriles y feroces creados por las castañuelas, el taconeo y las rápidas piruetas o los giros del cuerpo sobre sí mismo.[36]

El segundo vestido, también diseñado por la Argentina para *La corrida*, era de línea sencilla, pero de color complejo. El vestido empezaba con un pequeño chal rojo drapeado sobre los hombros que colgaba hasta la cintura prendido al cuerpo verde del traje con una serie de agujas en forma de flor. Encaje de gasa colorido que salía de las mangas y los cinco volantes de la falda cuya cintura, al estilo del diseño art decó, empezaba más abajo, casi a la altura de los muslos, indicaban al público que su solista estaba al tanto de la moda contemporánea. También adaptaba sus líneas a las del traje gitano, teniendo en cuenta que necesitaba una falda ancha para permitir el *rond des jambes* (giro de piernas) así como las patadas frontales. A pesar de que ambos movimientos eran habituales en la danza clásica española, no se veían muy a menudo en el flamenco gitano o en el ballet francés.

La corrida era un ballet «nacional» y no una obra regional, como lo fueron varios de los solos posteriores: *Danza ibérica* (1930), *La malagueña* (1932), *Sacromonte* (1934) y *Polo gitano* (1935), por nombrar algunos.[37] El tema de *La corrida* se consideraba español, es decir, no era propiamente castellano ni específico de cualquier otra región. Escribiendo sobre esa danza en 1932, el director de la Opéra-Comique, Georges Ricou, se refirió a la artista como «española sin ser extranjera; una excepcional síntesis de humanidad. Es una española con un nacionalismo tan refinado que conserva solamente los elementos esenciales, las características dominantes, ancestrales, de sus orígenes».[38]

A pesar de que muchos de los otros solos de la Argentina eran específicamente regionales, *La corrida* era, sin lugar a dudas, un intento consciente de representar a todo el país mediante su espectáculo más conocido: eso que Hemingway llamaría en 1932 «muerte en la tarde».[39] Hemingway, escribiendo después de las giras mundiales de la Argentina con ese solo de danza, calificó la representación como «el único lugar donde se puede ver la vida y la muerte... porque una de las cosas más simples es la muerte violenta».[40] García Lorca, por su parte, reflexionó sobre un país «donde la muerte es el espectáculo nacional, donde la muerte toca largos clarines a la llegada de las primaveras».[41] Como Hemingway y Lorca, la Argentina entendió que para comprender por completo la cultura y la mente españolas, un artista tenía que estudiar la muerte. Y así, en su intento de hablar sobre España mediante su actividad más querida, la Argentina se adentró en la psique de su país a través de la loca carrera de su taconeo, corriendo a través del escenario, adelante y atrás, como si ella también pudiera morir. Tanto el genio de Hemingway como el de la Argentina se acercaron a la muerte profundizando en lo que Lorca creía que era el camino hacia el alma española, en parte gitana, en parte andaluza.[42]

En el texto de André Levinson sobre *La corrida*, se halla la síntesis de Lorca y Hemingway encarnada en la Argentina: «Envuelta en un traje largo y ajustado de triple volante que se alarga formando la cola… la Argentina respeta y alcanza los fundamentos figurativos de la corrida… transformada por el estilo. *La corrida* es una representación de la vida sometida a un ritmo unido a un grupo de formas en movimiento que se convierten en símbolos plásticos; un solo paso de danza se convierte en el movimiento mortal del matador».[43] Tan «real», tan en contacto con el ruedo estaba su baile que, para Levinson, la Argentina era un símbolo moderno y plástico de la corrida; su cuerpo presentaba la lucha, la matanza, la muerte y, por lo tanto, el carácter español. «Como un matador, ella daba la estocada transformando continuamente el espacio escénico cuando se movía a través de él.»[44]

Un año más tarde, la Argentina empezó a trabajar en lo que iba a ser su segunda y más famosa obra solista, *Seguidillas*. Era una obra sin acompañamiento musical que se montó con las castañuelas y el taconeo de la intrincada y técnicamente exigente coreografía de la Argentina. El resultado fueron innumerables bises. Recurriendo de nuevo al género flamenco, la Argentina resiguió las relaciones estructurales, musicales, entre el cantante y la canción. Las seguiriyas provienen de un viejo grupo de cantes sin guitarra conocidos como tonás, grupo al que pertenecen la debla y el martinete.

Al explorar las raíces musicales de la forma más antigua de las seguiriyas durante su período de investigación con las gitanas de Andalucía (1903-1910), la Argentina entendió que esta danza representaba la línea más antigua de la música gitana y que, por lo tanto, era importante reinterpretarla para el escenario. H. T. Parker subrayó los conocimientos musicales de la Argentina: «Como un compositor frasea y modula su melodía —escribió—, así frasea y modula la Argentina sus bailes. Como aquél interpreta con la orquesta, ella interpreta con el cuerpo. La más mental de las bailarinas actuales que cruzan los escenarios americanos, es también la más musical».[45]

La Argentina llevó a cabo su *Seguidillas* mezclando las relaciones opacas, estructuralmente abstractas, del martinete del cantaor, una danza acompañada por el duro choque de metal contra metal (una mímesis del yunque gitano), con la de las seguiriyas del siglo XX, una danza que se había vuelto más ligera que su pariente más sombrío, la debla. Al eliminar la orquestación, la Argentina centraba toda la atención visual en ella, como música y como bailarina. Dando voz a sus manos, investía su danza con el honor que se otorga a cualquier cantaor que canta los versos antiguos, las coplas. La historia oral explicada a través del verso cantando (intrahistoria) era muy importante para los gitanos como medio de transmitir su cultura, sus rituales, historias, valores, época, a la siguiente generación.[46] Así pues, la popularidad perdurable de este solo puede deberse al hecho de que se planteó como el mayor reto coreográfico de la Argentina pues exigía ser músico, coreógrafo, bailarín y actor.

Yuxtaponiéndose con la idea de que las castañuelas reemplazaban o reforzaban el cante se hallaba la idea de que la propia danza se había convertido en tiempo —tiempo gitano— porque la música flamenca acarrea un mensaje inherentemente histórico, transmitido mediante recursos viscerales. Una aproximación tan abstracta podía expresarse de forma más potente en el nivel físico, a través de la coreografía y el movimiento de los pies. La respuesta de los críticos dejaba claro que no se trataba solamente de la cristalización de la danza española, sino de «la esencia de la danza española» en sí misma.[47] El lento crescendo del ritmo de la Argentina «agudizado por los giros marcando el ritmo con más fuerza», que ofrecía el movimiento, desde lento a muy rápido ejecutado durante varios minutos, simbolizaba el segundo elemento del flamenco: la construcción de una frase bailada dirigida hacia su clímax musical y, por lo tanto, hacia la cumbre dramática del ballet.[48]

Además, su utilización de las castañuelas como instrumentos, piezas de madera que requieren resistencia así como técnica, representaba la vida gitana como algo riguroso, inesperado y que requería de una formulación tanto física como intelectual. Como cantaba el cantaor en un cante hermano de las seguiriyas, la soleariya: «Lo gitano está en las oleadas de la sangre y en los surcos de las manos».[49] Las entrevistas y sus propios ensayos no dejan lugar para dudar de que el perfeccionamiento de estos pequeños címbalos manuales, que a la Argentina le llevó toda la vida, era el tributo más importante en su baile a la tradición gitana de la música.

Según su íntimo amigo y colaborador, Joaquín Nin, *Seguidillas* fue también «su trabajo más importante. Con él, la gran Argentina demuestra el papel conjunto que juegan las castañuelas y el taconeo». En él, creó un «espíritu rítmico español» que convertía sus sonidos corporales en «un conjunto óptico».[50] Tanto Nin como Levinson reconocieron la abstracción coreográfica inherente al modelado rítmico de la Argentina, así como la feminidad de su forma de bailar, a medida que iba evolucionando de un solo a otro. Para Levinson, *Seguidillas* representaba «una abstracción de todo lo que no es puramente expresión corporal»; es decir, su mente, su alma y todo su ser.

H. T. Parker también había aludido, en sus descripciones de *La corrida*, al desarrollo de un linaje artístico evolutivo entre un solo y el siguiente, coreográfica y escénicamente. Parker ofreció quizá las mejores descripciones del ballet, que vio varias veces cuando la Argentina estaba de gira por el noreste de América. «Su cuerpo —escribió— sigue siendo un instrumento perfecto, inclinándose a cada golpe o medio golpe a voluntad de la bailarina en *Seguidillas*. Ora, desde la cabeza hasta los pies, sobre los brazos, las piernas y el torso suena un único ritmo; ora uno y otro están reñidos en una fascinación semiinsinuante. Su traje la envuelve, de arriba abajo según la moda española, lo manipula, mientras sus manos son castañuelas; casi nunca cae en la convención del abanico», un estereotipo de la antiquísima danza gitana.[51]

La Argentina solamente usó el abanico en uno de sus solos, *La cariñosa*, un baile sobre una mujer de Filipinas. El personaje de esa danza, sin embargo, no abría el abanico y no lo utilizaba como un requisito para el movimiento, sino que lo llevaba como un objeto distintivo con un propósito literal: un distintivo de la élite. Quizá lo más importante, a pesar de que Filipinas había sido una colonia española, fuera que la Argentina no estaba retratando a una mujer española o bailando música española. Escogió la música filipina popular e hizo que su pianista copiara su línea melódica básica.[52]

El abanico se abría en un momento dado significando distintas cosas según cada espectador. Dejando aparte su función básica, el abanico siempre se había usado para flirtear. Con el abanico, cuyos motivos decorativos eran infinitos, una mujer podía transmitir mensajes a un amante o a un amigo. Si se mantenía cerrado, el abanico era un objeto que esperaba ser abierto, que se podía cambiar de una a otra mano y así desviar la atención o centrarla en una parte del cuerpo o en otra.

Que la Argentina no usara el abanico como instrumento, como hizo con las castañuelas, o como un recuerdo de siglos anteriores, es significativo. Todas las mujeres españolas de cualquier clase social usaban abanicos, así como chales y peinetas. La Argentina utilizó ampliamente estos dos últimos objetos y si el abanico hubiera tenido potencial rítmico quizá lo habría usado. Pero por su asociación con las escenas pastoriles de Goya, el impresionismo de Manet y los retratos de interior de Velázquez de la nobleza española, el abanico quedó relegado a la utillería. Como no reforzaba el tema de la obra, no tenía importancia; como no emitía ningún sonido, no era útil ni teatralmente atractivo. Juntos, estos hechos demuestran que la Argentina había rechazado conscientemente este objeto que hubiera podido utilizar para retratar a la mujer española, dada su confianza en los objetos de importancia, potencial y narratividad artística para tejer sus historias sobre las mujeres españolas.

Al decidir autoacompañarse, la Argentina estaba tomando una opción artística. Primero, honraba la parte más antigua de la tradición gitana: el cantaor. Segundo, modificaba esta tradición añadiendo las castañuelas, un instrumento español clásico, y la visión decó francesa de la forma artística del sur de España. Al unir esas dos culturas en el cuerpo de una sola mujer, la Argentina ponía de manifiesto una especie de autoaislamiento como el que expresaba el gemido de la afillá de los más grandes cantantes (de la tradición del cante jondo). Además, su forma abstrusa de bailar era inmediatamente reconocible cuando estaba sola en el escenario, revelando su naturaleza subjetiva y autorreflexiva.

Seguidillas de la Argentina fue apreciada y tuvo éxito como obra de entretenimiento porque era honesta. Su base musical presentaba el universo subjetivo inherente a un músico que se enfrentaba a sí mismo o a sí misma, ya que el compás se iba alargando. La Argentina, habiendo entendido la liminaridad de esta forma musical, era capaz de alcanzar, de alguna forma, el aspecto más sagrado de la música gitana: el duende, o trance. Como el cantaor que «se hunde en las profundidades de su cante, hacia un estado de éxtasis», la bailaora que la Argentina interpretaba en *Seguidillas* era una mujer que se involucraba por completo en su danza.[53] Matteo escribió: «El duende es el alma de la verdadera música y danza flamencas, sin él el público se entretiene, pero no se implica».[54]

Esta atracción del espectador hacia la danza, la creación de accesibilidad y responsabilidad, era esencial en la creciente estética de la Argentina. Representaba también un ímpetu importante para sus muchos solos de danza y variaciones de esos solos dentro de ballets más largos. «He llevado a cabo la fusión de... español y de la danza moderna española... definiendo el carácter de la verdadera danza española de hoy en día de forma que tendrá un papel en la cultura estética dentro y fuera de España.»[55] La cualidad moderna y feminista de su interpretación hizo que su forma de bailar se convirtiera en un símbolo de «gitanidad», porque el énfasis recaía en esta mujer que bailaba sola. Así la Argentina creó un teatro de la subjetividad y la autorreflexión en el que el público escudriñaba como si se tratara de un pueblo encalado de Andalucía o del tablao de una gran ciudad.

Levinson nos brinda otro análisis de *Seguidillas*: «La esencia de su arte es la mutua interpenetración de las razas; la naturaleza dual de los arios y los semitas; el desarrollo paralelo, sorprendente por su precisión, de la línea musical y de la que dibuja el cuerpo como respuesta a la melodía... la sutil transformación de estas curvas, espirales y elipses, estos ornamentos entrelazados de caligramas sinuosos que son el fundamento de todo baile ibérico... En la espuma de un tul plagado de lentejuelas negras... la bailarina española es como una serpiente heráldica, ondulando sobre su cola».[56]

Dentro de la tradición del cante jondo, que la Argentina transportaba desde la voz hasta las manos, consiguió desarrollar el lenguaje flamenco en *Seguidillas* yendo más allá de lo que había hecho en *La corrida*, porque esta última pieza tema era tan paya como gitana. Esculpió su cuerpo, creando formas y moviéndose en el espa-

La Argentina en Tango andaluz; *París, 1930.*

cio de una manera tan personal que toda su danza reflejaba el origen de los pasos. Más que crear una abstracción total, la Argentina había destilado una resonancia del baile original, como había hecho en *La corrida*, con sus impresiones del matador y del toro cuidadosamente tejidas en la coreografía. En contraste, su *Seguidillas* era una representación global de las seguiriyas cuyo alejamiento más importante de la forma original residía en cómo la Argentina había escogido depurar ésta. Es decir que *Seguidillas* era, como dijo Claus Schreiner, «una danza española solitaria con posibilidades musicales infinitas cuya más valiente aportación era, de hecho, su cristalización de España».[57]

Unas palabras de un cantaor de principios del siglo XX, quizá más precisas, establecían una diferencia entre el primero y el segundo solos de danza de la Argentina, expresando las dos corrientes significativas que recorrían su obra: la tradición española de matriz castellana y el arte gitano andaluz: «A pesar de que llevo ropa paya, nací gitano. Me gusta ser gitano y no deseo ser payo».[58] Así la Argentina, que no era gitana, alargaba temáticamente un solo hasta el siguiente, mezclando el flamenco con los vehículos de la danza española clásica: el elemento de la muerte asumida por el torero, el momento del trance creado por la bailaora y el toro muriendo. Coreográficamente, la Argentina encapsuló tanto como fundió la larga historia y el complejo repertorio de la danza española.

Córdoba (1918), su tercer solo de danza, significó otra evolución importante en el repertorio coreográfico de la Argentina. Un crítico lo llamó «la expresión del alma de una española»[59] y, como *Seguidillas* y *La corrida*, permaneció en su repertorio durante veinte años, desde 1916 hasta 1936. Danza elegante y femenina, *Córdoba* permitió a la Argentina ir más allá de la tradición del flamenco puro o de la tradición puramente española. A partir de la dulce, aunque algo sombría, partitura de Isaac Albéniz, empezó a fundir todos los estilos que conocía en un todo cohesionado. El resultado final de la Argentina no fue, como había escrito una vez el crítico de danza española John Martin que «el [típico] ballet español era un conjunto de solos»,[60] sino, por el contrario, una combinación de elementos estilísticos regionales que le permitió llevar a cabo un solo de danza conjuntado y consciente que recurría a muchas formas solistas que ahora se representaban como una totalidad, enlazadas unas con otras y no como iconos cultural y geográficamente separados.

La partitura de Albéniz para *Córdoba*, escrita a finales del siglo XIX, se transformó en una versión totalmente nueva al añadirle las castañuelas de la Argentina. Fue con *Córdoba* cuando se empezó a prestar mucha atención a la Argentina y obtuvo respeto por su do-

Córdoba, *de Albéniz, 1918.*

minio de las castañuelas. Cuando los violines funerarios empezaban a tocar una ominosa introducción, los oboes entraban en clave mayor, contrastando con las cuerdas y dejando espacio para la entrada de la tercera línea musical: la de las castañuelas de la Argentina. De repente, las cuerdas se paraban, entonces se oía un suave toque y un chasquido constante por encima de la orquesta. Las cuerdas, la flauta y el oboe seguían en clave menor una línea melódica de compás 3/4, mientras las castañuelas continuaban en un atrevido compás doble (2/4) con tripletes que continuamente ofuscaban la línea de los violines, intensificando así toda la composición, pero otorgando al principio un sentido premonitorio e inesperado.

Entonces los violines y las castañuelas se alejaban para dejar espacio para que la Argentina bailara. Parecía como si cada uno se hubiera convertido en su propia pareja, más aislado de los otros en virtud del tiempo y la clave, pero compartiendo el mismo espacio y tiempo sinfónicos, como la pareja de tango. A medida que las castañuelas se hacían más audibles y el ritmo se transfería de los pies de la Argentina a sus manos, podía percibirse mejor la separación entre las influencias sinfónicas francesas de Albéniz y sus influencias gitanas y españolas clásicas, estableciendo otras dos identidades en el escenario. La orquestación que escogió podía, por lo tanto, ser considerada no un acompañamiento sino una narración, imbuyendo las secuencias de danza de tristeza y de ricos arreglos de cuerda, cuyas múltiples repeticiones traían al público la imagen de una ciudad andaluza natal vacía.

Hacia el final de la partitura, el final de la danza de la Argentina, la clave menor se transformaba en clave mayor, levantando la niebla que había cubierto el escenario durante su interpretación. Transfería otra vez a sus manos el poder de la línea melódica, que mantenía un ritmo lento, de 3/4, que se desvanecía en el trasfondo de las violas. Aquí, el genio musical de la Argentina se servía de su habilidad para crear una línea narrativa que daba soporte a su danza, confiriéndole transparencia narrativa en un momento musicalmente complejo.[61]

Para *Córdoba*, la Argentina recurrió de nuevo a elementos específicamente populares de la música para presentar una danza que hablaba tanto de una ciudad como de una mujer. *Córdoba* era un solo de danza de cinco minutos cuyo estado de ánimo cambiaba desde un humor sombrío hasta uno jubiloso, de uno elegante a uno terrenal. Aquí, el traje de la Argentina y su estatura revelaban que su personaje provenía de esa clase alta que adoraba el comportamiento etéreo. Entraba en el escenario como una cortesana del sur de España cuyo porte y movimientos unían la sensualidad asociada con Andalucía a la reserva que identificaba a la esposa y madre castellana y catalana. Era su fuerza, expresada mediante cambios bruscos de dirección, el barrido de los pies, el martilleo de las castañuelas y los sinuosos círculos de los brazos la que comunicaba una potente, aunque inaccesible, presencia femenina.

La Argentina no interpretaba ni a la inocente debutante ni a la resabiada mujer de sociedad. Por el contrario, creaba a través del movimiento, a una persona anónima aunque reconocible, una mujer con la que otras mujeres del público podían identificarse, porque no era diferente de ellas. Y, sin embargo, no tenía nombre y no hablaba con un texto escrito. Solamente bailaba, identificándose tan sólo mediante la coreografía y rodeándose de un aura de belleza mística, un emblema intangible de una figura aparentemente lejana, romántica. «Sin ningún énfasis en el gesto —escribió Levinson sobre este ballet—, *Córdoba* es un poema melancólico que despierta en nosotros una profunda sensación de tierna y desolada ensoñación.»[62]

Para la Argentina, *Córdoba* representaba a la ciudad misma. Recurriendo a la herencia arquitectónica árabe, judía y cristiana —calles empedradas donde se alinean mezquitas y se ocultan sinagogas (la más famosa de las cuales era la que frecuentaba Maimónides)—, el ballet de la Argentina imaginaba una miríada de caracterizaciones de Córdoba.[63] Usaba sus brazos, a veces sinuosos, al extenderse hacia arriba en dirección al cielo desde el suelo, otras veces quebrados y lineales como si tratara de representar la mezquita de la ciudad con la catedral cristiana incrustada entre los arcos de herradura. De esta manera, la coreografía de la Argentina dibujaba tanto la forma de la mujer andaluza que baila como el espacio en el que bailaba, con la mantilla (distintivo tanto de la aristócrata como de la gitana) moviéndose a su espalda y barriendo el suelo como una bata de cola flamenca.

Sobre la triste aunque dulce composición de Albéniz, la Argentina ejecutaba suaves toques de castañuelas.[64] Transfiriendo el ritmo de las manos a los pies, escondía entonces las castañuelas en las palmas de las manos a la vez que daba la espalda al público, con el rostro de perfil, alargando la cabeza hacia arriba e inclinándose en un ángulo suave hacia su mano izquierda levantada, ahuecada y alargada, acompañándose con un giro de los pies. Tanto la pierna como el brazo, a pesar de ser el símbolo de los instrumentos del lenguaje del flamenco, adoptaban la cuarta posición clásica española, una postura de porte elegante y de fuerza. Recortando una sombra más grande que el natural contra el fondo de una cortina blanca, el cuerpo de la Argentina, empujado por la efectividad del claroscuro cuando se dirigía al fondo del escenario, parecía más pequeño y más seductor que la imagen reflejada. «Se balancea despacio a través del escenario —escribió Cyril Rice— expresando un estado de ánimo triste... y una profunda resignación.» El efecto era el de «la meditación... interrumpida por intentos recurrentes de liberarse de alguna fuerza imponente».[65] Esta tristeza encarnada, explicada al público mediante las castañuelas y la coreografía, era lo que Rice calificaba como el regalo de la Argentina al mundo: «su poder de caracterización... del mundo hispánico» expresado mediante «estas creativas piezas de madera».[66] Sin duda, la contribución de Argentina con *Córdoba* radica en su externalización de lo que Rice denominó «el prestigio del genio nacional».[67]

Córdoba plasmó la decisión de la Argentina de descubrir, para sí misma y para el público, los rostros y las posibilidades de la danza española tal como adquiría forma en sus brazos y sus piernas. «Baila la danza de la belleza encarnada y la expresión poética en *Córdoba*.»[68] Es decir, baila como una mujer de Andalucía, una española de Córdoba. «Escuchen lo que tengo que decirles —dijo la Argentina, sin embargo, cuando la entrevistaron después de la actuación—. No intenten etiquetarme porque lleno mis danzas con demasiadas cosas.»[69]

Confiriendo «intelectualismo a la danza española», el «espíritu ibérico» de *Córdoba* se ponía de manifiesto en el cuidadoso trabajo del movimiento por parte de la Argentina sobre la música suave de los violines de Albéniz.[70] Quizá como homenaje a su madre cordobesa, *Córdoba* era tanto una pieza de ballet (vertical en la colocación del cuerpo) como una pieza rítmica (con el énfasis situado tanto en los pies como en los brazos y la cabeza). A diferencia de *Seguidillas* y *La corrida*, cuyo lenguaje del movimiento ya se hallaba en los pasos de baile de la Argentina, el movimiento de *Córdoba* se reveló en una coreografía menos predeterminada.

Los andares de la Argentina nos decían que se trataba de una noble. Los movimientos de giro de los pies de la Argentina, sus caderas, y su pecho y hombros abiertos revelaban algo más sobre la disposición del personaje —un fuerte sentido de sí misma— que si la coreografía hubiera sido complicada, detallada y llenada con saltos y taconeos rápidos. Para que el personaje fuera noble, la Argentina tenía que adoptar un porte adecuado, característico de la educación aristocrática básica y del Teatro Real de Madrid; finalmente tenía que usar los brazos gesticulando de la forma más suave y femenina posible hacia afuera, alejados del cuerpo, mostrando una actividad grácil. Era como si estuviera conversando y gesticulara para explicar un punto concreto. Así pues, su personaje era relajado, pero hablador y conocedor, y tenía el aspecto de saberlo todo y de ser comunicativo. De esta forma, el retrato de la Argentina de un día en la vida de una mujer cordobesa resultaba muy logrado. Su feminidad y su fuerza transmitían un discurso seductor y voluntarioso. Esta proeza intelectual también se hallaba en las telas y la caída de su traje. Concebido cuidadosamente, el vestido se componía de muchas faldas «de tul de seda, un busto blanco vaporoso, zapatos negros, una amplia cinta de fina puntilla negra alrededor del escote de la espalda del vestido» y una clásica mantilla negra que colgaba desde la peineta hasta el final del volante.[71] Como su madre, que siempre posaba en posturas regias con todos los broches y peinetas, la señora cordobesa de la Argentina era perfecta, desde la sonrisa hasta los dedos ligeramente doblados y la mirada recatada.

De su madre había aprendido a enseñar. Quizá el triple equilibrio de *Córdoba*, entre el movimiento, la música y el vestuario, fue lo que más la acercó a saber que ella también se había convertido en directora y maestra. Pero, a diferencia de su madre, su público estaba formado por unos cuantos miles de espectadores en lugar de un grupito de jóvenes alumnos que la alabaran. A pesar de que algunos de sus personajes más jóvenes eran más elegantes que sus mujeres mayores, más frágiles, cada una a su manera era cálida, fuerte y con un carácter, porte y estilo personales. La imperturbable serenidad de *Córdoba*, la procaz y acicalada mujer de *La cariñosa*, la exquisita nobleza expresada en *El fandango del candil*, son testimonios del genio de la Argentina como coreógrafa, de su habilidad para plasmar diferentes personajes con el movimiento corporal y el diseño del vestuario. Sin poner más que un punto de tristeza o severidad en los personajes de sus mujeres (por ejemplo, la vendedora del mercado en *La malagueña*, que se mueve enérgicamente de un lado a otro), la Argentina creó e interpretó su repertorio femenino sin prejuicios.

Quizá lo más importante sea que las mujeres gitanas de la Argentina en *Sacromonte*, *Triana* y *En el corazón de Sevilla* bailaban con valentía y humanidad y no con rabia por ser perseguidas, marginadas y despreciadas por la sociedad paya. Esto no quiere decir que las largas ausencias de la Argentina de España mientras vivía en París le impidieran ver la realidad cotidiana de las vidas de estas mujeres, sino que decidió centrarse en lo que era fuerte e interesante y distintivo de ellas más que en sus debilidades. Puso de relieve las virtudes de la gitana flamenca —la música y el ritmo— y, conscientemente, dejó fuera de sus historias los pronunciamientos políticos.

El público de todo el mundo logró entender y admirar ese mundo de mujeres españolas. La obra hizo que la conciencia sobre estas mujeres aumentara dibujándolas primero y contando a la gente quiénes eran, cómo eran, qué hacían, cómo se comportaban, cómo envejecían, cómo se veían a sí mismas, cómo vivían cada día. Así, la Argentina recurrió a su formación tradicional para crear un personaje con la danza y luego decir algo sobre la persona, escogiendo los gestos característicos, los andares y la velocidad del movimiento.

La Argentina alcanzó su objetivo pintando a las majas catalanas como intemporales antes que como estatuas muertas e icónicas. Dio poder a las mujeres gitanas al hacerlas rítmicas y no pobres vagabundas sin hogar. Creó un mundo de mujeres iguales de siglos distintos que conseguían el mismo nivel de reconocimiento en el escenario. En consecuencia, obtuvo y presentó al mundo una visión única de las mujeres en la historia española. Estas mujeres, cada una a su manera, se convirtieron en personas relacionadas con España que aparecían ante el público. Del mismo modo, la Argentina dio vida y luz a las mujeres que habían sido claramente olvidadas por la literatura, la pintura y por la esfera sociopolítica. Ninguna de sus mujeres cayó en el olvido porque la Argentina continuó interpretando cada una de sus sesenta y siete danzas durante toda su vida. Así pues, la Argentina consiguió un noble objetivo, aunque impremeditado: vivir sus personajes desarrollando sus personalidades bajo una la luz más clara. Ninguna era dudosa o incompetente; las mujeres retratadas eran siempre voluntariosas, potentes y merecían atención y respeto. La Argentina tuvo una devoción perdurable por estas excavaciones etnológicas y sociológicas. En lugar de crear una serie de abstracciones, figuras puramente estéticas, rompió con la superficialidad y llevó al escenario una verdad cinética sobre cada una de ellas que perduraría.

H. T. Parker señaló la originalidad del propósito de la Argentina, de su interpretación y composición, cuando la diferenció de las otras divas pioneras de la danza española. «De la Argentina —escribió— no emana un sentimiento de pureza, de esencia espiritual en un cuerpo condensado y liberado por el movimiento, como emanaba de la Pavlova. Hay poco sentido de creación de una emoción, de un momento, de un personaje, como Karsavina solía hacer. El espectador no ve el logro de un imposible, como ocurría con Isadora, sino que se sienta, con la Argentina, ante una triste sensualidad. Aquí hay languideces, allí ardores; ahí un extraño ritual brujo de seducción, una salvajería gitana».[72] Esta caracterización alcanzada mediante la coreografía fue la forma más lograda de la Argentina de investir a sus mujeres con la gravedad; la seriedad transmitida a un público internacional mediante un cuerpo que baila.

6. *Casticismo y cubismo:* El fandango del candil *y* Triana

> Una noche, después de la guerra, apareció en los bulevares una persona delgada muy conocida. Su modestia y discreción conquistaron París; su ciencia coreográfica y su gusto musical testimoniaban la innata belleza de las bailarinas españolas cuya danza es un lenguaje sugestivo. La señora Argentina [...] con todos sus esfuerzos para descubrir lo que es esencial [...] proyecta mediante la danza que lo español, el flamenco, es mujer.
>
> *Dominique Sylvaire*

Hacia 1921, la Argentina había dejado definitivamente España para vivir en Francia. Sus colaboradores, Falla, Bacarisas, Durán y Halffter, habían pasado épocas en Francia durante la primera década del siglo y habían vuelto a España en 1914. Solamente la Argentina hizo de Francia su hogar después de la Primera Guerra Mundial. El momento resultó significativo porque los conflictos sociales que estaban desestabilizando la sociedad española provocaron el golpe de estado que en 1923 dio inicio a la dictadura de Primo de Rivera. Cuando estalló la guerra civil en 1936, la Argentina ya llevaba fuera de su país más de quince años. Este alejamiento es especialmente significativo para analizar su utilización de las mujeres en la cultura popular, en un sentido neocasticista en relación con sus colaboradores, que continuaron esta misión mientras residían en la inestable y políticamente volátil Segunda República.

A diferencia de muchos de sus compatriotas artistas, músicos y literatos de principios del siglo XX, cuyas obras tenían dimensión y peso políticos, la Argentina nunca se identificó —ni su persona pública ni su compañía— con ninguna «causa». A pesar de que la promoción de la cultura española mediante la presentación del carácter español era, sin ninguna duda, una parte de su modus vivendi, la Argentina trabajaba primordialmente para crear un espectáculo total basado en un lenguaje escénico y coreográfico, un renacimiento ideal llevado al teatro moderno de principios del siglo XX. La Argentina nunca dejó de ser lo que era: bailarina, música, directora, coreógrafa, musicóloga, etnógrafa, escenógrafa. En sus muchos papeles, su causa nunca fue abiertamente política, sino que siempre siguió siendo artística. Sin embargo, desde 1926 hasta 1936, la Argentina no se alejó nunca de su objetivo de integrar el material popular español en su idea de la danza escénica de la España moderna, una idea que, hasta nuestros días, ha sido copiada, con desiguales resultados, por muchos otros escenógrafos y directores de cine. Sus personajes, en su anonimato colectivo, representaban a todas las mujeres. Dentro de este tapiz interpretativo, la Argentina se concedía la «libertad» de adoptar y adaptar libretos que sirvieran a su causa: un discurso sobre las vidas de las mujeres hispánicas recurriendo a muchos lugares del mundo español: España, Filipinas, las Américas.

Se podría etiquetar el trabajo de la Argentina de feminista e incluso se podría considerar que se trataba de un feminismo político con un mensaje abiertamente nacionalista. Y sus tendencias casticistas, en su consistente y repetitiva hispanidad, podrían ser catalogadas incluso como políticamente radicales porque era revolucionaria en su elección de la música, el vestuario y la sensibilidad estética. Sin embargo, en su forma de presentar el espacio escénico y los personajes nunca hubo la más mínima motivación política. Esto diferenciaba a la Argentina de sus contemporáneos españoles quienes, excepto Falla, nunca separaron su mensaje artístico de las corrientes políticas que dividieron España desde 1917 hasta 1939.

Los papeles de danza de la Argentina, sus retratos femeninos, revelan un profundo y personal conocimiento tanto de la significación social como artística de sus colaboradores: los compositores Manuel de Falla y Joaquín Nin; los escenógrafos Néstor de la Torre y Gustavo Bacarisas, y los libretistas Rivas Cherif y María Sierra. Hacia 1926, la estética de la Argentina había dejado claro su apego a su país, sus gentes y su geografía que la conectaba, mediante su obra, a los mundos modernos de finales de la década de 1920 de París y de Madrid, ambos políticamente comprometidos.[1]

Sus caracterizaciones coreográficas de mujeres trabajadoras, desde la bolera de music hall hasta la artista de sala de conciertos, eran, en esencia, un retrato de su propia historia. Todas tenían un peso histórico. Cada papel, a su manera —mediante el movimiento, el vestuario y el aspecto—, captaba a una persona distinta y, por lo tanto, otro momento de la historia española. Era como si la vieja campesina jorobada de *La lagarterana* y la acicalada diva de clase alta que aparecía en *El contrabandista* pudieran hablar a través de ella sobre sus propios problemas y sus propias realidades.

A pesar de ser diferentes unas de otras en el movimiento, el vestuario y el lenguaje, cuando compartían escenario, y programa, las mujeres de la Argentina también compartían espacio temporal, físico y geográfico.

Al yuxtaponer los solos, la Argentina podía desarrollar personajes cuya unidad descansaba en su asociación como personajes acumulados, así como en el hecho de que ambas eran mujeres. Quizá acabaron por representar, en la mente del público, una recién descubierta historia cultural española, previamente ausente de las páginas, incluso de las de los escritores españoles más representativos: Cervantes, Lope de Vega y Calderón.[2] Las figuras femeninas de la Argentina, como Candelas y Lucía de *El amor brujo*, Carmela de *La vida breve* y Soleá de *Triana*, podrían haber existido junto a personajes literarios como Sancho Panza o Dulcinea. Sancho Panza y Soleá quizá representen épocas distintas, pero cada uno de los personajes de la Argentina tenía una trayectoria personal tan intemporal que él o ella ganaba peso con su significación histórica. Al crear las vidas de estos personajes, la Argentina transmitía sutilmente un tema adicional: un mensaje humanista de pluralismo interpretado mediante una estética universalizadora. De esta forma, el repertorio de retratos de la Argentina huía de la caricatura, incluso de la que podía darse en la zarzuela, y de sus *compadres* españoles, aislándola como genio de la dirección.

En 1926, cuando la Argentina empezó a trabajar en *El fandango del candil* tenía treinta y siete años. Físicamente ya no era joven y su cuerpo había adelgazado y parecía más alta. Sus líneas coreográficas —los espacios creados para ella y sus bailarines— estaban ahora rígidamente organizados. Los arreglos para el grupo aparecían limpios, fáciles y cuidadosamente delineados. No se introducía ningún movimiento superfluo, ni un volante, chal o color inapropiados para el momento escénico o bailado.

Los miembros de su compañía imitaban su estilo. Todos habían ingresado en la compañía en la fase final de su maduración estética que se prolongó durante los diez últimos años de su vida.[3] Cada paso de danza interpretado como solo o formando parte de un trabajo más amplio de grupo se convirtió en pieza de una coreografía depurada. A veces, la Argentina cambiaría o ensayaría un baile incluso unos momentos antes de que se levantara el telón.[4] De hecho, este modo de hacer provocó quejas amargas por parte de algunos miembros de la compañía y alguno pidió una compensación económica por «ese trabajo tan duro».[5] En un análisis retrospectivo, la obra que iba a lograr entre 1926 y 1936 reflejaría su propia evolución como mujer, artista, estudiosa y etnógrafa de la cultura española, y como bailarina con gran carisma, calor y resplandor.

La madurez coreográfica de la Argentina se manifestó en los dos ballets que tratamos en este capítulo, *El fandango del candil* (1927) y *Triana* (1929). Ambos fueron considerados modernos a mediados de la década de 1930. Quizá estén directamente enlazados con la modernidad musical que había empezado durante el período romántico del siglo XIX. En 1926, de hecho, en los inicios de su colaboración con el pintor cubista Néstor de la Torre, la idea de la Argentina sobre la danza de teatro casticista ya se había completado; sus ballets serían similares en cuanto a concepto y ejecución a los de *Parade* de los Ballets Russes y *La Création du monde* de los Ballets Suédois.

Georges Ricou, el director de la Opéra-Comique de París, escribió un artículo donde resumía sucintamente la estética de la Argentina. Ricou escribió que la Argentina, como los músicos y compositores con los que colaboraba, se había convertido en un agente coreográfico del diseño neoprimitivista. Al mismo tiempo, continuaba siendo la portavoz artística de los nuevos acontecimientos en danza española. «Se universaliza sin perder su humanidad, belleza y nacionalidad —escribió Ricou—. Española hasta la médula —continuaba—, la Argentina ofrece un ejemplo único de nacionalismo puro; se agarra a la esencia más desnuda y verdadera de su propia estética nacional, el carácter ancestral y dominante de su origen. La fe, junto con su expresión natural... se convierte en danza.»[6] La última década de trabajo de la Argentina demuestra que su lenguaje de danza nativo podía llegar a ser más evocativo de lo que nunca había sido. Sus investigaciones coreográficas irían más allá de cualquiera de las del Teatro Real de Madrid o del ambiente artístico de los cafés cantantes de la Barcelona de principios del siglo xx, Sevilla y Madrid.

Una de las investigaciones de la Argentina sobre el modernismo musical —su utilización a principios del siglo xx de compositores españoles cuyas partituras daban un sabor especialmente castizo a sus bailes— se convirtió en el puente entre su coreografía y la colaboración con Néstor de la Torre, desde 1926 hasta 1936. La importancia de la obra de Gustavo Durán, que compuso *El fandango del candil*, y de Isaac Albéniz, que compuso la *Suite Iberia* de la que emergió *Triana* (la quinta de las doce *Impresiones de España*), tal como la orquestó Fernández Arbós, no puede separarse de ninguna manera del mundo de la danza de la Argentina. Es decir que, entre 1926 y 1936, su elección de la música entretejía el modernismo con una representación más cubista, como ocurría también en la arquitectura de las piezas y en los cuerpos de los bailarines. En 1927, con el estreno de *El fandango del candil* como ballet completo, la visión de la Argentina ya se había completado.[7]

A pesar de que en 1925 y 1926, *El amor brujo* había sido la primera entrada de la Argentina en el mundo de la música modernista española y del diseño teatral, *El fandango del candil* y *Triana*, con sus presentaciones arquitectónicamente consistentes, consolidaron la estética casticista de la Argentina. Se trataba de una estética que, en estas dos últimas obras, iba más allá de la búsqueda del color local del movimiento neoprimitivista. Aquí, en su experimentación, el profundo interés de la Argentina por el arte cubista catalán y francés le proporcionó fuentes para su idea teatral. Fue la fase final de la Argentina y quizá la más potente artísticamente.

En 1917, la Argentina había escrito en un periódico mexicano que la clave de su «innovación como coreógrafa y reformadora» descansaba sobre la idea de euritmia».[8] La euritmia, el orden rítmico del movimiento grácil que determina una manera uniforme de mover el cuerpo, a pesar de ser un ideal de la antigua Grecia y del Renacimiento, fue reinventada por el reformador del movimiento, el suizo Émile-Jacques Dalcroze (1865-1950), en la segunda década del siglo XX. A semejanza de los principios rítmicos que gobernaban los cantes grandes y chicos del flamenco, las ideas dalcrozianas adoptadas por la Argentina también implicaban un sistema de entrenar el cuerpo. Mediante una intensa sensibilidad musical, el movimiento del cuerpo se convertía en la traducción del compás en forma física, aquello que los críticos de la Argentina denominaron «plástica». La euritmia de Dalcroze aplicada a la línea musical, se convirtió en la síntesis perfecta para la búsqueda por parte de la Argentina de un movimiento nuevo dentro del fraseo contrapuntístico. No es de extrañar que la Argentina, probablemente conocedora de los métodos de Dalcroze desde su gira por Rusia en 1913, y gracias a los intérpretes internacionales que durante sus giras pasaban por París, adoptara sus ideas en su reforma de la danza escénica española.

La única manera en que la Argentina podía aplicar la tesis de Dalcroze sobre el cuerpo y la música en la gimnasia a la creación de momentos de baile era descubrir para sí misma un acompañamiento musical distinto del de las castañuelas y el taconeo para complementar, así como compensar, la puesta en escena de sus diseñadores. Puesto que la Argentina siempre mantuvo que la música era la base de sus conceptualizaciones coreográficas, no es de extrañar que se identificara con los métodos dalcrozianos para sus presentaciones de flamenco. Así pues, la Argentina localizó primero la idea del ritmo y la aplicación de la cadencia rítmica al cuerpo en las partituras musicales de los compositores que habían generado el renacimiento musical español: Albéniz (1860-1909), Granados (1867-1916) y Falla (1876-1946).

Habiendo empezado en la primera década del siglo y siguiendo hasta la década de 1930, la Argentina centró su coreografía en piezas a menudo escritas para piano, guitarra y voz. Los *demi-concerti* resultantes, varios de los cuales habían sido escritos especialmente para ella, representaban una forma de experimentación musical por parte de estos compositores. Algunos eran experimentos con música local o regional, mientras otros eran pruebas de complejidad intelectual que recurrían, a veces, a la tradición sinfónica francesa para la melodía y el lirismo. Otras veces, sus composiciones reflejaban un interés genuino por la aproximación romántica y nacionalista a la música que habían iniciado Richard Wagner, Edvard Grieg, Badrich Smetana y Antonin Dvorak, y que tuvo su continuidad durante la primera parte del siglo XX en los compositores rusos, Modest Petrovich Mussorgsky y Pyotr Ilich Chaikosky; el compositor checo Leos Janacek, los franceses Claude Debussy, Maurice Ravel y Eric Satie y el húngaro Béla Bartók.

La Consagración de la primavera (1913) de Igor Stravinsky y la proliferación de composiciones modernas supusieron una revolución en esta época de composición musical neoprimitivista. *La Consagración*, como el *Tannhäuser* de Wagner, recurría a las impresiones del compositor sobre los cantos litúrgicos del siglo XIV, las canciones de los campesinos locales y las melodías de baile y ritmos modales tempranos. Como Wagner, las primeras obras de Stravinsky —música experimental para un grupo pequeño de instrumentos— utilizaban tanto la cadencia armónica como la melódica. Stravinsky jugaba con una métrica que contenía compases dobles y triples, que le permitía crear motivos métricos de tensión modificada y acentos recurrentes. Así pues, la pulsación en cualquiera de estas composiciones se volvió primaria, fuerte, terrenal.

Como ya hemos visto, estos músicos de la modernidad fueron seguidos por Albéniz, Granados y Falla. Los tres lideraron la revolución musical a finales del siglo XIX y a principios del XX en España y con sus formulaciones musicales tendieron un puente entre el disparatado mundo de la corte real, el campesinado regional y los gitanos. Bebiendo de la tremenda fuerza creativa de sus predecesores de Europa central y septentrional, Albéniz y Falla, en especial, siguieron recurriendo a temas populares, entretejiendo con cuidado la música regional y popular —partes de canciones o baladas que el público reconocería de inmediato— con formatos sinfónicos tradicionales y más universales. Estas obras se interpretaban como obras nacionalistas, pero también se podían escuchar como específicamente regionales aunque universalmente maduras. De esta forma, estos compositores alcanzaron un cuidado equilibrio entre lo local y lo global, incorporando en determinados momentos piezas del flamenco gitano, mientras que los ecos de la línea melódica francesa subsistían a lo largo de la pieza. Así emergió una especie de historia musical de la nación que dio como resultado un período enormemente creativo. En la música española, el sabor y el ensamblaje de todas las provincias se usaban para crear un conjunto asertivo e integrado que, catalogado hoy por los musicólogos como «nacionalismo musical» o «modernismo musical», permitió las incursiones de la Argentina en el mundo musical español de su tiempo.[9]

El nacionalismo musical tuvo su paralelo en el nacionalismo artístico del teatro y de las artes visuales. La música regional se incorporó a los arreglos de Albéniz y de uno de los mejores alumnos de Falla, Gustavo Durán. Después del éxito de *El amor brujo*, Falla presentó a la Argentina a Durán en una carta a finales de 1925. A lo largo de todo el verano ella había estado investigando para su siguiente ballet y, como la música era habitualmente su inspiración conceptual básica, estaba buscando una nueva partitura. La abundancia de motivos musicales gitanos en la partitura de Falla y la integración en el ballet entre la danza y la música había sido perfecta según los críticos, el público y los propios intérpretes.

La música flamenca adaptada para orquesta completa —así como para danza y escenografía— iba a aparecer de nuevo en *El fandango del candil*. El problema residía en hallar el compositor, el libretista y el diseñador apropiados que realizaran para el escenario las ideas de la Argentina. Falla propuso a tres de sus alumnos: Óscar Esplá, Gustavo Durán y Juan Pittaluga.[10] Como su buen amigo Joaquín Nin también recomendó a Durán para este nuevo proyecto, la Argentina le escribió. Durán respondió por carta al representante de la Argentina, Arnold Meckel, y a ella. El tono empleado era modesto, como su carrera estaba justo empezando, su tarifa no era muy alta y la Argentina lo contrató. Durán era un buen compositor y además pertenecía a una familia estable, una situación que siempre había atraído a la Argentina porque pensaba que cuanto más estable fuera la familia mayor era el potencial del artista.[11]

Para *El fandango del candil* (conocido como *Footlight Fandango* en

Londres, Nueva York y Boston) Durán, siguiendo a sus mentores Albéniz y Falla, usó diversas tonadas regionales españolas.[12] Trabajando conjuntamente con el libretista Rivas Cherif, que era un miembro reconocido de la vanguardia literaria madrileña, Durán compuso la partitura como si estuviera haciendo un collage. Como Cherif había situado el ballet en la época de Francisco de Goya (1746-1828), Durán se sintió obligado a usar la literatura musical que provenía del siglo XVIII, del norte y del este de España y la «verdadera» versión rítmica y dinámica gitana del baile del fandango. Durán tomó prestadas influencias musicales desde Antonio Soler (1729-1783) hasta Tárrega.[13] Cherif añadió a estos principios del collage musical una colección de poemas salmantinos del siglo XVIII. Según Cherif, se trataba de «poemas que se prestarían a la música romántica».[14] Y, por romántica, Cherif se refería a los «músicos españoles contemporáneos de Goya, Mozart y Moratín: Juan Crisóstomo Arriaga y Diego de Araciel.[15]

Tanto Cherif como Durán estuvieron de acuerdo en que para realizar un libreto tan diverso geográfica e históricamente, pero que aunara muchos aspectos de la cultura española —y que la Argentina lo aceptara—, iban a necesitar el sentimiento mozárabe transmitido por el laúd de cuatro cuerdas del norte de África en la forma de su prima, la guitarra de cinco cuerdas.[16] Además, la partitura tenía que complementar la ambientación en la época de Goya y de la Ilustración del siglo XVIII. Es decir que la música debía hacer constantes referencias al libreto de forma que cuando se empezara a trabajar en la puesta en escena, la música y el argumento ya fueran una única cosa en el ballet.

Para completar la partitura, que quería ser una representación viva de toda España, pasada y presente, se añadió música andaluza y de pueblos ibéricos remotos. Tanto para completar como para compensar la intensidad de la guitarra árabe, tal como sobresalía en las melodías de Soler, los compositores insertaron una serie de canciones flamencas de la tradición del cante jondo. La música gitana corría en paralelo, y compensaba, tanto a Soler como a la guitarra. Se unieron partes de tonás (considerados los cantes más puros y antiguos del flamenco) así como de seguiriyas y otros palos usando el estilo de los «ritmos libres» y el grave quejío de los versos.[17] Como el verso flamenco es personal, se eliminaron las palabras del cantaor individual y Cherif las sustituyó por voces de varios interlocutores que añadían palabras, aquí y allá, cuando los bailaores pasaban por las calles de esta mítica y cubista escena andaluza.

Lo más interesante de la partitura de Durán para *El fandango del candil* fue su uso deliberado de las tonás, los cantes considerados como más primitivos del flamenco. Durán las empleó de tal forma que no se pudieran separar de los restantes elementos musicales y prudentemente las situó en el interior de las poderosas seguiriyas de doce compases. Sin embargo, y vista en su conjunto, la pieza era más española que estrictamente andaluza porque se podían oír, entre compás y compás, ecos de diferentes regiones. Para cumplir con el deseo de la Argentina de montar un ballet que pareciera, sintiera y sonara como una obra del siglo XVIII —que recordara las majas y los majos de Goya, figuras aristocráticas en contraste con las brujas míticas de *El amor brujo*—, Durán escogió inteligentemente el fandango como motivo principal de la partitura. Como ha dicho un historiador español, *El fandango del candil* fue «la pieza más ambiciosa de la vida de Durán».[18]

De esta forma, Durán se remitía a la opción de Albéniz de la malagueña (un tipo de fandango), que evocaba tanto el tango americano como el tango gitano.[19] Fue el entrelazamiento de estilos populares españoles y latinoamericanos lo que movió al joven Durán. La Argentina se sintió muy cómoda con su composición y dijo que ella «había creado una coreografía que armonizaba completamente —siguiendo la misma dirección— con las composiciones musicales de sus colegas».[20]

El cantaor gitano de finales del siglo XIX, Antonio Chacón, había transformado radicalmente el fandango cantado en el XVIII añadiéndole pellizcos de cantes de los pueblos andaluces. De esta forma, un cantaor gitano estaba también abriendo camino en el estudio del folclore español.[21] Cantado por Chacón, el fandango tenía el aire de una danza española con un ritmo vivaz de 3/4. Su popularidad era tan grande y se cantaba y bailaba en tantas provincias españolas que se convirtió en «la danza y el cante nacional de España».[22]

Lo que Durán, Cherif y la Argentina encontraban atractivo del fandango, musical y coreográficamente, eran sus motivos vascos, aragoneses, gallegos y andaluces. De hecho, se trataba de una amalgama de sonidos españoles, de aquello a lo que la Argentina una y otra vez se refería como «hispanidad». En realidad, el fandango como número musical llegó a ser símbolo de España. Esta cualidad de multirregionalismo y nacionalismo hispánico era exactamente lo que la Argentina andaba buscando.[23] Su versatilidad como forma rítmica libre, como el jazz, le daba amplitud y posibilidad como forma de fusión; ésta fue la razón de su enorme popularidad desde el siglo XVIII hasta la época moderna. El fandango era «sencillo y sin pretensiones», e inespecífico y, a diferencia de casi todo el flamenco, era, por lo tanto, transformable.

Además, la idea de música popular regional como fuente importante de material para la música española moderna de principios del siglo XX no era nueva, y ya había sido introducida en los círculos musicales españoles por el maestro de Falla, Felipe Pedrell, a finales del siglo XIX. La colaboración de Durán en *El fandango del candil* significó, pues, un agudo eco de las enseñanzas neocasticistas de Pedrell de las que también se hizo eco Cherif en su creación del libreto para que la Argentina lo utilizara para la coreografía.

Al incorporar «versos poéticos andaluces y asturianos», Cherif desarrolló la línea argumental para un ballet-pantomima en un acto con cuarenta músicos y veinte bailarines.[24] Durante cierto tiempo, Cherif se había sentido fascinado por los artículos de Levinson, publicados en *Comoedia* en 1923 y 1924, que cubrían las actuaciones de la Argentina en París, en los que comentaba, en particular, su «arte musical».[25]

Cherif estaba de acuerdo con la opinión de Levinson sobre «el profundo instinto de la Argentina» para la danza española: «Usted expresa tan bellamente en pocos pasos la danza urbana, el tango argentino en el que usted resume las razas españolas».[26] El tango argentino ya se había encontrado con el tango flamenco en los solos de la Argentina anteriores a 1924, preparando el escenario para su colaboración con Rivas Cherif de 1926 y 1927.

En 1926, cuando Cherif y la Argentina empezaron a trabajar juntos, emergió una íntima amistad y una colaboración mutua muy agradable. Cherif sabía qué tipo de personajes femeninos quería interpretar la Argentina y su libreto para *El fandango del candil* le proporcionó la combinación de motivos folclóricos y estilo cosmopolita que ella necesitaba para convertirlos en la encarnación de su flamenco moderno. En 1924, Cherif había escrito a la Argentina sobre alguien que se había convertido ya en uno de sus mayores admiradores, Jacinto Benavente, explicándole que el escritor y crítico no creía precisamente que el mundo de la Argentina de mujeres españolas fuera importante. «Benavente y otros —escribió Cherif—, han comentado en algún momento... que las mujeres felices y los pueblos felices no tienen historia porque en ellos no ocurre nada.»[27]

Cherif inventó un personaje surrealista que bailaba, con el que ella podía trabajar y cuyos parámetros podía explorar. El personaje central de Cherif para la Argentina era una bailarina de cabaré «liberada» y sofisticada llamada «la Niña Bonita». Con ese papel de persona joven y en el bullicioso ambiente de cabaré, la Argentina montó un espectáculo cautivador. La historia, como su contrapartida musical, era narrativa pero no lineal porque se alejaba del diálogo lógico, la interacción entre los personajes y el desarrollo del argumento.

Pero Cherif mantuvo un toque narrativo. Este ballet en un acto y cinco escenas se situaba en un tablao de Madrid en 1805, donde gentes de distintas clases sociales se congregaban de madrugada. La historia se desarrolla de la siguiente forma: una joven y bella bailarina de cabaré, la Niña Bonita, se ha enamorado del galante Manolo interpretado por Juan Martínez, que intenta provocar sus celos flirteando incesantemente con todas las mujeres que bajan al tablao, abierto hasta altas horas. Una noche, Manolo se fija en una mujer en particular que no es conocida en el bar. La Niña se enfada tanto ante el comportamiento de Manolo —porque la pone en evidencia de una forma muy arrogante— que se acerca a la mujer con la que él está hablando y le arranca el chal con lo que descubre no solamente que es una mujer bellísima sino que se trata, además, de ¡la reina de España! La Niña se precipita al otro lado del escenario seguida por la reina que ha recogido su chal para ocultarse el rostro.

Cuando la gente se da cuenta de quién es «la otra mujer», estalla una reyerta. Simultáneamente, un anciano ciego, que merodeaba por el bar, apaga la vela y toda la estancia queda sumida en la oscuridad. La reina y su sirvienta, una chica joven, se escapan para no ser descubiertas, mientras la gente hace aún más ruido porque choca y se pisotea debido a la oscuridad. Despertado por el ruido, el alguacil de la ciudad se persona en el bar y la gente decide culpar al anciano desconocido. Como era de esperar, el anciano es conducido a la cárcel local. Cuando el alguacil se va, Manolo se acerca a la Niña y le pide perdón. En un intento de calmarlo, ella baila un bolero que tranquiliza no solamente a Manolo sino a todo el bar, y Manolo y la Niña se reconcilian. Con la vela de nuevo encendida, ella baila y baila y enseguida todos se unen al baile, recuperando la felicidad. Manolo y la Niña se abrazan y abandonan el escenario en armonía.

El libreto era ligero e intrascendente y servía de excusa para las cuatro danzas y un interludio musical coreografiado y arreglado por la Argentina. Levinson describió el ballet en 1928 como de «argumento precipitado» cuya historia se desplegaba como una «sucesión de pantomimas y danzas que reflejaban, una tras otra, la astucia femenina, el resentimiento amoroso y la ternura».[28] Cherif creó esas escenas para la Argentina como un medio para que ella llevara a cabo una serie de danzas clásicas, regionales y flamencas muy difíciles y que se superponían, como la música, una a otra en un determinado solo. La gente bailaba alrededor de ella al principio y al final de cada solo para dar un sentido de integridad y totalidad que otorgaba una impresión circular al escenario geométrico. Sin embargo, emocionalmente, los personajes no estaban desarrollados. Eran como figuras animadas de poca importancia, de forma que sus trajes, sus movimientos, su producción de ritmos, incluso las paredes que los rodeaban eran más importantes que el papel que interpretaban. De hecho, solamente la danza tenía una forma tridimensional mientras que la gente en el escenario era como parte del decorado o la escenografía.

Los personajes en *El fandango del candil* aparecían en escena provenientes de los huecos oscuros de unas puertas pequeñas y de las esquinas distorsionadas de la habitación en penumbra, donde los intérpretes estaban solamente iluminados por dos grandes círculos de luz que tan sólo dejaban ver una mesa larga con bancos en el lado izquierdo del escenario. Surrealistas escenas callejeras y escenas de las cuevas se entretejían en ese cabaré popular, donde «gente de todas las clases sociales se reunía para bailar», como en los bares que se alineaban en el puerto de Buenos Aires.[29] Tanto la aristocracia como los trabajadores se congregaban bajo las vigas de colores brillantes que colgaban sobre escaleras y tuberías que conducían al tablao subterráneo. La diferencia entre este escenario y las peñas flamencas anteriores de la Argentina era que la visión de Néstor era tanto poco práctica como imposible; ni el diseño del espacio escénico ni los personajes, extravagantemente vestidos, eran reales y ningún bailarín hubiera aparecido, bailado o encarnado nada similar a los modelos que Néstor había imaginado.[30]

La Argentina empezó a experimentar con la coreografía para *El fandango* en 1926, catorce meses antes de la realización de este ballet completo. Concentrándose en sus puntos fuertes, extrajo el bolero del principio de la partitura y lo interpretó con diferente vestuario y con distintas formas coreográficas por todo el norte de Europa. Su primera representación tuvo lugar el 27 de octubre de 1926 en Estocolmo y más tarde lo repitió en Amsterdam y Bremen con su pianista Carmencita Pérez. El 15 de noviembre de 1927, la Argentina estrenó toda la obra en el Teatro Ausser Platsmiete de Dienstag. Algunos días más tarde, se representó en Berlín, en el Teatro Berliner. El 21 de noviembre, la Argentina presentó el ballet en Hamburgo. En 1928, hizo una gira por Estados Unidos, extrayendo de nuevo solos del ballet completo para evitar que toda la compañía tuviera que ir con ella.[31] A pesar de que la Argentina recibió críticas fantásticas, actuando en teatros con las localidades agotadas en toda Europa, el ballet completo no se representó nunca en España. Quizá la razón estribe en que su producción era demasiado cara para el teatro español. En Alemania, Bélgica, Holanda e Italia, los teatros podían permitirse pagar la producción completa —decorados, vestuario, orquesta y gastos de la gira— y aún dar el 75 por ciento de la taquilla a la Argentina y sus Ballets Espagnols.

Como Diaghilev, la Argentina era una programadora astuta. Sabía con precisión cómo programar los antiguos ballets para recordar al público éxitos previos y animarlos a ir al teatro, con la atracción adicional de una obra nueva por el mismo precio. La Argentina había aprendido, en sus giras tempranas por Sudamérica durante la segunda década del siglo, que separar los números de baile con interludios musicales —para piano y voz— tenía mucho éxito, y dio

La Argentina de gira revisando su baúl.

continuidad a la tradición flamenca de poner voz a momentos orquestales aislados, cosa que a ella le permitía descansar y al público escuchar los «orígenes» flamencos de la música que bailaría después.[32]

La Argentina empezaba sus recitales de finales de 1927 con *El amor brujo*, que ya era un gran éxito, y terminaba con el nuevo y más experimental *El fandango del candil*. El público no podía por más que sorprenderse ante la diferencia entre ambos ballets; *El amor brujo* era un ballet popular que se concentraba en la mímica y la actuación y *El fandango del candil* se había convertido en una visión cubista del cuerpo. La historia y su narración eran secundarias a la apariencia y el sentimiento que transmitía la nueva obra. La puesta en escena y el vestuario de Néstor, conjuntados con la visión coreográfica de la Argentina, habían transformado el ballet desde una recreación de una taberna gitana a la representación de un mítico bar de fandangos. En la forma, recordaba alguna de las cuevas gitanas del Sacromonte, pero no pertenecía a una época específica, ni a un lugar ni una localización geográfica. *El fandango* era, en esencia, la idea de los gitanos y las majas reuniéndose de forma imposible en un espacio totalmente artificial.

No existía, ni nunca había existido, ningún bar así, ni en España ni en Buenos Aires. El fandango era un híbrido entre el tango sudamericano y el andaluz. Representaba, pues, un mestizaje cultural de estilos y en él resonaban los sentimientos de los inmigrantes de mediados del siglo XIX en los bares porteños y el eco de las tabernas diseminadas por los miserables pueblos andaluces.

Cuando se levantaba el telón para la primera representación de *El fandango del candil*, la Argentina bailaba dos solos, «Danza del candil» que abría el ballet, y «Panaderos». También coreografió dos grandes trabajos de grupo flamenco, el «Zorongo», con solos de Carmen Joselito y Lolita Mas. La danza final era el famoso bolero de la Argentina, una combinación del bolero clásico que había aprendido en el Teatro Real de Madrid y el taconeo flamenco. Entre estas cinco coreografías, los gestos y la mímica narraban la historia del libreto de Cherif.

Además del flamenco tradicional interpretado en las dos danzas de toda la compañía (el principio de la «Danza del candil» y todo el «Zorongo»), la diferencia entre *El amor brujo* y *El fandango del candil* residía en los solos del principio y del final de la Argentina que mostraban la madurez de su visión coreográfica. En *El fandango*, la fluidez del baile, un baile que se centraba en el torso y el movimiento circular de los brazos en el espacio a medida que la bailarina se desplazaba por el escenario, se unía a la intensidad del movimiento de los pies del flamenco, cuyo apego al suelo generaba una tensión entre el suelo y el cielo. Con unos decorados que se curvaban hacia los bailarines —las paredes, como las personas, estaban inclinadas en lugar de mantenerse rectas—, la combinación de la Argentina de giros rápidos, saltos y pequeños brincos y rápido taconeo de cinco minutos de duración, mostraban su desarrollo no sólo como coreógrafa que fundía estilos sino también como extraordinaria atleta. Su virtuosismo al bailar parecía superar los límites de las paredes de la cueva para situarse en el decorado siguiente.

Extrayendo cuidadosamente fragmentos del tradicional baile

gitano de los panaderos y tejiéndolos dentro del fandango —que la Argentina usó en su forma original, como danza solista, procesional y en pareja— creó un lenguaje cohesionado del movimiento que se reflejó en el movimiento de Carmen Joselito, y otros miembros del cuerpo de baile cuando interpretaban a la maja, y en el movimiento de Martínez al bailar su solo del majo en medio de la muchedumbre. El solo de fandango abría el ballet. Esta elección de la Argentina fue muy acertada, porque fandango significa literalmente «ve y baila».[33] En un rápido compás de tres, la Argentina revolucionaba el escenario ofreciendo la visión de una danza goyesca del siglo XVIII mediante sus «temas repetitivos e intoxicantes, acelerados hasta alcanzar un clímax frenético» con el «incesante sonido de sus castañuelas».[34] El fandango de «La danza del candil» transmitía «la visión y el sonido de la felicidad» —de la fiesta al estilo español— «a su nivel más alto».[35]

Como el bolero, con el que la Argentina acababa el ballet, la «Danza del candil» fijaba el personaje de la Niña Bonita, su belleza y energía juvenil. A pesar de que el fandango era un baile de pareja, que se ejecutaba con infinidad de estilos en muchas regiones de España y en cafés, bares y fiestas, la Argentina utilizó la estructurada calidad de sus versos alternados y de los coros para mantenerse alejada del resto de los bailarines, como lo hace el presentador de un espectáculo —la estrella de la velada— mientras los integraba, a ellos y al público, con una danza envolvente. Al añadir un cantante a la partitura, la Argentina hacía un guiño a la versión gitana del fandango, cuyo cantaor alcanza cumbres sublimes en el cante jondo mientras la bailarina se abandona a intensas secuencias de taconeo. Con todo ello, la Argentina demostraba veracidad técnica y profundidad emocional y lograba la excelencia en la interpretación de una presentadora de cabaré. La Argentina unió el pasado con el presente, con sus majas gordas de finales del siglo XVIII sentadas en varios rincones de la estancia, abanicándose exageradamente las abultadas mejillas y el pecho. Sin embargo, también lograba transmitir el estilo de interpretación contemporánea de la individualidad de la gitana flamenca en la que ésta se sumergía plenamente en su propia interpretación. Al escoger el fandango para abrir el ballet, la gente que estaba en el escenario podía entrar en cualquier momento, musical y coreográficamente, como era normal en el fandango, ampliando así la interpretación técnica en un despliegue narrativo de extraños personajes que estaban de pie y paseaban por la estancia. Esta coreografía desembocaba luego, según el libreto de Cherif, en un enfado de Manolo porque, inesperadamente, La Niña se ponía a flirtear con un majo.

Utilizando una versión popular de la década de 1920 del fandango, conocida como fandanguillo, la Argentina añadió los ritmos básicos del flamenco —una frase de doce compases— a la música más lírica, menos sincopada, que Durán había creado para ella. Además, uno de los aspectos más espectaculares del fandanguillo como forma solista fue la adición por parte de la intérprete de las castañuelas. El fandanguillo había sido inventado por el gran maestro sevillano de baile José Otero —que dedicó su libro sobre las castañuelas al genio musical de la Argentina— y permitía una interpretación virtuosista por parte de la bailaora. Hoy en día es la guitarra la que mantiene la línea musical, dominada por las castañuelas, pero entonces aquélla se plasmaba mediante el instrumento corporal que era la bailaora.[36] Como en el siglo XVIII las castañuelas se asociaban directamente con el baile de cortejo, Otero coordinó el salto de la jota aragonesa con el toque de las castañuelas ejecutado con los dedos, mientras los brazos trazaban semicírculos en quinta posición alrededor de la cabeza para mostrar las habilidades del intérprete. Así pues, el fandanguillo fue una adición perfecta de la Argentina al fandango que, por haberlo estudiado con el maestro Otero en 1904, sabía cómo utilizarlo para ilustrar su talento musical como flamenca española bien preparada; una mujer cuyo cuerpo articulaba las costumbres del baile de Castilla, Aragón, Cataluña y Andalucía.

Al igual que los enormes abanicos de las majas, sostenidos de forma que ocultaran todo el rostro y el cuello, Manolo servía de objeto de utillería para la Argentina. Era el objeto de su atención al bailar cuando pasaba de un solo a una danza a dos, abrazándolo para bailar el fandango tradicional. En otros momentos, la Argentina le daba la espalda, alejándose de su pareja, y cruzaba la estancia, caminando lentamente de puntillas con sus zapatos de tacón alto, con los hombros hacia delante y las caderas empujando lateralmente. La larga cola seguía el dibujo de su caminar y de la mirada de Manolo, cuyo celoso machismo hacía reír a la gente. Era parte de su actuación esa noche en el bar del fandango del candil. Si los flirteos de Manolo realmente la «herían», la Argentina rompía en un rápido taconeo, fuerte para llamar la atención de su amante que corría a su lado, interrumpiendo así su flirteo con la otra. Esta pelea de enamorados servía como objeto de divertimento adicional que La Niña usaba para entrar y salir de duetos y solos, y dando continuidad a la interacción entre ella y Manolo, otra chica del cabaré y la gente del escenario.

Jugando con las posturas quietas y los lentos *tendus* —con el pie en punta barriendo el suelo— de los clientes del bar, la Argentina coreografió un segundo solo para ella que también servía como divertimento, una distracción para la gente, pero a la vez una danza seria. La coreografía para el bolero final de *El fandango del candil* unía la juerga con los refinados pasos de danza antiguos del bolero de principios del siglo XVIII que su padre le había enseñado en 1895.

El baile suponía para ella un reto técnico porque se componía de un compás de tres tiempos ejecutado con los pies, al que ella añadió numerosos saltos en el sitio, *balons*, o pequeños golpes con los pies ejecutados en el aire. Además del taconeo y los saltos, el torso superior tenía que ser extremadamente ágil: en lugar de mantener la verticalidad tradicional que exigía el lenguaje clásico español, la Argentina contraía el cuerpo por la cintura y la parte inferior de la espalda mientras dejaba caer los hombros. Al mismo tiempo, mantenía la barbilla alta y hacia afuera como si la apoyara en un plato o una mesa.

Con esta colocación superior bastante distorsionada y estilizada, la Argentina situaba las manos en las caderas, echando los codos hacia atrás y sonreía a los espectadores mientras se paseaba por el bar del fandango. Su caminata era el famoso paseo de salida que servía como preludio a cualquier baile de bolero para captar la atención de la gente. Entonces empezaba el «verdadero» baile. Se trataba siempre de una interpretación muy sexualizada; la gente se sentía atraída por la Niña Bonita debido a los bruscos movimientos laterales de sus caderas. La miraban acercarse o alejarse de ellos y una reverencia exagerada y los volantes de la cola mantenían la atención mientras desaparecía en la oscuridad, antes de resucitar para bailar el *adorno* del bolero clásico.

Vestido de maja diseñado por Néstor de la Torre para el estreno de El fandango del candil *en Alemania, 1927.*

Añadiendo un bonito bordoneo (los intercambios embellecidos entre brazo y pie) a las inflexiones y las creaciones rítmicas más bastas del torso inferior, la Argentina recogía todo su cuerpo dentro de sus brazos, uno arriba y otro abajo; entonces ejecutaba múltiples giros, como la hélice de un aeroplano, sin apartar nunca la mirada de los que la miraban. Se paraba inmediatamente después de los giros, con gran precisión, y levantaba los afilados triángulos que se dirigían hacia fuera de la parte baja de su vestido, exhibiendo los tobillos y los pies que mantenían una posición de ballet y listos para golpear el suelo, primero con la punta y luego con el talón.

Era normal que una bailaora de flamenco se levantara el vestido antes de empezar una secuencia larga de taconeo, pero resultaba revolucionario en una bailarina de concierto, como la Argentina, exhibir tanto los pies como la parte inferior de la pierna y no solamente para moverse libremente sino también para captar la atención de la gente. De esta forma, contextualizaba la «moral» de la bailarina de cabaré, diferenciándola de la quizá más prudente bailarina de concierto, mientras bailaba un bolero, un baile que ambos tipos de artista interpretaban tanto en los music halls como en los teatros.

En realidad, la Argentina nunca utilizó su cuerpo de una forma erótica. A pesar de que los pies en el flamenco y los brazos en la escuela bolera eran muy visibles y se usaban de forma que llamaran la atención, al levantar el vestido y centrar la atención en el braceo (movimiento muy femenino y sensual) no se pretendía exhibir las extremidades de manera aislada, como algo separado del resto del «bolero». Su paseo inicial, a pesar de ser parecido a un desfile de pasarela, como era normal en un cabaré, provenía de la metodología de la escuela bolera y no era, como podría pensarse, una forma de enardecer el deseo del público por la Niña Bonita, tanto fuera como sobre el escenario. En la cultura europea de principios del siglo XX, particularmente en la cultura española, se consideraba arriesgado que una mujer enseñara los tobillos, pero, en realidad, esto no era importante en su interpretación de la escena de la danza final en *El fandango del candil*. Por el contrario, la habilidad de la Argentina de investir a una *danseuse* de cabaré con la sensualidad de una maja del siglo XVIII era una muestra de su capacidad para unir el tiempo con un cuerpo que bailaba.

La figura alargada de la Argentina era la antítesis de la bailarina más entrada en carnes de finales del siglo XIX que también interpretaba boleros y bordoneos, pero cuyos movimientos corporales —braceo sinuoso, giros rápidos sobre sí misma y lentos paseos— fundirían ambas figuras femeninas en una sola. Adecuando la figura más delgada, art decó, a la bolera más carnosa del art nouveau, la Argentina tendió un puente entre dos mundos: la belleza de la cor-

La Argentina posando con un vestido diseñado por Néstor de la Torre para El fandango del candil; *París, 1928.*

tesana con la más callejera de la bailarina de cabaré.[37] Su cabaré era, dulce aunque con aristas afiladas, funcionaba bien con los diseños de Néstor. Los codos permanecían doblados hacia atrás adoptando posturas que parecían incómodas mientras las caderas y los hombros dibujaban una silueta más redondeada y menos geométrica a los ojos de la gente. Los brazos de la Argentina reflejaban el color púrpura de las paredes húmedas, desde los hombros hasta las articulaciones de los dedos, desde el púrpura oscuro hasta el rosa. Sus hombros levantados y las marcadas caderas le daban relieve y permitían que la oscuridad de los rincones del escenario, que asemejaban el vientre de una cueva, dibujara su silueta y su bella figura al bailar. Las muñecas dobladas de la Argentina, pero de antebrazos suaves, por su inconsistencia, añadían mímica a la puesta en escena, con sus escaleras inclinadas hasta el suelo del escenario, las vigas interminables multiplicándose en el techo y trozos de pared penetrando en ángulo, en un impulso obstructivo, hacia el centro del escenario.

Néstor diseñó dos vestidos para la Niña Bonita de *El fandango del candil*. En la «Danza del candil» y en su primer solo de danza, «Panaderos», la Argentina vestía una bata de cola poco tradicional, cuya cola empezaba en la parte delantera de los muslos y se envolvía hacia atrás para caer hasta el suelo en una serie de pliegues como las hojas de un libro. Parecía un ciempiés o un radiador en un diseño que podía ser considerado animal o mecánico. Un rectángulo —según la idea de la peineta española— coronaba la cabeza de la Argentina, peinada con un moño apretado, y de esa extraña peineta colgaba una flor que formaba una especie de halo sobre la cabeza. Del moño colgaba otra flor que le caía casi hasta la mitad de la espalda. El peinado de la Argentina caía desde la cabeza hasta el coxis, desde la flor superior hasta la inferior creando una unidad sagital que unía el cuerpo anterior con el posterior, como si la Argentina tuviera solamente dos caras. Esta bidimensionalidad repetía la de los pliegues en forma de acordeón que servían de franjas en la cola, compensada por sus manos redondeadas y articuladas cuyos dedos giraban hacia atrás en su floreo y por los zapatos de tacón alto, siguiendo la idea de los zapatos de flamenco, pero más elegantes, con sus hebillas y tacones finos como estiletes. La Argentina caminaba sobre unos rascacielos en múltiples planos y a través de una topografía inhabitual.

Para el «Bolero», el segundo solo de la Argentina, Néstor creó el tradicional vestido redondeado, pero cambió algunos de sus elementos para dar a la Niña un aspecto más afilado y surreal. En lugar de las mangas tradicionales, Néstor diseñó flecos; cubrió el pecho de la Argentina con dos piezas bastante atrevidas de color blanco, de tejido opaco, en lugar del clásico cuerpo de múltiples capas de encaje del vestido bolero. Reinventando la feminidad que derivaba de la cascada de faldas hinchadas que componían el traje bolero del siglo XVIII, Néstor prefirió que cada franja de la falda tuviera un final puntiagudo, de forma que pareciera que la Argentina vestía una falda de miles de triángulos que resaltaba contra las líneas rectas de las paredes, las vigas, las tuberías y las tablas del suelo que componían el decorado. La capa superior de triángulos proyectaba su sombra sobre la falda inferior de triángulos isósceles, creando así la ilusión de una tercera falda, una falda intermedia de formas que se movían hacia arriba y hacia abajo. Las sombras eran de un púrpura tan oscuro que el vestido de la Argentina recordaba el espacio cavernoso del escenario que mantenía a los revoltosos juerguistas en la oscuridad. El vestido bolero terminaba con topos de color rosa pálido y un ribete rojo sobresalía por la parte inferior del vestido. Un sombrero rojo cubría su cabeza, dando a la Argentina un aire cosmopolita, mientras que los zapatos parecían zapatillas planas de color rojo rosado y no llevaban las cintas que caracterizan el clásico zapato bolero.

Los diseños del vestuario de Néstor para el grupo eran tan excéntricos como los de la Niña; volantes hinchados que se extendían horizontalmente hacia los lados y doblados hacia abajo, como los vestidos rococó de la corte francesa del siglo XVIII. Los hombres llevaban sombreros del siglo XX que parecían alargarse hacia las vigas del techo bajo, mientras que las mujeres abrían abanicos gigantescos cuyo propósito como utillaje era disfrazar, esconder y ridiculizar la tradición de abanicarse. Esos vestidos incongruentes podían ser considerados a la vez ridículos e intemporales, pero eran radicales porque compartían el mismo escenario. Eran símbolos del momento, del pasado y de nada. No hay duda de que Néstor usó los colores y los patrones de diseño como recordatorios de las majas de Goya que la Argentina interpretaba y que la mayoría de los públicos europeos conocía. Sin embargo, como Cézanne, Néstor fragmentó la escenografía, no solamente en los bordes de los vestidos sino también en el cuerpo de baile, de forma que los miembros de la compañía de *El fandango* también se convertían en utillería bidimensional en el paisaje lineal de acabados recortados de Néstor.

Néstor imaginó el escenario único para *El fandango del candil* como una casa con interminables vistas. Como los extraños paisajes que había visto en los cuadros de Salvador Dalí, expuestos en el Salón de Madrid en 1926, Néstor creó un ambiente asimétrico, un espacio de antítesis si se comparaba con la disposición de un escenario «normal». Además, los huecos interminables de Néstor y los colores ilógicos recordaban los espacios frenéticos de Dalí y sus objetos casuales. Su escenario era una fragmentación de muchos objetos más que una producción monotemática a base de una serie de objetos.[38] El cabaré de Néstor —como la colaboración de Dalí con Buñuel para la película de 1929, *Un chien andalou*, y el cuadro de 1931 de Dalí, *Persistencia de la memoria*— daba la impresión de perderse en el trasfondo porque extraía la energía de los personajes del escenario y la trasladaba hacia un espacio fuera de él, inhabitado, ultraterrenal. Reforzaba la altura y la profundidad del escenario mientras distorsionaba la parte central que se utilizaba para caminar, cruzar o para los solos de danza.

A pesar de que el espacio de *El fandango* estaba lleno de aristas agudas, a lo largo del ballet, los personajes se colocaban en círculo, con la Argentina en el centro. A la izquierda había un banco con tres taburetes y al otro lado de la mesa había una silla donde se sentaba una mujer gorda. El resto del escenario aparecía cerrado por varios personajes de pie que formaban una diagonal de cara a la bailarina, dirigiendo la atención hacia una única perspectiva colectiva, que iba hacia el centro del escenario. La disposición escénica de Néstor era, en esencia, un cuadro manierista que magnificaba la danza porque los cuerpos que habitaban ese espacio adoptaban posturas singulares y ejecutaban movimientos que no siempre eran acordes con el espacio que los rodeaba, de forma que parecían estar en relieve, como figuras animadas.

Para lograr esta serie de aparentes descomposiciones, Néstor creó múltiples líneas horizontales que rompían el espacio por muchas partes. El público no veía en ningún momento todo el reparto como un único cuerpo debido a esta fractura de las paredes, el techo o el escenario, que se inclinaba hacia arriba por un lado. Los solos se bailaban dentro de un escenario distorsionado cuyos espacios mejor iluminados eran dos grandes círculos y un triángulo que apuntaba a la parte trasera del mismo.

Con vigas en el techo de color rojo y púrpura, paredes inclinadas que se curvaban hacia adentro y hacia afuera del interior de la habitación, Néstor introducía la idea de un espacio que tanto podía ser el interior de una sala de baile como una calle o una plaza. Cerrando el espacio había fragmentos de pared, cada una de medida, dimensión y altura diferentes. Así, la habitación se convertía en una serie de planos que servían como divisiones, tanto verticales como horizontales, que daban al espacio una impresión incluso menos real de volumen y altura. Era una escenografía irónica para un ballet flamenco cuya tesis del movimiento era la conexión con la tierra. En el cabaré de Néstor, los bailarines podían estar bailando en el techo porque las paredes que supuestamente los encerraban parecían ligeras, casi como si volaran, haciendo del escenario una imposibilidad viviente.

La pared izquierda era muy alta, pero resultaba imposible saber su altura verdadera porque la parte superior estaba en sombra gracias a un degradado ideado por Néstor desde el naranja rosado hasta un marrón negruzco a medida que la pared ascendía hacia las vigas. Cuando el rosa se volvía naranja, la pared caía hacia el suelo, haciendo que la esquina izquierda pareciera más alta que el centro del escenario donde la Argentina interpretaba sus solos.

Néstor escogió espacios más cavernosos para la parte derecha del escenario, que permitían que los invitados y los bailarines desaparecieran fácilmente en un espacio púrpura, oscuro, y que los solos de la Argentina y la acción de los personajes resaltaran. Un rojo pálido descendía del techo hasta una pared lateral que se levantaba contrastando con las paredes pintadas con colores terrosos imitando el adobe que rodeaban el suelo donde se bailaba. Los escalones que bajaban inclinados, como una montaña escalonada, estaban pintados de rojo, rosa y naranja y servían para compensar las vegas coloniales (valles fértiles) españolas que se hallaban más arriba.

En mayo de 1927, la Argentina pidió a su representante, Arnold Meckel, que obtuviera de Durán la partitura completa con las últimas revisiones. Según Meckel, «la Argentina necesita la música terminada para ensamblarla con la escenografía. Tiene que entender bien la partitura de piano» para conceptualizar el ballet como un todo. Su colaborador escénico, Cherif, ya ha dado forma a los trece bailarines de fandango que hay en el libreto. Incluso sin la música, los ha visto como figuras manieristas recortadas. De madrugada, en un sótano de tuberías y escaleras inclinadas y curvadas, los personajes bajan a una habitación poco iluminada cuya débil estructura se levanta hacia el cielo como para que los personajes parezcan inaccesibles e irreales, como si fueran a desaparecer en los huecos de detrás del escenario. Sin duda, Néstor y Cherif rendían homenaje a los paisajes marinos de Dalí, cuyos océanos parecían salir, como la Niña Bonita de *El fandango*, de ningún sitio.

Cipriano Rivas Cherif conoció a la Argentina a principios de la década de 1920 y fue quien se la presentó a Néstor de la Torre para que realizara una de las más extraordinarias colaboraciones en la historia de la danza de teatro española.[39] Cherif había conocido a Néstor a través de Durán, quien, cuando estaba en la famosa Residencia de Estudiantes de Madrid, conoció a de la Torre, también estudiante universitario en 1922. Es interesante observar que Gustavo Bacarisas también era amigo de Cherif y, por lo tanto, no resulta sorprendente que Néstor le pidiera que supervisara la ejecución de su escenografía y del diseño del vestuario porque él vivía en las Canarias. Bacarisas trabajó hasta la última puntada con Callots Soeurs para plasmar las maquetas de Néstor, y ayudó a colocar los decorados para asegurarse de que los diseños de éste se llevaran a cabo cuidadosamente. Néstor revisó todo el proyecto desde su casa, a través de una correspondencia continua con la Argentina, que estaba tan implicada, y cuidó de todos los detalles —color, forma, diseño—, como él.[40] Arnold Meckel, su representante artístico, escribió a Néstor para asegurarle que todo se había hecho siguiendo sus instrucciones.[41]

El éxito obtenido por *El fandango del candil* en su «gira de dos meses y medio» por el norte y el sur de Europa animó seguramente a la Argentina a mantener la compañía recién formada. En febrero de 1928, tres meses después de que la Argentina «hubiera conquistado Alemania e Italia» anunció oficialmente que había formado su propia compañía, los Ballets Espagnols.[42] A principios de febrero de 1928, Meckel, que estaba en estrecho contacto con todos sus colaboradores y bailarines, escribió a Durán para decirle que el ballet era un gran éxito: «Interpretamos *El Fandango* en todas partes y la Argentina interpretará el "Bolero" en el programa que bailará hoy en el famoso Bal des Petits Lits Blancs, en la Ópera, acompañada por toda la orquesta».[43]

Al dar a Durán noticias de la gira, Meckel, escribiendo en nombre de la Argentina, demostraba su propia preocupación, y también la de la Argentina, por la reacción española. «¿Habla la prensa española a menudo de nuestros ballets?», preguntaba. «¿Qué dicen? Y ¿cuál es la opinión del medio artístico español?»[44] Eran preguntas fascinantes. Tanto Meckel como la Argentina sabían que habían actuado correctamente, financiera y artísticamente, en París y en la gira. Pero lo que a ella más le importaba, y que preguntaría una y otra vez, era cómo los españoles —su propia gente— la juzgaban, a ella y a los ballets españoles que creaba. Es interesante recordar que la Argentina no había actuado en España desde principios de la década de 1920. Su deseo de no perderle el pulso al pensamiento intelectual, artístico y popular de su país era, quizá, lo que la había llevado al estrellato; se mantuvo firme y leal a la creación de una consciencia moderna española tal como la imaginaba en sus ballets, siendo *El fandango del candil* el más revolucionario hasta el momento desde el punto de vista escenográfico. Desgraciadamente, la Argentina nunca interpretó *El fandango* en España, a pesar de que figuras literarias como Benavente y Quiñones viajaron con la compañía de vez en cuando, y reseñaron *El fandango* y otras obras para la prensa española. Solamente así pudo España conocer el éxito internacional de «la bella Argentina».

El éxito de *El fandango del candil* como una obra española moderna representó para los tres colaboradores —la Argentina, Durán y Cherif— la culminación de las enseñanzas de Pedrell, recordando a quienes entendieron la misión de la Argentina —personas como el crítico André Levinson y el poeta francés Paul Valéry— la *force majeur* que había detrás de sus elecciones musicales, escénicas y coreográficas.[45] El ballet sirvió como preludio a la obra moderna más significativa de la Argentina en colaboración con Néstor de la Torre,

Vestido de Néstor de la Torre para Triana, *1927.*

Triana, que se estrenó el 27 de mayo de 1929 en la Opéra-Comique de París bajo la batuta de Enrique Fernández Arbós, director de la Orquesta Sinfónica de Madrid. Desde el punto de vista de la puesta en escena, el vestuario, la música y la coreografía, *Triana* significaba una realización realmente moderna de la visión de España de la Argentina: la coreografía se convirtió en una única cosa con la música y la trascendencia del lenguaje de la danza española, rota y reunida de nuevo en una meta España, en la idea de lo español. De esta forma, entre 1925 y 1929, la Argentina dio un salto efectivo y prometedor desde el mundo de influencia neoprimitivista de las brujas y los magos de *El amor brujo* al mundo del tablao de *El fandango del candil*, para llegar a la representación poscubista de un barrio gitano de Sevilla de *Triana*.

Después de la formación de los Ballets Espagnols, la Argentina empezó a escribirse con las personas que iban a ayudarla en la realización del ballet *Triana*: su escenográfo y diseñador de vestuario Néstor de la Torre y su amigo y pianista Joaquín Nin. Nin se escribió con el director de orquesta y orquestador Enrique Fernández Arbós para escoger qué pieza de *Iberia* de Isaac Albéniz podría convertirse finalmente en lo que Arbós había llamado «un Triana». A la Argentina le encantaba trabajar con el maestro Arbós porque se decía que «nadie creía tanto en sus ideas como Arbós. Entendía sus objetivos».[46] Arbós había orquestado la música —tanto la francesa como la española— para los primeros conciertos de la Argentina en Madrid en 1914. También había presentado, en esa época, a la Argentina a Nin que se convertiría en confidente y apoyo de la causa de la Argentina durante toda la vida.[47]

En 1906, Isaac Albéniz compuso una de sus últimas partituras para piano, conocida como la *Suite Iberia* o *Doce impresiones sobre España*, en la que daba vida musical a las particularidades geográficas y sociales de doce regiones españolas. Albéniz puso en música las vívidas cualidades locales y los colores de Andalucía y Cataluña. Así pues, los ritmos más insistentes del bolero, la seguidilla, la jota, la charrada, el fandango, la habanera y el tango se repetían una y otra vez en la que quizá es su visión más global de España.[48] En la partitura original para piano, Albéniz dedicaba uno de los doce movimientos al barrio gitano de Sevilla, Triana. El resto de la partitura contenía reminiscencias de las ciudades andaluzas de Jerez, Málaga, Sevilla, Granada y Almería, para nombrar solamente cinco de las secciones de toda la composición. Los títulos de los otros movimientos, de cinco a diez minutos de duración cada uno, no nombraban directamente una ciudad sino que apuntaban a Castilla o Aragón mediante las melodías de sus danzas nacionales que el gran público español conocía.

Albéniz murió veinte años antes de que la Argentina decidiera

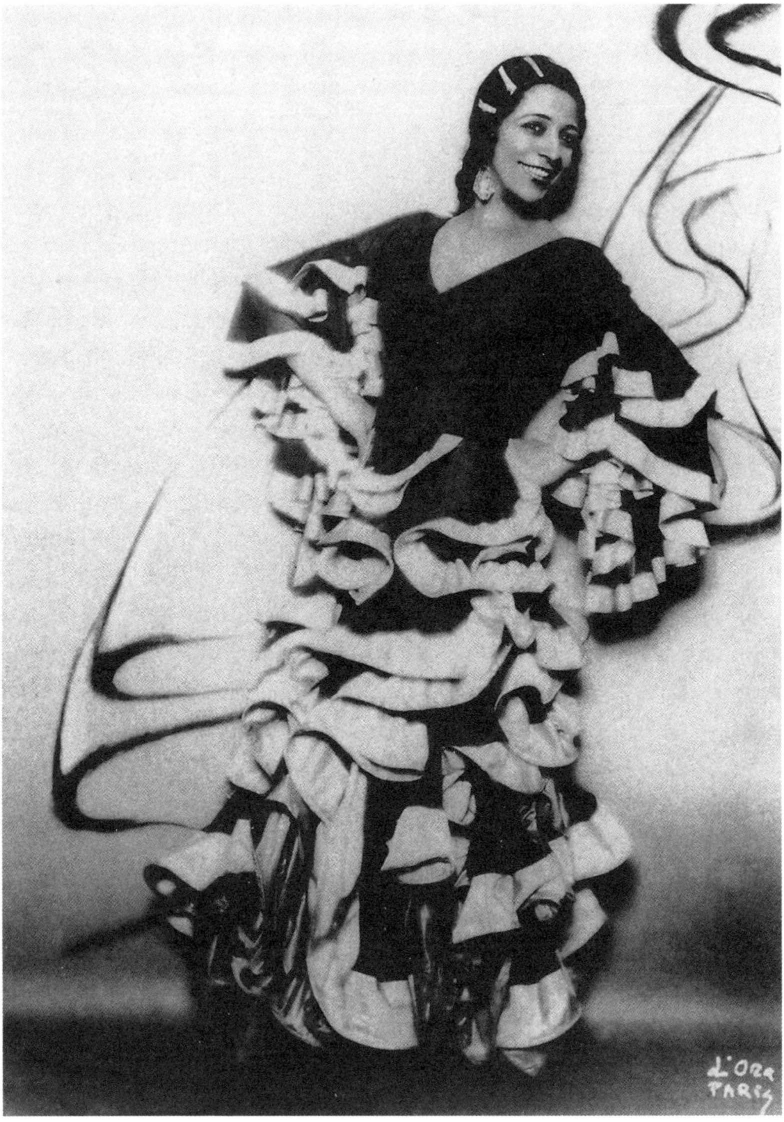

La Argentina vestida para Danse Ibérienne; *París, 1930.*

utilizar su partitura de piano para el escenario. La parte de piano hubiera sido suficiente para las interpretaciones de solos de danza y el piano era el acompañamiento habitual (además de la guitarra o la voz) usado por la Argentina. Pero hubo que alargar la partitura para adecuarla a las necesidades de un ballet completo. Así pues, hubo que orquestar el original para una orquesta de cuarenta miembros y Arbós, para transcribir la partitura, tuvo que comprar los derechos a la viuda de Albéniz, que dio su permiso al editor Max Eschig para que la Argentina orquestara e interpretara la partitura original.[49] Fue la Argentina quien pidió a Arbós que transcribiera las *Suites* para ella y el maestro aceptó por escrito, afirmando que «estaré encantado y me siento honrado de cooperar... por razones artísticas y patrióticas». En la mente de Arbós, *Triana* tenía que ser «un ballet completamente español» y no, como él había calificado el *Iberia* de Ida Rubinstein, «un retrato exagerado de España... una caricatura de la danza española».[50]

Además, fue Arbós quien creyó que la Opéra-Comique —un teatro tradicional que programaba principalmente compositores de los siglos XIX y XX, como Gustave Charpentier, André Grétry y Adolphe Adam, cuyas obras eran óperas ligeras con diálogo hablado— promovería una obra casticista. «¿No cree usted —escribió a la Argentina—, que la Opéra-Comique aceptaría programarla con su cooperación?»[51] Algunas semanas más tarde, Nin, que ayudaba a Arbós con las transcripciones cuando estaba trabajando en su propia *Danza ibérica* que iba a dedicar a la Argentina, le escribió, confirmando la necesidad de que la obra de Albéniz fuera tratada en clave nacionalista. «La bandera que usted enarbola está arrancada del corazón de todos los españoles —escribió Nin a la Argentina—. Y usted es la portadora de una bandera que nos pertenece a todos y cada uno de nosotros... [como] la santa madre que es usted.» Nin terminaba su carta diciendo que haría todo lo posible para impedir que *Triana* se convirtiera en «algo desvaído... secuestrado» o «achicado», empequeñecido por otros. Nin quería asegurarse de que el ballet de la Argentina se convertiría en un éxito «único», como había sido *El amor brujo*; una nueva obra que por fin se apartaría de *El sombrero de tres picos* que «había muerto por falta de vida racial, autenticidad y orígenes específicos».[52]

Arbós adaptó los primeros cuatro movimientos y el sexto de la obra de Albéniz y creó *Triana* prestando especial atención a las secciones tituladas «El Albaicín» y «Triana», originalmente los movimientos quinto y doceavo. Resulta interesante que Arbós escogiera las dos secciones que describían directamente los barrios gitanos:

el primero en Granada y el último al otro lado de los barrios sevillanos ricos del Guadalquivir. Al sustituir el piano de Albéniz por un brillante violín que sonaba triste, en clave menor, Arbós transmitía una *Triana* llorosa expresada tanto por el arpa como por el oboe donde resonaban la poesía gitana, la pobreza y la supervivencia, una cultura cuya gracia salvífica era el flamenco. «Cada nota me sugiere —escribió en las notas para el programa— un gesto, cada compás un sentimiento y cada momento una acción que tiene que parecer real. La seductora *Iberia* de Albéniz no permite que la gente se pierda las pasiones que la música evoca.»[53]

Arbós creó tres nuevos movimientos —«El Albaicín», «Sevilla» y «Triana»— que la Argentina transformó en tres escenas narrativas de danza que se convirtieron en un ballet de un acto. Arbós describió la primera escena, «Amoríos», como una en la que las guitarras evocaban una tarde primaveral, ensoñada, cálida, en el Albaicín. El segundo cuadro situado en Sevilla, según él «no evocaba el fervor religioso de una procesión misteriosamente iluminada» porque estaba «sumergida en la irresistible y turbadora luz del crepúsculo». La danza final de la Argentina en la tercera escena de *Triana* «era tan bella, con el decorado como un lienzo floreado y mágico»; representaba una fiesta andaluza, «grandes nobles y poetas» que se reunían para pasarlo bien «como ningún otro pueblo podría hacerlo».[54]

Hay que añadir que Arbós sintió que la obra de Albéniz como compositor era tan provocativa que admitió: «No he sido capaz de ir más allá de mi papel como músico».[55] El impresionismo musical que había logrado Albéniz —cada movimiento construyéndose sobre el anterior, de forma que España se completaba al final de *Iberia*— representaba el nacionalismo musical (con la atención centrada en las culturas regionales) de la Generación del 98, la plasmación de la filosofía de finales del siglo XIX de Pedrell y Salazar. Lo consiguió mediante el maridaje del estilo regional español con la influencia del impresionismo francés en la línea sinfónica, como lo había hecho la composición de Claude Debussy de 1905, *La mer*, y la obra de Maurice Ravel de 1907, *L'Heure Espagnole*.

Para *Triana* no se encargó ni se escribió un libreto formal. Sin duda, Arbós había descubierto en la partitura de Albéniz una sutil línea narrativa que hacía innecesaria una historia que contuviera

La Argentina con Vicente Escudero en Triana; *París, 1929.*

palabras. Es decir que su argumento, guión y caracterización estaban delineados mediante el sonido. La aceptación de este hecho por parte de la Argentina, o quizá su alejamiento de la narrativa, señaló un paso más en su distanciamiento de la creación tradicional del ballet, que siempre se basaba en un cuento de ficción.[56] Con la música, el decorado y la coreografía, *Triana* consiguió lo que no había conseguido *El amor brujo*. En *Triana*, con sus colaboradores, la Argentina presentó una fantasmagórica recreación de un barrio aunque nada en el escenario se parecía a ello: ni la luz, ni el vestuario, ni el baile reproducían con exactitud el barrio de Triana. Pero toda la obra «evocaba Sevilla... con riqueza y expresividad».[57]

La Argentina entretejió su argumento coreográfico con el de la música mediante el gesto mímico, el movimiento de la danza y la puesta en escena produciendo tres escenas con siete personajes principales, toda la compañía y una voz solista, la de la famosa mezzosoprano Berthe Erza. El argumento es el siguiente: cuando se levanta el telón vemos la escenografía de Néstor de paredes encaladas que, en esta escena de patio sevillano, se inclinan suavemente hasta el suelo. Unas hojas macizas, de brillante color verde, vuelan por encima del escenario; una taberna tiene la palabra «vino» escrita en la parte derecha de la pared exterior y la palabra «Triana» escrita a la izquierda del cartel de la calle. Una mujer joven y bella, Soleá, interpretada por la Argentina, está en el centro del escenario mientras Paco, el maestro ceramista, interpretado por Arsenio Becerra, intenta convencer al tío de Soleá, propietario de la taberna (interpretado por Georges Wague), que Zurito tiene que dejar que se case con su sobrina de la que está perdidamente enamorado. Desgraciadamente, el socio de Zurito, el Tranco, también está enamorado de Soleá, pero ella está secretamente enamorada de Paco.

Puesto que su tío prefiere que se case con su socio, Soleá finge flirtear con Tranco, coqueteando y ofendiendo así a Paco. Ella baila para él, echando ojeadas a Tranco y rechazando a Paco. Al final, otro personaje femenino, la chica del bar Nati, interpretada por Carmen Joselito, demuestra que ella ama a Tranco sinceramente. Nati logra que Tranco aparte los ojos de Soleá con rápidas y sonoras secuencias de zapateado, dejando a Paco solo en el escenario para que luche por su amor. Así termina la primera escena.

La segunda escena se abre con una procesión religiosa, con toda la ciudad llevando velas y caminando en fila hacia la iglesia que no está en el escenario. Se dirigen hacia la mítica iglesia y en la procesión Paco pide a Zurito y a Tranco que pasen un mensaje a lo largo de la fila, a Soleá, en el que le declara su amor. La Argentina, Wague, Joselito y Becerra abandonan la procesión para interpretar dúos, cuartetos y solos y la compañía camina en fila alrededor del escenario, pasando lentamente frente a las casas y el puerto cuyos barcos se inclinan pesadamente hacia la gente.

La última escena transcurre durante la famosa fiesta sevillana de la Cruz de Mayo, religiosa, festiva y divertida. Néstor diseñó grandes candelabros y una gran cruz para la parte izquierda del escenario que recordaban al público que la tercera escena, a pesar de ser la culminación y la resolución del problema amoroso, era también un acontecimiento católico. Todos están solemnes, pero felices. La gente bebe y se divierte. Paco y Soleá se abrazan. Después de dos escenas de flirteos y rechazos, Soleá se abandona, cede y se entrega en matrimonio a Paco, mientras las jóvenes que estaban entre la

Escena de Juerga, *1929.*

gente se despiden y salen del escenario, dejando a la joven pareja a solas.

Se trata, sin duda, de una historia simple, llena de flirteos, coqueteos y acción sin importancia. Sin embargo era un lienzo perfecto para la coreografía de la Argentina; dos solos exquisitos para ella, dos dúos, una pantomima con Wague y una alegría flamenca con Becerra. Al principio y al final del ballet ella estaba en el centro del escenario, con la espalda desnuda, alta y delgada, los brazos girando en suaves círculos que servían de marco a su peinado, recogido hacia atrás. El movimiento, como en *El fandango del candil*, también funcionaba como objeto que daba a su protagonista la oportunidad de experimentar con un torso alargado y un constante cambio del peso en forma contrapuesta. La Argentina usaba su cuerpo como si fuera una escultura de arcilla a la que daba forma en distintas posiciones. Su figura resaltaba, pues se apartaba de la gente que participaba en las conversaciones entre Soleá y Paco, y se acercaba, por lo tanto, a los decorados cubistas de su colaborador que enmarcaban su cabeza y los finales triangulares de su vestido de capas de volantes.

Al inclinarse hacia atrás, la Argentina, apartándose de Zurito y

Vestido de Néstor de la Torre para Triana.

Paco, estaba acompañada por las palmas y el zapateado de las mujeres de su compañía de veinte miembros, todas vestidas con faldas cuyas colas habían sido convertidas por Néstor en finales largos, terrenales, en forma de hoja. Los hombres eran invisibles —casi sin importancia— y sus poses estoicas, formalmente lineales y plásticas, les daban aspecto de columnas. Las mujeres del cuerpo de baile resultaban más animadas al balancear las caderas, rompiendo la linealidad de los contornos corporales de los hombres. Era como si los hombres del cuadro masculino tuvieran literalmente la función de vigas —soportes estructurales— y no de personas. Fue decisión de la Argentina dibujar formas en el espacio y que el cuerpo de baile la separara del amenazante barco del puerto que navegaba suavemente hacia el escenario. Las líneas aparecían fracturadas e inaccesibles. Mediante la geometría corporal, Soleá rechazaba a Paco. Cuando él intentaba tocarla, su cuerpo asumía una configuración distinta, apartándose de sus acercamientos y de los decorados cercanos.

La única cosa que humanizaba la coreografía de la Argentina eran los brillantes lazos de color rosa, los volantes verdes y los cuerpos blancos de Néstor. Sin la suave calidez de estos colores, la Argentina hubiera podido desaparecer por completo; los decorados que tenía detrás engullían su forma como si fuera una única cosa con la configuración del escenario y los otros cuerpos.

A pesar del taconeo, el floreo con las manos, los círculos de los brazos y los cambios de peso de la cuarta posición clásica española —posturas básicas del flamenco masculino y técnicas femeninas de la escuela bolera— la posición del cuerpo (posando como bailarines inanimados) se convirtió en el lenguaje de *Triana*. La Argentina nunca se había apartado tanto de sus orígenes y hacía una compilación de movimientos repetidos que acababan pareciendo una «farsa». Era un ballet sin ballet. Tenía un argumento real, un telón de fondo surrealista y un vestuario que mezclaba la forma humana con el

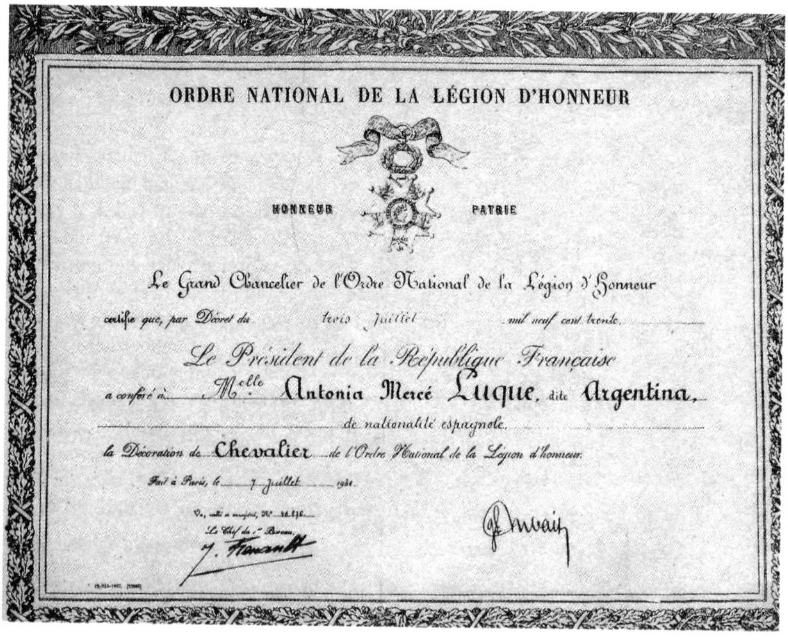
ORDRE NATIONAL DE LA LÉGION D'HONNEUR

HONNEUR PATRIE

Le Grand Chancelier de l'Ordre National de la Légion d'Honneur

certifie que, par Décret du trois Juillet mil neuf cent trente

Le Président de la République Française

a conféré à Melle Antonia Mercé Luque, dite Argentina,

de nationalité espagnole,

la Décoration de Chevalier de l'Ordre National de la Légion d'honneur.

Fait à Paris, le 7 juillet 1931.

Le Chef du 1er Bureau,

Legión de Honor francesa, 1930.

EL PRESIDENTE
DE LA
REPÚBLICA ESPAÑOLA

Por cuanto

Doña Antonia Mercé

el Lazo

Lazo de Isabel la Católica, 1931.

diseño escénico, pero éste estaba formado por el agua, el cielo y las partes superiores de los edificios además de por los laterales y las partes inferiores de las tabernas y las calles. Ver *Triana* era como sentarse en la primera fila del cine y ver los rostros como si fueran grandes y amenazantes porque sus rasgos están distorsionados por la proximidad.

Al despedazar el ballet y recomponerlo, la Argentina planteaba un reto, a sí misma y a la compañía, porque se acercaba más a la visión fracturada de Néstor de una tarde andaluza de lo que lo había hecho en *El fandango del candil* o *El amor brujo*. Ya no se basaba en los objetos como objetos sino que decidió descubrir en sí misma y en su cuerpo las posibilidades del movimiento para explicar una historia, reformulando los lenguajes clásicos. *Triana* no era un cameo, un retrato en miniatura de su querida Andalucía, sino un experimento desafiante y atrevido que exigía que el cuerpo se convirtiera en objeto, en sujeto de sí mismo. Esta coreografía era moderna hasta el límite, tanto para la Argentina como para el mundo. Nunca antes se había hecho nada parecido y fue un gran éxito. La música, el movimiento y los decorados se unían unos con otros a medida que la representación avanzaba, obligando al público a distinguir entre movimiento y momento. Diferenciar entre una escena de taberna, una de calle o una de asunto amoroso requería concentración. *Triana* era una obra de teatro moderna, diseñada por un cubista, compuesta por un músico casticista y coreografiada por una mujer que, al final de la década, se había convertido en una combinación de todo eso. La Argentina hablaba ahora el lenguaje de las vanguardias española y francesa simplemente a través de su cuerpo.

La Argentina en La fregona, *1935.*

En 1929, un grupo de intelectuales españoles rindió homenaje a la Argentina en la Universidad de Columbia; Federico García Lorca, que entonces vivía en Nueva York, fue uno de los tres anfitriones. La Argentina, que había llegado de Sudamérica para empezar una gira por Estados Unidos, aceptó el honor como «representante de la danza española». No había duda de que los dos últimos ballets de la Argentina la habían encumbrado como icono cultural. Especialmente a los ojos de Lorca, la Argentina era la Terpsícore española —una figura que ella había inventado, popularizado y reconstruido a lo largo de los años veinte—, así como una mujer cuya hispanidad no podía hacer otra cosa que reflejar el país que amaba y las ciudades en las que había recibido su formación en danza y música. A pesar de que la Argentina recibiría la Legión de Honor en 1930 y el Lazo de Isabel la Católica en 1931, ella buscaba la aprobación de los que la habían apoyado al principio y que siempre, a lo largo de su carrera, siguieron escribiendo sobre ella en la prensa española. El homenaje de García Lorca, que en 1929 ya era una figura internacional, significaba para la Argentina que había encontrado la fórmula coreográfica mediante la que expresar su época y su cultura.[58]

La profunda comprensión por parte de García Lorca de la contribución de la Argentina a la cultura española puede apreciarse en el discurso leído en la Universidad de Columbia:

> [Antonia Mercé] une a su intuición nativa de la danza una inteligencia rítmica y una comprensión de las formas de su cuerpo que solamente han tenido los grandes maestros de la danza española, entre los que yo coloco a Lagartijo, a Joselito y sobre todo a Belmonte. [...] Una bailarina española o un cantaor o un torero inventan, no resucitan, crean. Crean un arte único que desaparece con cada uno y que nadie puede imitar [...] Aquí quería yo llegar para señalar el arte personalísimo de la Argentina [...] Todas las danzas clásicas de esta gran artista son su palabra única, al mismo tiempo que la palabra de su país, de mi país. España no se repite nunca, y ella, siendo antiquísima [...] baila hoy en Nueva York con un acento propio y siempre recién nacido, inseparable de su cuerpo y que nunca más se podrá repetir.[59]

Con las muertes de Diaghilev en 1929 y Anna Pavlova en 1931, solamente quedaba la Argentina como coreógrafa, solista y directora de una gran compañía de ballet. La fama de los Ballets Espagnols, como la de los Ballets Russes o los Ballets Suédois, descansaba tanto en las creaciones escénicas y musicales de la Argentina como en las propias coreografías. Con la muerte de su «hermana» Anna Pavlova, a la Argentina solamente le quedó una verdadera colega que se le pareciera en la obra y en la vida: Martha Graham cuya creatividad se mantendría hasta su última obra importante, *Clytemnestra*, en 1958. A pesar de que la Argentina siguió haciendo giras por las Américas y Europa hasta su muerte en 1936, su pulso creativo así como su fama no fue nunca tan grande como entre 1925 y 1929, cuando produjo *El amor brujo*, *El fandango del candil* y *Triana*. Creó varios ballets completos más y gran cantidad de solos, pero ninguno fue tan interesante para sus críticos —especialmente para Levinson—, para su público y, quizá, para ella misma, como los primeros ballets de su exitosa carrera.

Los ballets de la Argentina dan fe de «la vida corpórea de la poesía poderosa» que ella llevó al escenario. Creó «una danza española que expresaba la particular alma española que la vanguardia de España también estaba intentando consolidar». Al hacerlo, conectó con una visión de España con la que «transportaba a quienes iban a verla a un lugar desconocido y encantado».[60]

7. *Un legado no escrito*

Oyes un paso, un paso lleno de pasos [...].

Hermana, son tus pasos.
Ya pasarán un día por tu pequeña tumba
antes de que las rosas de ayer se desbaraten,
ya pasarán a ver, los de un día, mañana,
donde está ardiendo tu silencio.
Un mundo marcha al sitio donde tú ibas, hermana.
Avanzan cada día los cantos de tu boca
en la boca del pueblo glorioso que tú amabas.
Tu corazón valiente.

Son los tuyos, hermana: los que hoy dicen tu nombre,
los que de todas partes, del agua y de la tierra,
con tu nombre otros nombres callamos y decimos.
Porque el fuego no muere.

Pablo Neruda, «Tina Modotti ha muerto»

No fue hasta la última parte del siglo xx, después de la muerte de Franco en 1975, cuando el flamenco como técnica formal y estilo interpretativo empezó a incorporarse a la formación de los alumnos de la Academia Nacional de Danza de España (a pesar de que la política de Franco de revitalización nacional había promovido asociaciones culturales que tuvieron un gran impacto social).[1] Un tipo de bolero menos influenciado por el ballet clásico formaba parte de sus programas.[2] Sin embargo, en la actualidad, el floreo y el braceo, la compleja forma de esculpir el espacio con los hombros, las caderas, las manos, la cabeza y los pies se ha convertido en parte visible y vital de la interpretación del Ballet Nacional Español, incluso cuando ejecuta simplemente los pasos del bolero clásico español.

Los ritmos insistentes y la articulación de manos y pies parecen dar fe de una incorporación del flamenco en la expresión física total de la danza española. Los alumnos no sólo aprenden las técnicas de la danza clásica española, los pasos de baile y estilos practicados y transmitidos desde el siglo XVIII, sino también el rápido zapateado y las palmas del baile flamenco. Me atrevería incluso a sugerir que el flamenco, como género aceptado por la danza española académica, se incorporó a la escuela española de ballet como resultado de la yuxtaposición técnica de las danzas española y flamenca, creada y promovida por la Argentina y su pareja de baile Vicente Escudero.

Pero no habiendo tenido el tiempo o la oportunidad de enseñar, la Argentina nunca pudo transmitir oficialmente a la siguiente generación su técnica interpretativa o sus ideas sobre diseño de producciones modernas influenciadas por Francia y España.[3] Nunca explicó cómo y por qué la colaboración de libretistas, compositores, coreógrafos y diseñadores aumentaba la coherencia, la lógica y el impacto de sus obras de danza. Nunca escribió sobre por qué fundir la escuela bolera, la jota vasca y las sevillanas andaluzas con el flamenco gitano era una forma de unificar las complejidades de los lenguajes separados de la música y la danza. Tampoco explicó cómo la fusión artística de estas formas proporcionaba al coreógrafo la sintaxis necesaria para moldear una danza escénica moderna de tema español. Nadie de la compañía de la Argentina, aparte de Escudero, enseñó nunca su estilo técnico con lo que hoy mucho se ha perdido. Un bailarín que tuviera al menos veinte años cuando bailó con la Argentina en 1936 tendría hoy ya más de ochenta.

Una plataforma importante para las ideas más académicas de la Argentina sobre la danza española fueron sus escritos y conferencias públicas. Como ya hemos mencionado, la Argentina empezó a dar, en 1923, numerosas conferencias-demostración, preactuaciones descriptivas de sus ideales estéticos y de la danza española.[4] Estas conferencias, junto con sus ensayos y entrevistas, que fueron muy numerosos, son un patrimonio añadido a su baile.[5] En las conferencias-demostración, la Argentina también reveló su misión: la de encontrar lo «auténtico» en la cultura española; explorar el regionalismo español centrando sus ensayos bailados en las mujeres, las campesinas, las gitanas y las míticas aristócratas.

En estas conferencias-demostración, la Argentina también reveló su otra misión: popularizar e internacionalizar la danza española mediante una exploración de la interpretación «auténtica», cante y baile. Además, en sus conferencias vespertinas exploró también la importancia de la mujer en la danza española —campesinas, gitanas y de clase alta— y cómo el movimiento de cada una de esas mujeres estaba íntimamente ligado a su trabajo cotidiano, influenciando así su manera de andar y su presencia en el escenario. Se podría incluso decir que la presencia de la Argentina en las conferencias vespertinas de Paul Valéry le permitió entender por sí misma la significación de la exportación de la cultura de la danza española —un documento de la cultura popular— a los escenarios internacionales. Según la Argentina, la danza explicaba la historia de las mujeres españolas y, mediante su coreografía, de una España artísticamente feminista.

Los años 1928 y 1929 fueron cruciales para el arte de la Argentina. Fue entonces cuando formó su propia compañía de danza permanente (con base en París, pero con un programa de trabajo que incluyó seis giras mundiales), y fue entonces cuando ella y sus Ballets Espagnols interpretaron sus obras más modernas. Solamente en 1928, la Argentina creó tres nuevos ballets completos —*Sonatina*, *El contrabandista* y *En el corazón de Sevilla*— así como una nueva presentación para *El amor brujo*, con nuevos decorados y vestuario de Gustavo Bacarisas.

El reciclaje de la Argentina para *El amor brujo* —en el que sustituyó su propio grupo de bailaores gitanos por bailarines de ballet franceses, ingleses e italianos del cuerpo de baile de la Opéra-Comique— para permitir que Falla dirigiera su propia obra, aseguró al ya convertido público parisino que era capaz de revisar su propio trabajo, que podía rehacerse y mejorarse a sí misma, que podía convertir la misma partitura en otra visualmente nueva, como si no la hubiera interpretado nunca. Las brujas gitanas de *El amor brujo* y los fantasmas encantados se convirtieron en personajes que, en las manos de la Argentina, se reencarnaban de forma que ahora parecían inmediatos y universales.

Su especial comprensión de estos personajes y sus motivaciones, le permitió mantener el ballet en el repertorio durante más de una década. Además, el compromiso de la Argentina con el folclore gitano —las leyendas, la danza, la música y el vestuario y, en especial, la devoción de los gitanos por el ritmo (su manera de ordenar, comunicarse y entender el universo)— formaba parte de la admiración que tuvo durante toda la vida por la obra de Falla. La Argentina vio en *El amor brujo* algo más que un simple ballet popular: vio una misión y un mensaje. A pesar de que seguiría explorando la comunidad gitana y sus formas artísticas en ballets como *Triana* (1929) y *Juerga* (1929), *El amor brujo* representaría siempre el modelo de la expresión neocasticista.

Desde 1929 hasta 1936, la visión coreográfica de la Argentina logró cautivar al público de todo el mundo: París, Londres, Nueva York, San Luis, Chicago, San Francisco, Los Ángeles, Honolulú, Tokio, Shanghái, Hong Kong, Saigón, Singapur, Port-Said, Buenos Aires y Sevilla. Su reputación la precedía y las entradas se agotaban mucho antes de que la compañía llegara a la ciudad una determinada noche. La Argentina repetía sus bises —a veces hasta diecinueve una misma noche—, habitualmente variaciones de solos de algunos de sus ballets o momentos solistas de sus días anteriores, cuando actuaba en el Maxine Elliot Theater de Nueva York o en el Teatro Colón de Buenos Aires.[6]

En 1929, junto a *El fandango del candil* y *Triana*, la Argentina había creado una obra maestra rococó, *Sonatina*, en la que las majas del siglo XVIII bailaban, giraban y se desperdigaban en un escenario del siglo XX formado por paredes inclinadas y escaleras de caracol.

Sonatina, creada cuando la Argentina ya tenía cuarenta y dos años, era una obra de andares gráciles, pantomima y lenguaje de la parte superior del cuerpo. Las fuertes patadas que requerían los solos de flamenco fueron reemplazadas por un lenguaje corporal airoso, casi etéreo. El peso de la flamenca se transformó en un perfume destilado que rodeaba los brazos, el pecho, el cuello y los ojos. Como en Velázquez, los movimientos metafóricos de *Sonatina* no representaban el siglo XVIII sino que eran el siglo XVIII, bailado por una mujer ligera pero potente.

En 1929, la Argentina también creó una obra con influencias

orientales, *Kinebombo*, con música del compositor catalán M. Ponce, que pudo haberse inspirado en *Ishtar of the Seven Gates*, de Ruth St. Denis (1905) y *Radha Krishna* (1923) de Uday Shankar y Anna Pavlova. Especialmente Shankar había actuado en París en la década de 1920 y su representante para siete giras europeas fue Arnold Meckel.[7] Shankar, como la Argentina, había heredado una forma artística que estaba intentando convertir en una nueva danza de teatro indígena, al modo de Fokine, cuyo lenguaje fuera moderno.

Juerga (1929), la segunda obra cubista de la Argentina sobre el tema de la fiesta nocturna y espontánea de los gitanos, fue su última obra moderna para los escenarios. Las escenas de calles vacías de *Juerga*, las farolas de gas y las iglesias en la distancia rodeaban a un grupo de personajes callejeros de gitanos catalanes que se parecían más a las figuras del impresionista Gustave Caillebotte de su cuadro *Caminantes callejeros* (1876) que a aristócratas españoles, campesinos andaluces o gitanos vagabundos. La Argentina estaba tan influida y seducida por la pintura francesa y la moda que, al final de su carrera, sus ballets tenían el aspecto de una Francia española o de una España francesa; ya no había diseño neoprimitivista sino una composición hispánica moderna.

La Argentina con su representante Arnold Meckel y el escenógrafo Federico Beltrán-Masses; París, 1930.

La Argentina posando en vestido de calle, década de 1930.

Los personajes de la Argentina se reflejaban unos en otros, con majas y gitanas que compartían el mismo escenario y, por lo tanto, el mismo momento en el tiempo. Quizá, al ocupar la misma geometría, también compartían el mismo estatus social.[8] En ballets como *Sonatina* y *Juerga*, reforzó este carácter de igualdad introduciendo una calidad casi surreal en los telones de fondo, que convertían lo diario en especial, lo local en internacional y, más importante aún, los motivos étnicos particulares en símbolos universales. La puesta en escena de la Argentina, simple pero extraña, presentaba espacios integrados que se metamorfoseaban en patios, plazas y en el París de la época.

La atención de la Argentina al vestuario urbano y cosmopolita no debe ser considerado de ninguna manera una rebaja de su integridad artística por motivos comerciales o una distracción de su tema

De viaje hacia Argentina y Nueva York, 1929.

eterno: España. Por el contrario, la alta moda francesa la liberaba para poder moverse sin el engorro de trajes pesados o ajustados. El traje urbano también permitía a la Argentina entender y asimilar al diseño de los trajes españoles la línea del art decó, un medio más fino y, a veces, más elegante de dibujar la forma femenina, su contorno sinuoso como ilustración del personaje escénico, es decir, una mujer del siglo XVIII o del XIX rediviva como moderna mujer trabajadora en virtud de la línea de su falda o del escote de la espalda.

Además de sus obras de danza escénica en colaboración, la Argentina continuó creando solos para ella que suponen una especie de mapa de las giras de su compañía. *La cariñosa* fue creada después de una visita a Manila en Filipinas. *Cielo de Cuba* (1929) después de una gira en La Habana y fue diseñada con la idea de unir los colores, tejidos y contornos del este y del oeste. La Argentina también

La Argentina vestida para el papel de la gitana en Sonatina; *París, 1928.*

estrenó en la Opéra-Comique nuevos ballets completos de treinta o cuarenta minutos, como *Suite de danzas* (1929), que eran solos tomados de la versión de Falla de 1914 de la ópera-ballet *La vida breve*. Este programa de viñetas le permitía experimentar con una nueva coreografía antes de montarla con la compañía. Las obras nuevas también le servían para revisar sus éxitos tempranos, utilizando el solo de flamenco y las variaciones españolas clásicas como medio para difundir su forma de bailar. Como la Argentina tenía cuarenta y un años en 1929, tuvo que ensayar y bailar con más cuidado y con más amplitud para adecuarse al nivel de su propia coreografía y a las exigencias técnicas que acentuaban las manos y los pies, la cabeza y el torso.

Irónicamente, la Argentina no representó *El amor brujo* en su propio país hasta que volvió a Madrid en 1934, nueve años después del estreno del ballet en París. Esa primavera, la Argentina actuó en el Teatro Español con toda la compañía. El ballet inauguró el Festival Nacional de Música y Danza Española, promovido por la Organización Nacional de Música. *El amor brujo* se recreó de nuevo para el público de Madrid, para el que la Argentina había querido bailar desde tantos años atrás. Si triunfaba allí, con una obra teatral creada por españoles sobre un tema gitano, entonces habría conectado realmente con las personas cuyas opiniones más le importaban.

El 28 de abril de 1934 se estrenó el ballet. Pastora Imperio hizo una aparición como invitada en su papel original de Candelas de 1915 y la gran mezzosoprano Conchita Supervia cantó. El público se puso en pie. Falla, que estaba enfermo, no pudo dirigir la orquesta.[9] La Argentina se sintió desolada porque Falla no pudiera dirigir su propia partitura, pero estuvo encantada con la aclamación del público y de la crítica. Esto, para ella, significaba que no solamente había entendido bien su herencia nacional para explicar sus historias, sino también que había vuelto a casa como artista de renombre internacional que había ido más lejos de lo que ella misma hubiera creído que era posible. Los experimentos modernistas y casticistas de la Argentina habían sido realizados y aceptados por aquéllos sobre los que y para los que actuaba. *El amor brujo*, que había sido la razón más visible de su éxito en París, estaba ahora ganándose también el corazón del público español y el aplauso de la crítica de la prensa madrileña. Había llevado a cabo su sueño vital.

La Argentina dejó otro importante legado musical para la posteridad: la grabación de 1935 de Odéon Discs de su taconeo y sus castañuelas. Se grabaron quince de sus solos de danza con orquesta completa, tanto danzas de sus tempranos programas de concierto como los aplaudidos solos de ballets completos como «La danza de la mujer de Miller» de la partitura de Falla de 1919, *El sombrero de tres picos* y el «Solo de la maja» de la ópera de Granados de 1916, *Goyescas*. Estas grabaciones son la única prueba musical del genio de esta maestra de las castañuelas.

Sin embargo, queda claro que la invención rítmica para una línea melódica o su adición de una línea contrapuntística, percusiva y separada, para las castañuelas fue tan importante que el maestro Enrique Fernández Arbós, director de la Orquesta Sinfónica de

Madrid, nunca grabó después de 1928 sin ese instrumento. Él, como Falla, Granados, Halffter y Joaquín Nin, había compuesto partituras para la Argentina, permitiéndole que añadiera tanto el taconeo como las castañuelas a la música de la orquesta. Gracias a esta innovadora dirección musical, la Argentina fue la primera mujer que bailó ante muchas grandes orquestas sinfónicas como intérprete solista, mientras que, a su vez, éstas la acompañaban en su propia interpretación en el escenario. Esta ingenua innovación musical —el uso de las castañuelas como instrumentos y como acompañamiento— nunca fue imitada por ningún otro intérprete que intentó repetir el repertorio de la Argentina después de su muerte.

Al pensar sobre la contribución de la Argentina al teatro, hay que recordar que trabajó con un material diferente: el flamenco. El flamenco, con su énfasis en los golpes en el suelo —el dominio de la tierra como medio de dar más fuerza al bailaor gitano— que daban una base al cuerpo mediante los ataques percusivos del taconeo compensados por las configuraciones sinuosas y serpentíneas del cuerpo superior, suave pero trabajado, es un género de baile poderoso que exige interpretación, tanto por parte de sus intérpretes como de los espectadores. La elección del flamenco por parte de la Argentina, como una gramática añadida con la que poder escribir su lenguaje clásico español y sus solos de castañuelas, es significativa.

El flamenco, con sus patadas terrenales, rituales, y los golpes insistentes del cuerpo en el suelo, separaba a la Argentina de otras solistas de la época. Todo el modus operandi de Isadora Duncan se originaba en la idea de que su centro no residía en la tradicional verticalidad tan estimada por la Ópera de París sino en el plexo solar. Era distinto del énfasis de la Argentina en los pies porque el sonido del zapato de flamenco lleva la fuerza a la línea corporal y viaja hacia abajo, hacia los insistentes pies. A pesar de que en el flamenco la parte superior del torso se levanta del suelo, siempre recibe el reto de la naturaleza agresiva que empuja el cuerpo inferior hacia la dirección opuesta. Por lo tanto, el equilibrio en el flamenco no se da en el plano vertical, formado por el cuerpo superior y el inferior, sino, más bien, en la torsión de la espalda que se inclina y gira entre la mitad superior y la inferior del cuerpo.

El poder destructor de esos zapatos y del taconeo daban a la Argentina un momentum, una velocidad y un espíritu muy distintos de los de la Duncan. Así, la Argentina se proclamó la intérprete moderna de una tradición gitana con siglos de antigüedad que le otorgaba una vida especial en el escenario, incluso antes de añadir su coreografía o cualquier colaboración. El inspirado cuerpo flamenco de la Argentina ofrecía a los espectadores un sentido de esperanza y renovación. El énfasis escénico recaía, pues, en la habilidad de la Argentina para dar más fuerza a su ya potente cuerpo flamenco.

A diferencia de Duncan, que quería hacer desaparecer la tradición del escenario y sustituirla con la forma femenina «natural» y semidesnuda, y a diferencia también de Loïe Fuller, que alteró su figura escénica mediante iluminación doméstica y trajes vaporosos de seda, la Argentina aceptó la alta costura. Adoptó la elegancia chic, la absorbió, la adecuó y la expandió para crear para ella un nuevo espacio escénico en el que solamente existía ella. Así pues, la Argentina nunca intentó abolir estos símbolos de la moda, sino que los llevó al escenario, transformando las metáforas y los símbolos de la cultura popular y usando su elegancia implícita para recrearse a sí misma como la Pavlova del flamenco. Como Sarah Bernhardt, Raquel Meller y, por supuesto, la misma Pavlova, la Argentina sabía qué tenía que usar y cómo hacerlo.[10]

En una visita de 1929 a los estudios MGM de Hollywood, la Argentina recibió la oferta de su director, Samuel Goldwyn, para hacer una película sobre su vida. En aquel momento rechazó la oferta temiendo que una película sobre una bailarina de concierto fuera algo demasiado comercial y pudiera distorsionar de alguna manera sus logros, como artista y como directora de una compañía de danza. Por una carta de 1935 de la guionista Grace Jones a Meckel, éste se enteró de que un colaborador de la Argentina estaba intentando preparar un corto para la Metro o para RKO en el que la Argentina bailaría y actuaría: «El guión que he escrito para la Argentina es muy adecuado». Pero, seguía Jones, los productores del estudio «no saben nada de arte y me han dicho que la Argentina visitó RKO y

La Argentina con el actor Ramón Novarro; Hollywood, 1934.

puso muchas condiciones sobre la iluminación y además exigió su propio director y tantas otras cosas que simplemente han perdido el interés».[11] Así pues, parece que, durante su gira de 1935, la Argentina tenía ganas de interpretar una película y, después de haber consolidado su reputación internacional, se sentía preparada para hacer una película sobre sí misma, pero, como era muy perfeccionista, necesitaba controlar, dirigir y asegurar la calidad de todo lo que hacía. Finalmente, Hollywood decidió no contratar a una artista extranjera para una película sobre arte que no tenía asegurados los beneficios. Incluso aunque la Argentina hubiera empezado a trabajar en una película ese año, habría sido difícil que pudiera terminar el proyecto: estaba enferma y, de hecho, murió un año o año y medio más tarde, con lo que el producto final no habría sido fiel a su naturaleza como intérprete «de gran arte».[12] Para nosotros, esta decisión fue muy desafortunada porque la Argentina hubiera bailado el papel y, comercial o no, esa película habría preservado su legado. (Hay, sin embargo, dos filmaciones cortas de la Argentina, una de ellas rodada por Arnold Meckel, que se encuentran en París y Nueva York.)[13]

La docencia hubiera sido la forma más importante de legar su método coreográfico, un concienzudo análisis musical basado en su habilidad para leer, reconstruir y reescribir fragmentos de las par-

La Argentina con el actor Douglas Montgomery, 1934.

tituras orquestales de sus colaboradores. La docencia también le habría permitido enseñar sus adiciones de líneas melódicas y contrapuntísticas mediante sus sonoras castañuelas y su percusivo taconeo. Le habría dado la oportunidad de perpetuar su técnica, con su fusión única de elementos del ballet, la escuela bolera clásica, las danzas campesinas andaluzas y el flamenco gitano. Tal como ella y su cuerpo de baile gitano interpretaban, las enseñanzas de la Argentina hubieran dado a España una nueva escuela de danza, tal como ella deseaba ya desde 1905 cuando renunció al Teatro Real de Madrid. Las nuevas generaciones de bailarines españoles aún miran hacia las décadas de 1920 y 1930, hacia el arte de la Argentina, sin saberlo, sin ser capaces de identificar los orígenes.

En julio de 1936, cinco años después de recibir condecoraciones tanto de Francia como de España por su contribución cultural en ambos países, el presidente de España pidió a la Argentina que creara la Escuela Nacional de Danza que dependería del Teatro Nacional.[14] La Argentina sería la directora. Su claustro de profesores estaría formado por Vicente Escudero, Encarnación López y Teresina. Pero la Argentina murió una semana después del 12 de julio, fecha en que recibió la carta.[15]

La Academia Nacional de Danza, que hoy existe como conservatorio de danza clásica—el flamenco se enseña como forma de baile por separado y no como una técnica integrada en una aproximación más propia del ballet al cuerpo—, funciona como ballet nacional de España. Mariemma, una de las profesoras y coreógrafas más importantes del país, fue elegida para dirigir la sección académica en la escuela a mediados de la década de 1970. Nunca bailó para la Argentina, pero es lo bastante mayor como para recordar la representación parisina de *El amor brujo* en 1928, cuando ella era una joven alumna de la escuela clásica española. Además, a pesar de que no conoció a la Argentina, probablemente tuvo como profesores a sus bailarines o a otros de la misma generación, y estudió con Escudero.[16]

A pesar de que durante una gira por Estados Unidos con su mujer, Carmita, en 1936, escogió no quedarse en el extranjero, sino volver a España donde poder estar cerca de los lenguajes y las tradiciones que alimentaban su arte, Escudero fue uno de los intérpretes de flamenco (el otro fue Carmen Amaya) a quien Franco permitió entrar y salir de España con libertad; Escudero y Amaya eran tan famosos en 1939 que impedirles las giras hubiera parecido peor a los ojos de una comunidad internacional ya indignada.

Los materiales documentales que preservan la vida de la Argentina bidimensionalmente —los diseños escénicos y de vestuario, las reseñas de prensa, los programas— sobreviven en archivos donde es posible rastrear su repertorio, su forma de bailar y algunos elementos de su vida personal. Las dos filmaciones cortas de ella bailando, una conservada en la Cinémathèque de la Danse en París y en la New York Library la otra, la muestran actuando en un tablao con acompañamiento de piano. Se ve su cuerpo —su delgadez—, su sonrisa y sus ojos, su porte, el taconeo y algo de su interpretación con las castañuelas, pero son demasiado cortas para servir como guía de su personaje artístico y su interpretación.

El régimen de Franco silenció el modernismo y asesinó, exiló o intimidó con éxito a muchos miembros de la vanguardia española. Dentro de este mundo literario y musical, la Argentina había desarrollado su estética y hallado a sus colaboradores. Debido a que la habían aceptado y se había asociado con esos intelectuales, sus actuaciones están muy bien documentadas. Sin embargo, surge una pregunta: ¿Cómo se pueden usar los materiales de archivo de la mejor manera para entender la estética de la Argentina y abrir el camino para los artistas que trabajarán en el futuro? ¿Ayudará la aproximación de la Argentina a la manera de hacer teatro —una combinación de música, coreografía y maquinaria escénica dramática— a mantener la creatividad popular española y gitana como cultura, rindiendo justo homenaje a la tradición literaria española? Los historiadores españoles en particular han desdeñado la contribución del teatro de la Argentina como teatro flamenco o español porque era demasiado «comercial», porque cobraba para ser artista, pero esos estudiosos no han criticado nunca a Amaya o Escudero por haber obtenido grandes beneficios de sus giras mundiales. Consideran que la danza modernista de la Argentina no es importante porque se basaba en la colaboración. Por su inherente neocasticismo, la dramaturgia de Lorca y la Argentina se convirtió en algo abiertamente individualista y por tanto en una amenaza para la política unificadora del totalitarismo. Quizá los estudiosos que soportaron los años de Franco y han vivido para escribir sobre ellos no se dan cuenta de que sus alabanzas a Amaya y Escudero son tan puristas como lo eran las políticas culturales de Franco y se niegan por ello a aceptar visiones artísticas distintas, fórmulas de fusión.

Hoy, más de sesenta años después de la muerte de la Argentina (treinta y nueve de los cuales se han vivido en España bajo la censura de cualquier forma de espectáculo), ha emergido una nueva generación de bailarines formados en el flamenco. Los gitanos sufrieron un destino particularmente duro a manos de la policía de Franco, a pesar de que muchos habían luchado a su lado durante la guerra civil. Aún hoy, los gitanos andaluces aprenden desde niños de los miembros de la familia que actúan profesionalmente con más o menos éxito a bailar, cantar y tocar la guitarra. Una generación nueva y joven de bailaores liderada por Soledad Barrio, Belén Maya, Juana Amaya y Antonio Canales (mitad gitano y mitad payo) nació aproximadamente cuando Franco murió. Estos bailarines son buenos, valientes, tienen talento y se han formado en tiempos posfranquistas. Han crecido en un país democrático y no tienen miedo a expresarse en el escenario. Están alimentando una nueva revolución, posmoderna, en la danza escénica española, usando el método colaborativo de los modernistas, y de la Argentina. Muchos, como Canales, sin embargo, miran a Escudero, otros a la Argentina que murió tanto tiempo atrás. Es interesante observar que tanto los nuevos coreógrafos como el público parecen más interesados en la mecánica de los ritmos que en el diseño escénico global. Así, el cuidadoso trabajo con el cuerpo y los decorados de la Argentina parece perdido debido a la renacida obsesión de los jóvenes coreógrafos por las estructuras rítmicas complejas que son hoy la esencia de la danza dramática.

Después de la Argentina ninguna otra española ha formado una compañía como hizo ella, supervisando todos los aspectos de las producciones, trabajando junto a las tradiciones musicales y literarias de la vanguardia para plasmar su visión global de la danza de teatro. Quizá la época en la que vivió y trabajó la Argentina fuera única. A principios de la década de 1980, los coreógrafos-directores-bailarines, como Antonio Gades, Mario Maya, Manolo Marín y Cristina Hoyos, empezaron a salir de gira con un formato de danza de teatro que recordaba los éxitos de la Argentina. La colaboración cinematográfica entre Carlos Saura y Gades (*Carmen* y *Bodas de sangre*) ha sido especialmente importante para documentar y ofrecer múltiples perspectivas del lenguaje del flamenco. Pero Saura aún tiene que dar voz cinematográfica a la expresión modernista que hay que descubrir en los lenguajes clásicos españoles, mezclados por la Argentina con la técnica del flamenco.

Desde 1992, los artistas coreógrafos como Canales, Andrés Marín o Carmela y Lola Greco (hijos de José Greco) han establecido un lenguaje posmoderno que caracteriza y completa su forma de bailar. Buscando modelos, inspiración y lenguaje, tanto Canales como Lola Greco han mirado a los imitadores de la Argentina y sus ballets, no solamente a Escudero, sino también a Argentinita, José Greco, Pilar López y Antonio Ruiz Soler.[17] Canales, junto con Eva Yerbabuena es el inventor de algunos de los más complejos taconeos y secuencias dramáticas del flamenco, parecidos a los que ejecutó en la década de 1940 la diva del flamenco, Carmen Amaya, cuyo trabajo como «artista étnica» en las películas de Hollywood de los años treinta la lanzó al estrellato. A diferencia de Amaya, pero como la Argentina, Canales existe tanto dentro como fuera de la cultura gitana. «En un sorprendente despliegue de virtuosismo masculino, su *Farruca* se convierte en la encarnación metafísica del futuro del flamenco. En coreografía, estatura y énfasis teatral, Canales mezcla el estilo técnico, acrobático, de los años noventa con el mundo de la danza escénica de los años veinte, añadiendo un brazo esculpido propio de la escuela bolera a la línea art decó que dibuja con su torso inferior. Manos abiertas equilibran su imagen de matador predatorio, compensada por un torso superior sinuoso, de bailaora. "Quiero que mi cuerpo recuerde al de Vicente Escudero", dice Canales.»[18]

En Nueva York, durante la temporada 1996-1997, se representaron seis versiones diferentes de *El amor brujo* por parte de artistas de América y de España. Curiosa y desgraciadamente, la versión de la

Argentina no ha sido reconocida por ninguno de quienes llevan hoy su obra, su legado, a los escenarios de Nueva York en la actualidad. Solamente se cita la partitura de Falla. ¿Por qué se ha eclipsado la contribución de la Argentina? Sin su visión de la obra, como Falla le escribió con tanta claridad en numerosas ocasiones, *El amor brujo* podría haber muerto. En el primero de los tres «testamentos y últimas voluntades» de Falla, el maestro escribió que «*El amor brujo*, junto con mis otros trabajos para el escenario tiene que representarse con estricto respeto a los principios católicos y de la moralidad». Falla continuaba especificando que ninguna de sus obras «debía incorporarse a un programa que incluyera obras que no cumplieran con esos principios y moral», que pasaban por un cuerpo completamente vestido y una presencia «digna y espiritual» sobre el escenario.[19] Falla escribió otros dos testamentos, uno en 1933 y el último en 1936. Debido a una creciente religiosidad en su vida privada, dictó especificaciones sobre «adhesión estricta a la espiritualidad y la moralidad católicas» para cada uno de los testamentos. Sin embargo, después de su muerte en 1946, su familia, querellada con los muchos colaboradores de sus numerosas obras para la escena, no pudieron hacer cumplir las instrucciones de Falla, ya que todos tenían derecho a interpretar su propia obra y así lo hicieron. La Argentinita fue probablemente la más ávida intérprete de *El amor brujo*, representándolo sin ninguna referencia a la colaboración de 1925 entre Falla y la Argentina y junto a otras obras que Falla hubiera calificado como moralmente reprobables.

Quizá hoy, y en un futuro próximo, con la emergencia de nuevas generaciones de bailarines-coreógrafos, la contribución de la Argentina a las artes y la cultura españolas será reconocida, no solamente por estudiosos dedicados a su legado, sino por producciones en vivo bailadas por bailarines como la gran Lola Greco. Solamente en el cuerpo que baila, un cuerpo completamente formado en las técnicas musicales, la clásica española y la del flamenco, puede el recuerdo de la Argentina volver otra vez a la vida en el escenario. Estas producciones, a pesar de que se reimaginen y se reinventen, deberían citarla como inspiración y fuente etnográfica de la coreografía contemporánea.

La Argentina el último día de su vida con su compañero Robert Ochs y el guitarrista Luis Galve (izquierda).

El extraordinario talento de la Argentina tuvo que enfrentarse al reto de una larga década de declive físico progresivo. Sus éxitos fueron el resultado de su valentía y resistencia para enfrentarse a la enfermedad. Seguramente la Argentina sufría de reuma cardíaco, y de una inflamación de ovarios que empezó después de la formación de su compañía en 1928, que fue la causa de su muerte prematura en 1936. En sus numerosas cartas a su íntimo amigo Joaquín Nin y a su pareja escénica y amante, Georges Wague, se quejaba a menudo de dolor en el corazón y los pulmones y siempre buscaba el calor y el sol en los balnearios del sur de Francia y el norte de España. A menudo firmaba contratos con los casinos de Biarritz y San Sebastián

La Argentina con el vestido de Danse Ibérienne, *1928.*

para ganar mucho dinero en una sola noche que le permitiera hacer lo que se conocía como «cura». Por los certificados médicos de doctores de Moscú de 1914, de Sudamérica en 1917 y de Nueva York en 1930, parece que la Argentina pasó por varias operaciones en el bajo abdomen y se vio obligada a cancelar algunos compromisos. Siempre contrataba seguros altos para sus actuaciones en caso de tener que cancelar y, a medida que transcurrió el tiempo y se puso más enferma, tuvo que pagar ella misma cuando cancelaba. Si pensamos en las giras constantes, las representaciones, la dirección, las castañuelas, el diseño de vestuario, la voluminosa correspondencia, las actuaciones de beneficencia, las dieciséis horas diarias de ensayo de toda la compañía —y teniendo en cuenta lo enferma que estaba— no podemos dejar de admirar la valentía de esta mujer sola a principios del siglo XX. Qué difícil tiene que haber sido para una española —como para cualquier mujer— sin marido, a pesar de estar rodeada de compañeros y amigos competentes, que la adoraban, tener esos sueños, tanto trabajo y estar enferma.[20] Leer sobre su enfermedad en sus cartas supone simpatizar totalmente con ella y admirar su voluntad, su visión.

A pesar de que la prensa francesa apreciaba con razón su ingenuidad, en un artículo de 1931 para *Comoedia*, André Levinson criticó a la coreógrafa: «Parece que en esta temporada va a faltar nueva investigación coreográfica por parte de una artista que siempre se ha exigido lo máximo a sí misma».[21] Se trata de una crítica muy dura para una mujer que se enorgullecía de sus interminables viajes de investigación a España que daban siempre como resultado una nueva obra cada año. (Además, Levinson era el mayor admirador de la Argentina. En una entrevista de 1992, Marie, la hija de Levinson, admitió que su padre estaba enamorado de la Argentina y deseaba ir con ella en su gira por América de 1928, pero que su mujer se lo impidió.)[22] Por eso, que un hombre que había estado siempre a su lado como colega y admirador desde 1923 la criticara públicamente en la prensa debe haberle dolido mucho.

Durante la vida relativamente corta de la Argentina, su duro trabajo, su cansancio y la grave enfermedad quedaron derrotados por la oportunidad de vencerlo todo con el entusiasmo de la representación teatral. Si no hubiera estado enferma, habría dado muchas clases y quizá se habría instalado en un teatro permanente o en un teatro de ópera propio. Si hubiera vivido hasta los años cincuenta y sesenta, su legado en el extranjero, en España y en América, habría sido con seguridad más perdurable, gracias a la importación que hizo en aquella época el empresario Sol Hurok de bailarines y músicos. La prensa especializada en danza de Nueva York habría escrito a fondo sobre su contribución a la danza. Quizá la Argentina se hubiera interesado tanto por el lenguaje posmoderno de la danza que estaban desarrollando en Nueva York Merce Cunningham, John Cage, Anna Sokolow, Geoge Balanchine, Anthony Tudor y otros como lo hizo con el moderno. Si hubiera experimentado el arte de los años cincuenta en América, la Argentina habría transformado la danza española mediante su elegancia personal y su brillante aproximación a la forma en movimiento: aplicando toda nueva idea con su gusto discriminatorio a un credo artístico ya existente. Esta tendencia habría transformado radicalmente el teatro español, provocando una fuerte ruptura con los «ideales» del fascismo durante la época de Franco. Sin embargo, en un último análisis, solamente se pueden comentar las actuaciones de la Argentina porque fue en el escenario donde vivió y soñó.

Notas

Nota sobre las fuentes

1. La Bibliothèque Nationale de France se cita por sus secciones. Para la de la Ópera de Paris, en las notas aparece Bn-O. Para la del Arsenal (Bibliothèque de l'Arsenal, la biblioteca nacional de danza, teatro, vestuario y música), en las notas aparece Bn-Arsenal. La New Yolk Public Library for the Performing Arts se abrevia como: NYPL-DC.

1. La Argentina y el modernismo español

1. Para sus coreografías, la Argentina recurrió a numerosos compositores, libretistas, poetas y pintores españoles. La lista que sigue señala las influencias más importantes en sus diseños artísticos: los compositores Quinito Valverde (*La corrida*, 1911), Falla (*El amor brujo*, 1925; *La vida breve*, 1928; y *Suite de danzas*, 1929), Isaac Albéniz (*Córdoba*, 1918; *Triana*, «Suite Iberia», 1927; Aragón, 1906-1907*);* Enrique Granados (*Danza de los ojos verdes*, 1916, dedicada a ella; *Danza* V, 1919; *Goyescas*, 1930), Oscar Esplá (*El contrabandista*, 1928), Ernesto Halffter (*Sonatina*, 1928), Joaquín Nin (*Danza ibérica*, 1930, dedicada a ella), Gustavo Durán (*El fandango del candil*, 1927), Julián Bautista (*Juerga*, 1927), Joaquín Turina (*Sacromonte*, 1929), M. Infante (*En el corazón de Sevilla. Cuadro flamenco* , 1928); los pintores Néstor de la Torre (*Triana*, 1929) (*El fandango del candil*, 1927), Gustavo Bacarisas (*El amor brujo*, 1925 y 1928), Salvador Bartolozzi (*El contrabandista*, 1928), Beltrán y Masses (*Sonatina*, 1928), Fontanals (*Juerga*, 1929); y los escritores españoles y poetas, que hicieron de libretistas, María y Martínez Sierra (*El amor brujo*, 1925), Rivas Cherif (*El fandango del candil*, 1927; *El contrabandista*, 1928), y Ramón del Valle Inclán (*Kinebombo, 1927*).
2. Gertrude Stein, *The Making of Americans: Being a History of a Family's Progress* (París, Contact Editions, 1923), p. 62; citado en *Four Americans in Paris: The Collections of Gertrude Stein and Her Family*, catálogo de la exposición, Museum of Modern Art (Nueva York, 1970), 26-27.
3. *Ibid.*, p. 72.
4. Stein, *Making of Americans*, 111
5. Un «cuadro gitano» es un grupo, como el cuerpo de ballet. En flamenco, el *cuadro* funciona como el cuerpo de ballet en el que los bailaores tienen menos categoría. Sus papeles son principalmente musicales y usan las palmas para crear el ritmo que funciona a contratiempo respecto a la pulsación sincopada que baila la estrella principal. La estrella de un espectáculo de flamenco es el bailaor o la bailaora.
6. *Triana* se estrenó el 27 de mayo de 1929 en la Opéra-Comique. *Juerga* se estrenó el 10 de junio de 1929 en el Théâtre Marigny. *El amor brujo* se estrenó el 25 de mayo de 1925 en el Trianon Lyrique y *La vida breve* el 9 de marzo de 1928 como una serie de solos de danza en el Théâtre National de L'Opéra-Comique.

7. John Martin, «The Dance: la Argentina», *New York Times*. 25 de noviembre de 1928.
8. Javier Suárez-Pajares. «Bolero», *International Encyclopedia of Dance*. 479.
9. *Ibid*., 572.
10. André Levinson, «L'Argentina», *Theatre Arts Monthly* (octubre de 1928), 74. Levinson, «La Danse. Jadis et naguère. Argentina et l'esprit de la danse espagnole. Les premières armes d'une premiere danseuse. Flâneries, glanes», *Comoedia* 24 (septiembre de 1923), 4.
11. En 1932, García Lorca fundó un grupo de teatro ambulante, La Barraca, que actuaba para los trabajadores por todo el país.
12. Manuel de Falla, carta a la Argentina, mayo de 1926, colección de la Ópera de París.
13. Citado en Antonina Rodrigo, «Antonia Mercé-Argentina, el genio del baile español», *Cuadernos hispanoamericanos*, núm. 484 (octubre de 1990), 14.
14. Federico García Lorca, citado por Francisco García Lorca, en «Federico y su mundo», *Alianza tres* (Madrid, 1980) 470.
15. *La cariñosa* se estrenó en marzo de 1929 en el Théâtre des Champs-Elysées. Argentina insistió en que un cierto número de entradas se vendiera a precios populares.
16. El taconeo es un sonido de percusión producido por unos clavos en la suela del zapato cuando éste golpea el suelo creando un contrapunto respecto a los movimientos del cuerpo. Véase Eric Hobsbawm, «Introduction: Inventing Tradition», en *The Invention of Tradition*, segunda edición (Nueva York, Cambridge University Press, 1985), 1-14.
17. Gabriel Séailles, *Alfred Dohodencq: Histoire d'un coloriste* (París, 1885), 69. *Petrouschka* se estrenó el 1 de junio de 1911 en el Théâtre du Chatelet. *La Consagración de la primavera* se estrenó en mayo de 1913 en el Théâtre des Champs-Elysées.
18. Miguel de Unamuno, citado en John Armstrong Crow, *Spain, The Root and the Flower: An Interpretation of Spain and the Spanish People*, tercera edición, ampliada y actualizada (Berkeley y Los Ángeles, University of California Press, 1985), 272.
19. La primera exposición de iconos rusos fue un intento de llevar el arte popular ruso a París. Fue un gran éxito que lo llevó a la convicción de que un ballet ruso sería también una exportación inteligente y rentable.
20. La Argentina conocía el ballet español por sus años en el Teatro Real de Madrid donde había muchos profesores italianos. Seguramente había oído hablar de Enrico Cecetti y de su método y quería saber qué formación había recibido el ballet ruso, para expresarse tanto a nivel técnico como dramático.
21. *Seguidillas* se estrenó como solo de danza el 9 de junio de 1924 en el Teatro Coliseum de Londres. *La corrida* se representó por primera vez en 1910 como parte de una opereta de Valverde.
22. Las majas y majos captados con tanto patetismo en las obras de Goya, pertenecían a las clases artesanas de ciertos barrios madrileños.
23. El sentido etéreo de la luz captado por los pintores románticos franceses al dejar España y su topografía arabesca —un sano sentimiento naturalista del tiempo y del espacio— fue captado tanto por la Argentina como por Nijinsky. *Cuadro flamenco* se representó el 18 de junio y el 12 de julio en el Teatro Femina de París. La actitud romántica de los artistas franceses hacia España está muy bien dibujada por Alisa Luxemberg en «Over the Pyrenees and through the Looking-Glass: French Culture Reflected in Its Imagery of Spain», *Spain, Espagne, Spanien: Foreign Artists Discover Spain 1800-1900* (Nueva York, The Equitable Gallery, 1993).
24. Cyril Rice, «The Ambassadress of Spain», *Dancing Times* (junio de 1935), 245-248.
25. Correspondencia, la Argentina a Joaquín Nin (1928), Bn-O.
26. Correspondencia, Joaquín Nin a la Argentina.
27. Carta del marido de Anna Pavlova, Victor Dandrau, a la Argentina, 1931, Colección de la Ópera de París.
28. Pocos estudiosos han analizado por qué la Argentina y María Sierra, muy

importantes, activas y alabadas en su época, no forman parte de los libros actuales de historia. Esta curiosa cuestión exige estudio y análisis.

29. Paul Preston, «No Enemies Other than the Enemies of Spain», *Franco: A Biography* (Nueva York, Basic Books, 1994), 779-887. Estrella Casero, «Los coros y danzas de la Sección Femenina: Teoría y práctica», *Cairon. Revista de Ciencias de la Danza*, núm. 1 (Madrid, Servicio de Publicaciones, 1995), 67.

   Conversación entre Lynn Garafola y Martha Carrasco, crítica de flamenco residente en Sevilla cuya madre fue profesora en la Sección Femenina, Barcelona, España, 1995.

2. Los años de formación (1888-1912)

1. Las fuentes españolas dicen que la Argentina nació en 1890. Sin embargo en la prensa francesa y americana normalmente se da como su fecha de nacimiento 1888. La propia Argentina dijo que su familia se trasladó de Buenos Aires a la calle del Olmo de Madrid dos años después de su nacimiento. Como no encontré registro de la familia en esa calle del año 1892 después de buscar en los Archivos de la Villa de Madrid en los registros de las oficinas de Conde Duque, acepto la fecha anterior. Además, se cree que tenía cuarenta y ocho años cuando murió y que debutó a la edad de once años en 1899. Tanto su debut como su edad en el momento de la muerte son una prueba fehaciente de que la Argentina nació dos años antes de la fecha que circuló en la década de 1920, cuando empezó a ser famosa en Europa.
2. A finales del siglo XIX, el Teatro Real de Madrid y la Real Academia de Danza que dependía de aquél, habían caído bajo la influencia de los profesores italianos y sus prácticas coreográficas. Sin embargo, el señor Mercé enseñaba técnica clásica española, mientras que los italianos formaban a los bailarines en el estilo italiano de ballet que se utilizaba en los escenarios de ópera de París, Nueva York y San Petersburgo. La danza española estaba, por lo tanto, menos preocupada por la silueta o el contorno de la bailarina y su posición y más dirigida a la evocación del tiempo y del espacio. No se trataba tanto de flotar etéreamente o de elongación corporal en el espacio sino de la perfección al hacer los movimientos rápidos con la cabeza, los brazos y los pies para expresar los estados emocionales.
3. Véase Carlo Blasis, *The Code of Terpsichore*, cap. I, «Theory of Theatrical Dancing» (London, 1830). Vuelto a publicar en la *Enciclopedia della Spectatura* italiana. Para más información sobre la formación de los bailarines clásicos españoles, véase José Subirá, *Historia y anecdotario del Teatro Real* (Madrid: Editorial Plus-Ultra, 1949) y Gaspar Gómez de la Serna, *Gracias* y *desgracias del Teatro Real; Abreviatura de su historia* (Madrid, Ministerio de Educación y Ciencia, Dirección General de Bellas Artes, 1967).
4. Entrevista con el flamencólogo Juan de la Plata en Jerez de la Frontera, agosto 1995. Es interesante remarcar que tanto Vicente Escudero como Mariemma y el padre de la Argentina nacieron en Valladolid.
5. Suzanne F. Cordelier, *La Vie Brève de l'Argentina* (París, Librairie Plon, 1936), 29-30.
6. Según la maestra Mariemma, profesora, consejera y coreógrafa del Ballet Nacional de España y de la Academia Nacional de Danza de Madrid, el Ballet Nacional reconoce hoy cuatro escuelas: la escuela bolera, los bailes flamencos, las técnicas italianas y francesas de ballet y las danzas regionales españolas. Entrevista con Mariemma, Madrid, agosto de 1995.
7. Carlos Llobet Busquets. *Bailes típicos* y *escudos de España y sus regiones* (Barcelona, T. Raurich, 1929).
8. *Ibid.*, 31.
9. Xavier Montsalvatge, citado por Cordelier, *Vie Brève*, 32.
10. Suzanne de Soye, *Toi qui dansais, Argentina* (París, Les Editions la Bruyère, 1993), 16.

11. Cordelier, *Vie Brève*, 30.
12. *Ibid.*, 31.
13. Para una historia y análisis completos de la escuela bolera, véase Fernández de Rojas, *Croatología o ciencia de las castañuelas* (Madrid, Imprenta Real, 1792); Carlo Blasis, *The Art of Dancing* (Londres, Edward Bull, Holles Street, 1830), 34-39; y José Otero, *Tratado de bailes de sociedad* (Sevilla, 1912). Estos tratados ofrecen complicados estudios de los pasos de danza y en pareja de la escuela bolera, cuyo estudio científico se llama bolerología. La palabra bolero deriva del verbo volar que da a los pasos de danza ligereza y calidad aérea. Para una revisión de conjunto de los orígenes de la escuela bolera véase los capítulos en *Studies in Dance History: The Origins of the Bolero School*, ed. Xavier Suárez-Pajares y Xoan M. Carreira, 4, núm. 1 (primavera de 1993). Al escribir sobre la escuela española en su tratado de 1830, Carlo Blasis definió claramente el bolero como «una danza mucho más noble, modesta y contenida que el fandango». Ejecutada por dos personas, el bolero se «compone de cinco partes» y durante ese tiempo «se cantan boleros acompañados por la guitarra... El paseo, las travesías, las diferencias, en las que se dan cambios en los pasos de baile, los finales y el bien parado, o reunión de la pareja, componen todo el baile en el que los cambios se hacen a través del tempo y de los cambios de dirección. «El aire del bolero está fijado por el compás de 2/4... con cadencias muy variadas.» Los ritmos cambian pero «los ritmos particulares del bolero tienen que preservarse» como en el caso de los distintos bailes que constituyen el género flamenco. Además, «los pasos del bolero se ejecutan *terre à terre* y se hacen bien resbalando, bien golpeando al retirar el pie, pero siempre, como antes, claramente marcados».

    Un análisis del baile del bolero y de su academización —su aceptación como estilo de danza aprobado por la Academia Nacional de Danza de Madrid— proporciona datos sobre la cultura española y las clases sociales. En el siglo XVIII, tanto la nobleza como el campesinado compartían el gusto por el bolero. Ejemplos de la importancia del bolero en la historia de la cultura española pueden hallarse en la rica iconografía del período, dibujada por artistas españoles y franceses. Sus prolíficos grabados, relieves y cuadros captan y describen una España pintoresca, tranquila, simple y feliz que artistas como José Camarón, Marcos Téllez, Francisco de Goya, Ramón Bayeau, Pierre Demachy, Antonio Rodríguez, Serafín Estebáñez Calderón y Gustav Doré retrataron.

    La escuela bolera nació en la última parte del siglo XVIII. Sus raíces eran tanto populares como cortesanas: «Desde el principio, incorporó elementos de los estilos de danza escénica absorbidos por los numerosos intérpretes franceses e italianos que cruzaron el país después de 1750». Esta forma de danza era considerada por algunos miembros de la sociedad española como «una revalorización de los valores nacionales», tradiciones que la Ilustración atacó. Véase el prólogo de Lynn Garafola a *Studies in Dance History: The Origins of the Bolero School*, 4, núm. 1 (Primavera de 1995), v-vi.
14. No fue hasta el último tercio del siglo XX, después de la muerte de Franco en 1975, que el flamenco como técnica y estilo de interpretación empezó a incorporarse en la formación de los alumnos de la recientemente fundada Academia Nacional de Ballet de España. Ahora el floreo y el braceo, la intrincada y sinuosa talla del espacio con los hombros, las caderas, las manos, la cabeza y los pies, se ha hecho parte visible y vital de la interpretación del Ballet Nacional Español, incluso cuando ejecuta meros pasos de bolero clásico español. Los ritmos insistentes y la articulación de manos y pies aparecen como testimonio de la completa incorporación del flamenco a una expresión física total de la danza española. Los alumnos no aprenden solamente las técnicas de la danza clásica española, los pasos de danza y los estilos practicados y transmitidos desde el siglo XVIII, sino también el rápido zapateado y las palmas del baile flamenco. Yo diría que la aceptación por parte de la escuela de ballet española del flamenco, como género de danza española académica, estuvo facilitada por

la yuxtaposición técnica de danza española y flamenco creada y exhibida por Argentina. Su pareja, Vicente Escudero y su seguidora Mariemma recordaban las actuaciones de la Argentina en el Trianon Lyrique en 1925 (entrevista con Mariemma, Madrid, agosto de 1995). Para más información sobre la formación de los bailarines clásicos españoles y el Teatro Real de Madrid, véase José Subirá, *Historia y anecdotario del Teatro Real*.

15. De Soye, *Toi qui dansais*, 12.
16. Cordelier, *Vie Brève*, 26.
17. No es probable que todo el Teatro Real actuara en Córdoba ya que los gastos de transportar a bailarines, decorados, técnicos y maestros de ensayo hubieran sido enormes. Seguramente, como ocurre hoy con muchas compañías rusas y americanas, Manuel organizó una troupe de bailarines principales, una iniciativa más llevadera para ir de gira por España. Los nombres de las estrellas atraían mucho público y, por lo tanto, un buen dinero para los bailarines que salieran fuera durante la temporada regular de Madrid. Además, es probable que Mercé se llevara de gira por Sudamérica a estos bailarines estelares, como hace hoy Dina Bjorn del Royal Danish Ballet. Los bailarines principales se conocen y confían unos en los otros debido al trabajo y a la formación conjunta durante muchos años y se sentirían bien ante la posibilidad de ganar dinero extra e interpretar más solos de danza sin la dirección burocrática del Teatro Real de Madrid.
18. No pude obtener el certificado de matrimonio de los Mercé y por tanto no pude verificar que Josefa y Manuel estuvieran realmente casados a pesar de que vivían como tales.
19. La Argentina. «Au Pays Natal», *L'Excelsior* (8 de octubre de 1933). La Argentina, durante toda su carrera solamente contrataba «bailarines españoles» excepto para sus giras. En el Teatro Colón, por ejemplo, contrató al cuerpo de ballet y en la Opéra-Comique contrató a varios buenos bailarines para la representación de 1928 con Falla.
20. Las sevillanas son un baile popular de Andalucía que los niños aprenden desde pequeños y que las parejas bailan en bodas, bautizos y en las fiestas de primavera, especialmente en la Feria de Abril de Sevilla. Las mujeres llevan trajes de volantes de colores claros y de topos. Los hombres visten de caballeros. Para más información sobre las seguidillas sevillanas, véase Matteo, *The Language of Spanish Dance*, 226-227.
21. Debido a la fuerte influencia italiana en la Real Academia, la administración española de danza tenía que asegurar que se interpretaran las danzas nacionales, de ahí el nombre de «boleros/boleras» para distinguir a los bailarines españoles de los italianos o los franceses.
22. José Subirá, *Historia* y *anecdotario del Teatro Real.*
23. Antonina Rodrigo, «Antonia Mercé-Argentina. El genio del *baile* español». *Cuadernos hispanoamericanos* (núm. 484, octubre de 1990), 2.

    Seguramente Luque era presentada como bolera, intérprete femenina de la técnica bolera de la escuela clásica española.
24. Para más información del juego psíquico y físico entre el cuerpo y la mente al servicio de una expresividad estética, véase Suzanne K. Langer, «Virtual Powers» y «The Magic Circle», *Feeling and Form. A Theory of Art* (Nueva York, Scribner, 1953), 169-208.
25. Cordelier, *Vie Brève*, 38.
26. *Ibid.*, 39
27. *Ibid.*, 38.
28. Las castañuelas se usan actualmente en todas las culturas dentro de las fronteras españolas para medir el tiempo, como los metrónomos. Son también símbolos de belleza y sus sonidos de madera y diseños cóncavos producen una fuerte resonancia. Entrechocan para producir un sonido tan suave como líquido. En el libro *The Language of Spanish Dance*, Matteo sostiene que las castañuelas proporcionan el contrapunto a los ritmos producidos por los pies y el cuerpo cuando baila. Las

castañuelas sirven tanto para animar algunas danzas regionales españolas como para acompañar y producir, en manos de una maestra de concierto como la Argentina, su propia narrativa. Matteo (Marcellus Vittucci), *The Language of Spanish Dance* (Norman, University of Oklahoma Press, 1990). 141.

29. Rodrigo, «Antonia Mercé-Argentina», 3; *Le Théâtre* (febrero de 1906).
30. Citado en Cordelier, *Vie Brève*, 36.
31. Entrevista con la Argentina por Elizabeth Benton, «la Argentina is the Greatest Spanish Dancer in the World Today», *Boston Evening Transcript* (24 de noviembre de 1929).
32. Citado en Vicente Escudero, *Mi baile* (Barcelona, E. Montaner y Simón), 13.
33. Escudero, *Mi baile*, 14.
34. Citado en Cordelier, *Vie Brève*, 39.
35. *Ibid.*, 40.
36. Citado en de Soye, *Toi qui dansais*, 16.
37. La cachucha fue enseñada por Dolores Serral a Fanny Elssler en 1834.
38. Cordelier, *Vie Brève*, 18
39. Crítica de Córdoba, citada en Rodrigo, «Antonia Mercé-Argentina», 12.
40. El término «zarzuela» deriva posiblemente del nombre por el que era conocido un pabellón real de caza situado en las afueras de Madrid.
41. Aunque algo delgada para el teatro de variedades (los propietarios de estos teatros y el público preferían entonces a las mujeres más entradas en carnes), el carisma de la Argentina le confería lo necesario para poder ganarse la vida en los escenarios de variedades parisinos.
42. De Soye. *Toi qui dansais*, 16.
43. Las fechas de la muerte de los padres de la Argentina aparecen en una carta que me escribió Carlota Mercé de Pavloff, fechada el 29 de julio de 1996. La madre murió el 3 de marzo de 1913.
44. Cordelier, *Vie Brève*, 36.
45. De Soye, *Toi qui dansais*, 22.
46. Entre 1842, con la inauguración del primer café cantante en Sevilla, hasta 1904, cuando la Argentina empezó a bailar en los tablaos, Andalucía experimentó una explosión de locales que se llenaron de cuerpos de baile flamenco conocidos como cuadros. Los bailaores menos experimentados bailaban al principio de la noche, dejando que las grandes estrellas, hombres o mujeres, actuaran al final. Quienes empezaban bailaban después del cuadro y antes que las primeras figuras de forma que técnicamente (y por tanto también temporalmente) estuvieran entre el sólido pero poco espectacular cuadro y las estrellas en las que podrían convertirse si aprendían a reinterpretar el compás flamenco con una nueva luz.

    Este rígido sistema jerárquico en el que los bailaores más jóvenes aprendían mediante la observación y la expresa intimidación competitiva, sigue vigente hoy en día en los tablaos del sur y del norte de España, a pesar de que la mayoría de las grandes estrellas del flamenco tienden a actuar habitualmente en las grandes fiestas de los pueblos andaluces en Semana Santa y en los cálidos meses de verano. Desgraciadamente, los tablaos que se dirigen a un público no español y, especialmente, no gitano tienden a tener menos intérpretes gitanos y más chicas delgadas a las que se contrata más por su figura que por su capacidad de innovación rítmica. Las exigencias del mercado han convertido la mayoría de tablaos del norte de España en focos turísticos. Los cafés cantantes han sido reemplazados por los bares flamencos y, en consecuencia, han desaparecido los centros de formación para que los jóvenes aprendan de sus mayores. Además, los grandes cuadros fijos que contrataban los tablaos son hoy demasiado caros y la rotación de bailaores es virtualmente algo obsoleto.
47. De Soye, *Tot qui dansais*, 22.
48. *Ibid.*

49. Entrevista con Carlota Mercé de Pavloff, Torremolinos, España, julio de 1995. El debut de la Argentina fue copiado de un recorte de periódico por Carlota Mercé.
50. De Soye, *Toi qui dansais*, 22-24.
51. Janet Flanner (Genet), *Paris Was Yesterday* (Nueva York, Harcourt Brace Jovanovich, 1972), XIII y 151. El libro de Flanner se publicó primero en forma de una serie de artículos en el *New Yorker* en los años veinte. Fue su corresponsal entre 1925 y 1939.
52. Édouard Beaudu, «Hommage to Argentina», 1956. Nota mecanografiada, Fonds Argentina, Bn-O. B Pieza núm. 65.
53. Según la sobrina de la Argentina, Carlota. La Argentina concebía primero sus ballets como composiciones musicales. «El primer elemento: la música», me escribió Carlota en una carta del 11 de enero de 1996.
54. Entrevista, Carlota Mercé de Pavloff, Torremolinos, España, julio de 1995. Correspondencia, Monique Paravicini a mí, abril de 1996.
55. H. Birbaum, «The Argentina plays the Maxine— Elliot Theater», *Musical America*, 19 de febrero de 1916.
56. El compás y el caló, el dialecto gitano son la esencia del flamenco.
57. *La Tierra cartagenera*, 12 de julio de 1908.
58. «Antonia Argentina al Salón Moderno», *La Unión Mercantil* (Málaga) 8 y 11 de enero de 1909. «La Bella Argentina», *El Baluarte* (Málaga) 9 de enero de 1909.
59. Lucien Grésis, «L'Amour en Espagne», *Comoedia Illustré* (febrero de 1910); *ABC* (Madrid) *La Revue Musicale*, sin fecha.
60. Emery, *La Revue Musicale*, 18 de septiembre de 1910.
61. El papel de la madre lo interpretaba una famosa estrella francesa del music hall, Charlotte Martens.
62. Jacinto Benavente, «La Rosa de Granada», *Nuevo Mundo* (noviembre de 1911).
63. Lucien Grésis, «La Rose de Grenade», *Comoedia Illustré* (febrero de 1912), 370-371.
64. En la versión larga de la revista *Comoedia Illustré* la Argentina posaba en la zona central, entre cien bailarines y cantantes y con su compañero Dousset a su lado.
65. Guy de Pourtalès, «L'Inspirateur de la Danse», Conferencia, París, 11 de noviembre de 1933.
66. Federico García Lorca, «Play and Theory of the Duende», conferencia dada en Buenos Aires, citada en Lorca, *Deep Song and Other* Prose (Nueva York, New Directions, 1975), 51.
67. Citado en Lorca, *Deep Song*, 47-48.
68. *Ibid.*
69. Fernando Rodríguez el de Triana, *Arte y Artistas Flamencos* (Madrid, Imprenta Helénica, 1957), 280-285.

3. Un cuerpo para la gracia: del tablao a la sala de conciertos (1912-1923)

1. Véase Colette, La *Vagabonde* (Nueva York, Bantam Books, 1994), publicado originalmente en 1910. En *La Vagabonde*, Colette escribe extensamente sobre sus actuaciones en los music halls de París en los primeros años del siglo XX.
2. *Ibid.*, 27.
3. *Ibid.*, 36 y 99.
4. Cuando su amante pregunta a Renée, la protagonista de *La Vagabonde* por qué se dedica a actuar en el music hall, ella contesta: ¿Qué te gustaría a ti que hiciera? ¿Coser, mecanografiar o mendigar por la calle? El music hall es la profesión ¡de los que no han aprendido ninguna!», *La Vagabonde*, 148.
5. Janet Flanner, *Paris was Yesterday* (Nueva York, Harcourt Brace Jovanovich, 1972), XXIII.
6. *Ibid.*, XX.

7. Lohengrin, «Notas de Arte», borrador, p. 55, escrito en 1915 como una interpretación biográfica de la vida de la artista.
8. Ópera de París, Colección de vestuario, Fonds Argentina.
9. Antonio el de Bilbao, experto en alegrías, fue de nuevo el cantaor. Llevaba con él alguno de los nombres más famosos del flamenco: Realito, maestro de sevillanas, Faico, el rey de la farruca, La Malagueñita, María la Bella y Lolilla la Flamenca. Argentina bailó al lado de estos dotados, y extremadamente bien pagados, gitanos.
10. Antonina Rodrigo, «Antonia Mercé-Argentina. El genio del baile español», *Invenciones* y *Ensayos*, 5.
11. Entrevista con Carlota Mercé de Pavloff, Torremolinos, España, julio de 1995.
12. Carmencita fue presentada al principio en el Nouveau Cirque de París como Carmen Dausset. Cambió su nombre por el de Carmencita en 1890 en una gira por América.
13. «Graceful Carmencita», *New York Times*, 20 de abril de 1890, NYPL-DC, carpeta reservada de recortes de danza. Albert F. Demers, «Memories of Carmencita» carta al director, *New York Times*, 14 de julio de 1923, NYPL-DC, carpeta reservada de recortes. James Ramirez, *Carmencita, The Pearl of Seville* (Nueva York, Press of the Law and Trade Printing, 1890), 125-126.
14. Nell Nelson, *New York Sunday World*, 6 de abril de 1890, NYPL-DC, carpeta reservada de recortes de danza.
15. *New York Sun*, 13 de abril de 1890, NYPL-DC, carpeta reservada de recortes de danza.
16. Camille Hardy, «Flashes of Flamenco: The American Debuts of Carmencita and Otero», *Arabesque* 9, núm. 1 (mayo-junio de 1983), 18.
17. Dolores Serral, la *prima ballerina* de la Real Ópera de Madrid fue la primera y más famosa bailarina que interpretó la cachucha en la década de 1830. En 1834, Serral enseñó el baile a la estrella del ballet de la Ópera de París, Fanny Elssler, que lo popularizó en Francia.
18. Hardy, 18.
19. Eugen Wolff, «Die Moderne», artículo reimpreso *Literarische Manifeste des Naturalismus*, 1880-1892 (Stuttgart, 1962), 138-141.
20. Margo Jefferson, «Woman as Icon: Disturbing, Inspiring», *New York Times*, 10 de diciembre de 1996, p. 20.
21. Rodrigo, «Antonia Mercé Argentina», 15.
22. Francine du Plessis Gray, «Prophets of Seduction», *New Yorker* (4 de noviembre de 1996), 84-86.
23. *Ibid.*, 87.
24. «To Dance at the Cabaré Theater Club», *The Sketch*, 16 de octubre de 1912, p. 58.
    Este artículo describe el «utillaje» de los intérpretes españoles en los music halls de París y Londres.
25. «La Saison Espagnole a L'Olympia», *Comoedia*, 5 de febrero de 1920. «Paris Notes», *Dancing Times* (noviembre de 1920).
26. Bram Dijikstra, *Idols of Perversity: Fantasies of Feminine Evil in Fin-de-Siècle Culture* (Nueva York, Oxford University Press, 1986), 84-85.
27. *Ibid.*, 87.
28. ¿Y quién era Carmen, la joven cigarrera española, sino la más exagerada e «infame *femme fatale*? En realidad era el icono de la bailarina ninfómana que conducía a los hombres a la perdición.
29. La Argentina, citada en Suzanne de Soye, *Toi qui dansais*, 112.
30. *Ibid.*, 113-114.
31. Luis Galve, «Conversaciones con Argentina», entrevista grabada, Madrid, 28 de agosto de 1941, Archivos Manuel de Falla, Granada, transcripción mecanografiada.
32. *Ibid.*

33. *El Plata* (Buenos Aires), 19 de agosto de 1915.
34. *La Prensa*, 21 de agosto de 1915. *ABC*, 21 de agosto de 1915.
35. *El Día*, 18 de agosto de 1915.
36. *Nueva España*, 22 de agosto de 1915. *La Crónica*, 23 de agosto de 1915.
37. «Veinticinco días de San Petersburgo a París», *El Pueblo Vasco*, 17 de octubre de 1914.
38. «Teatros y artistas», *El Pueblo* (Ciudad de México), 10 de junio de 1917.
39. «Odisea de una artista», *El Pueblo Vasco*, 7 de octubre de 1914.
40. El Cónsul General de España en Francia: pasaporte 27, «22 años. Válido por un año», Bn-O, Fonds Argentina.
41. Juan de Becon, «Impresiones de París durante la guerra», *La Época de Madrid*, 4 de octubre de 1917.
42. *La Época de Madrid*, 4 de octubre de 1914.
43. *El Pueblo Vasco*, 17 de octubre de 1914.
44. *La Época de Madrid*, 4 de octubre de 1914.
45. *Ibid.*
46. *El Pueblo Vasco*, 17 de octubre de 1914.
47. *Ibid.*
48. *El Pueblo Vasco*, 17 de octubre de 1914.
49. *Ibid.*
50. *Ibid.*
51. *La Época de Madrid*, 4 de octubre de 1914.
52. «Odisea de una artista», *El Pueblo Vasco*, 7 de octubre de 1914.
53. *Ibid.*
54. Cordelier, *Vie Brève*, 53-54.
55. Rodrigo, «Antonia Mercé Argentina», 6; Cordelier, *Vie Brève*, 54. Carta a la autora de Carlota Mercé de Pavloff, 21 de noviembre de 1996. La señora Mercé escribió ampliamente sobre el tema de la «gracia y la elegancia» de su tía y sobre el deseo de la Argentina de encarnar la belleza. Según la Argentina, mostrarse bella era haber captado, o vencido, las mentes de los espectadores que la miraban y, por lo tanto, parecer poderosa y efervescente. Significaba también haberlos conquistado.
56. Jacinto Benavente citado en *El Pueblo* (1917). Lohengrin, «Notas de Arte», borrador (1915), 55.
57. *New York Sun*, 19 de noviembre de 1916. «La Argentina», *Buffalo Times*, 25 de septiembre de 1916. «L'Argentina», *The New York Times*, 11 de noviembre de 1916. «Temple Theater», *Rochester Post-Express*, 10 de octubre de 1916.
58. *La Crónica*, 23 de agosto de 1915.
59. «La Argentina at Maxine Elliott's», *New York Times*, 1 de marzo de 1916.
60. *El Día*, 18 de agosto de 1915.
61. Documentos mecanografiados del divorcio de la Argentina que Carlota Mercé de Pavloff me entregó en Torremolinos en julio de 1995. Esta descripción sobre su vida desde 1915 hasta 1920 fue escrita por la Argentina y mecanografiada a finales de la década de 1920 por Arnold Meckel. En estos documentos la Argentina describe su primera gira sudamericana y su primer encuentro y siguiente matrimonio con su marido.
62. Rómula G. Crespo, *La Razón* (Buenos Aires), 3 de octubre de 1915. Sudamérica era visita obligada para las compañías modernas, de ballet y de flamenco, europeas y americanas de todo el mundo entre 1914 y 1919. Véase Garafola, *Diaghilev's Ballets Russes.*
63. Cordelier, *Vie Brève*, 55.
64. Declaración de divorcio mecanografiada de la Argentina.
65. Periódico chileno citado en Rodrigo, «Antonia Mercé Argentina», 7.
66. *Ibid.*
67. H. B., «la Argentina —Premier Dancer of Spanish Court, Visiting New York on Her Wedding Journey», *Musical America*, 12 de febrero de 1916.

68. *La Crónica*, 23 de agosto de 1915.
69. Revista de Montevideo, 1915, archivo de recortes de prensa, carpeta 9, Fonds Argentina, Bn-O.
70. Periódico de Lima, 15 de diciembre de 1915, Carpeta 9, Fonds Argentina, Bn-O.
71. Periódico de Montevideo, agosto de 1915, Carpeta 9, Fonds Argentina, Bn-O.
72. Lohengrin escribiendo desde Santiago de Chile, «Notas de Arte», borrador (1915), 55.
73. «Teatros y artistas», *El Pueblo* (Ciudad de México), borrador (junio de 1917), 89.
74. Hay que señalar que los coreógrafos de ballet rusos habían empezado a contestar esta jerarquía con el auge de los Ballets Russes.
75. Anatole France citado en «la Argentina — Premier Dancer of Spanish Court». A pesar de que France fue uno de los primeros escritores franceses que definió a Argentina como una gran artista, no sería aceptada por la élite literaria francesa hasta 1923, cuando André Levinson publicó una crítica de un recital de solos.
76. *Ibid.*
77. Programas originales del Maxine Elliott, 10 y 29 de febrero de 1916, programas de ópera, 1911-1929, PRO.A.19, Fonds Argentina, Bn-O.
78. «Spain's Greatest Dancer», *Philadelphia Telegraph*, 2 de septiembre de 1916.
79. *Ibid.*
80. «Temple Theater», *Rochester Post-Express*, 10 de octubre de 1916.
81. Maxine Elliot Theater, «la Argentina» (Nueva York), febrero de 1916, revista, archivo de recortes de prensa. NYPI-DC.
82. «Spain's Greatest Dancer», *Philadelphia Telegraph*, 2 de septiembre de 1916.
83. H. T. Parker. «La Argentina. High-Mettled. Ranging Wide», *Boston Evening Transcript*, 11 de noviembre de 1929.
84. La Argentina, citada en *El Pueblo*, junio de 1917.
85. *Ibid*
86. *Ibid. Le Democracia* (San Juan), 30 de abril de 1917.
87. Documentos del divorcio de la Argentina; Cordelier. *Vie Brève*. 54-55.
88. «A Breath of Spain», *New York Times*, 11 de noviembre de 1917.
89. «Argentina Dead; Spanish Dancer», *New York Times*, 20 de julio de 1936.
90. Programación de las giras americanas de la Argentina, Bn-O, Fonds Mercé, Pro. A19.
91. «The land of Joy with L'Argentina», *New York Times*, 12 de noviembre de 1917.
92. *Ibid.* «L'Argentina», *Vogue*, 1 de enero de 1918.
93. *Ibid.*
94. La Argentina, citada en *El Día* (Montevideo), 9 de noviembre de 1915.
95. André Levinson, «los Ballets Espagnols de la Argentina», *Candide*, 21 de junio de 1928.
96. H. T. Parker. «In New Dances and Pull Play of Her Powers», *Boston Evening Transcript*, 6 de diciembre de 1928.
97. Gérard d'Houville, «Les Ballets Espagnols», *Le Figaro*, 25 de junio de 1928.
98. Levinson, *Argentina. A Study in Spanish Dancing*, 53.
99. Dolores Moreno, «Argentina in Granados' *Danza V*», documento mecanografiado sobre la forma de bailar de la Argentina, 1934, Fonds Argentina. Bn-O, 35.
100. *Ibid.*, 36.
101. John Martin, «The Dance: la Argentina», *New York Times*, 26 de julio de 1936.
102. Rodrigo, «Antonia Mercé la Argentina», 8.
103. No había rastro de cubismo en la pintura de Sert. Sin embargo, estaba socialmente conectado con los Ballets Russes.
104. «Paris Notes», *Dancing Times* (diciembre de 1922), 273.
105. André Levinson, «Out of Spain, Into America, la Argentina», traducido de la versión francesa impresa en *Theater Arts Monthly* para *Boston Evening Transcript*, 6 de octubre de 1928. «Paris Notes» sobre las conferencias de Levinson con Argentina. *Dancing Times* (enero de 1924), 386. «Comédie des Champs-Elysées— Deuxième entretien sur la Danse de M. André Levinson», *La Danse*, 30 de noviembre de 1924.

106. La Argentina, citada en Pierre Paraf, «Argentina va danser a L'Opéra pour sauver des enfants», *Paris Presse*, 19 de junio de 1930.

4. *El amor brujo* como obra de vanguardia

1. Fonds Argentina. Bn-O. Programa original para los conciertos del 8 de enero y del 25 de mayo El ballet se representó hasta el 30 de junio con todas las entradas agotadas en cada sesión.
2. Paul Landormy, «La Victoire Musicale. Musique du Theatre», *La Victoire*, 2, junio de 1925.
3. Jacques Houline, «Au Théâtre de l'Exposition», *Le Gaulois*, 1 de junio de 1925. «Un Entretien avec le compositeur espagnol Manuel de Falla», *L'Excelsior*, 31 de mayo de 1925. «Trois Oeuvres Modernes», *L'Informant*, 6 de junio de 1925.
4. Rodrigo, «Antonia Mercé la Argentina», 18.
5. El 29 de julio de 1996, el Teatro Flamenco de María Benítez representó *El amor brujo* acompañado por la Boston Pops Orchestra. El poder de los rituales intimistas del ballet continuaba siendo sobrecogedor y entusiasmado.
6. *Carmen* se estrenó en la Opéra-Comique con un libreto escrito por H. Meilhac y L. Halévy y la partitura de Georges Bizet. Se consideró una ópera lírica o «ligera». Algunos piensan que solamente atrajo la atención de la crítica después de su éxito de 1876 en Alemania.
7. Correspondencia de Ivor Guest a la autora, 1 de marzo de 1998.
8. Mary Crawford Volk, «Sargent, Spain and *El Jaleo*», en *John Singer Sargent's El Jaleo* (Washington, D.C., National Gallery of Art, 1992), 34-38.
9. Nicolai Cikovsky Jr, «*El Jaleo in* the Cult of Spain», en *John Singer Sargent's El Jaleo*, 19.
10. Volk, «Sargent, Spain», 64.
11. Émile Vuillermoz, «El Amor Brujo», *La Revue musicale*, 28 de mayo de 1925. Marguerite Beriza, directora amiga y ferviente admiradora de la Argentina, produjo el primer espectáculo. Tenía que estrenarse en el Teatro Beriza, que programaba obras líricas francesas y extranjeras. Pero como el teatro estaba siendo reformado, Beriza consiguió que la producción se presentara en un programa conjunto en el Trianon Lyrique.
12. Georges Wague, «La Argentina», discurso en la Ópera de París en homenaje a la Argentina, 20 de junio de 1956, Fonds Argentina, B pieza 65, Bn-O.
13. Notas adjuntas al programa del Trianon, Fonds Argentina, Bn-O, Pro. A.19.
14. La hermana de Falla, María del Carmen, Madame Debussy, Andrés Segovia, el pintor Miguel del Pino, el escritor Juan Gisbert y el poeta Díez Cañedo estaban en la casa.
15. André Levinson, «L'Amour Sorcier au Théâtre Trianon Lyrique», *Candide*, 17 de mayo de 1925.
16. A pesar de que la contribución de Sierra al teatro de principios del siglo xx fue enorme, no se ha empezado a estudiar hasta recientemente.
17. Gibon MacCormack, «Paris Notes, "la Argentina"», *Dancing Times* (julio de 1925), 1077.
18. Gustavo Bacarisas era amigo de Falla. En una carta fechada el 31 de diciembre de 1926, Falla comunica a la Argentina la nueva dirección de Bacarisas en Sevilla porque las representaciones en la Opéra-Comique de 1928 exigen nuevos decorados. En la carta queda claro que fue Falla quien dio a Argentina el nombre de Bacarisas para el diseño del espectáculo de 1925, Fonds Argentina, Bn-O, Manuel de Falla. Res 2198, borrador con notas.
19. Partitura, Fonds Argentina, Bn-O, Mm. A.I.D., Res. 1172. Argentina y Escudero bailaron los siguientes siete títulos, con la intervención mímica de Georges Wague: *La Chanson du chagrin d'amour*, para voz y piano, *La Danza ritual del fuego*, para dos pianos, *Un Pantomime*, sin palabras, *Une Danse du jeu d'amour*, para Candelas y

Carmelo, *Un Récit du pecheur*, que la Argentina rechazó, *Une Danse de la frayeur*, y una escena final con toda la compañía llamada *Les Cloches du matin*. La compañía de la Argentina formada por doce gitanas salía al escenario e interpretaban a las bailaoras, cantantes y palmeras —las gitanas del pueblo— como indicaba la partitura. La Argentina eliminó la mayor parte del diálogo hablado para aligerar el guión y el espectáculo. Max Eschig publicó la partitura por primera vez en 1925 a pesar de que había sido compuesta en 1915. Falla mandó directamente a la Argentina y no a Eschig los cambios introducidos, con lo que la partitura original de 1915 está hoy intacta. Los cambios introducidos por la Argentina en la partitura están en las notas de su copia y en las cartas a Falla.

20. Partitura, Fonds Argentina, Bn-O, A.I.D. Mus. 955.
21. Hay varios volúmenes de recortes de prensa en la Ópera de París dedicados a las actuaciones de Georges Wague en la década de 1920 (con Colette) y la de 1930 con Argentina y otras bailarinas famosas tanto de music hall como de concierto.
22. André Levinson, *La Danse d'aujourd'hui* (París, Éditions Ducharte et Van Buggenhoudt, 1928), 60.
23. *Ibid.*, 37.
24. Émile Vuillermoz, «La Saison Lyrique», *Candide*, 4 de junio de 1925.
25. Partitura anotada, Granada Archivos de Manuel de Falla, con fecha 4 de diciembre de 1922, pp. 4-10.
26. Levinson, *Danse d'aujourd'hui*, 39.
27. Todos los bailarines de la Argentina eran gitanos: Irene Ibáñez, Carmen Joselito, Blanca Minondo, Carmen Juárez, Pepita Rodríguez, Pepita López, Mercedes Dalmau, Carmen Granados, Mora, Mas, P. Márquez, Joselito Becerra, M. Alcañiz, M. Carretero, P. Fuentes, Molina, Juan Relámpago (guitarrista), Otilio López, Luis Mayoral (guitarrista), Alfredo Genelty, Emilio Camacho, M. Arcos, M. T. Salazar, S. Salazar, S. Sevilla,
J. Santos, V. Sebastián, R. Palacios. R. Perdiger y Enrique Hortelano.
28. Levinson, *Danse d'aujourd'hui*, 39-40.
29. Cartas de la Argentina y de Georges Wague, 1924-1936, Fonds Argentina, Bn-O. Se consideraba que Wague, por su habilidad al actuar, era la única persona que podía competir con el «cine francés».
30. Gibon MacCormack, «Paris Notes», 1077.
31. Gilberte Cournand, *Argentina* (París, Chez Gilberte Cournand, 16-17.
32. Levinson, *Danse d'aujourd'hui*, 55.
33. *Ibid.*, 54. Jacques Houline, «Au théâtre de l'Exposition», *Le Gaulois*, 1 de junio de 1925.
34. Levinson, *Danse d'aujourd'hui*, 77.
35. Georges Ricou, «La Argentina», *La Rampe*, 1 de octubre de 1932.
36. Elizabeth Borton, «In New Dances and Full Play of Her Powers», *Boston Evening Transcript*, 14 de julio de 1928.
37. Después de la muerte de la Argentina, Escudero creó su propia compañía en Madrid, «Los Bailes Modernos», con su mujer Carmita Escudero como pareja. Como coreógrafo, bailarín y pintor, Escudero iba a forzar los límites de la danza escénica buscando una representación auténtica de la técnica del flamenco a través de una abstracción de los estilos antiguos de danza. Ésta es la herencia de la Argentina a la que dedicó su autobiografía, *Mi baile*, en 1947.
38. H. T. Parker, «La Argentina. High-Mettled, Ranging Wide», *Boston Evening Transcript*, 11 de noviembre de 1929.
39. *Ibid.*
40. John Martin, «The Dance: "la Argentina"», *New York Times*, 18 de noviembre de 1928.
41. Fotografía de 1929, Théâtre Marigny, Colección de la Ópera de París.
42. Correspondencia, Falla a la Argentina, Archivos de Manuel de Falla, 10 de septiembre de 1925. Correspondencia, la Argentina a Falla, Colección de la Ópera de París, Fonds Argentina, sin fecha.

43. Partitura utilizada en la producción de 1925 del Trianon Lyrique, Instituto del Teatro de Barcelona, copia de la partitura del Archivo Manuel de Falla.
44. Rodrigo, «Antonia Mercé la Argentina», 9.
45. Partituras originales anotadas, con notas de la Argentina y Manuel de Falla escritas en los márgenes. Fonds Argentina, A.I.D. Mus. 955 y Manuel de Falla, Res. 2198. Bn-O. Partitura con notas, Archivos de Manuel de Falla, Granada, partitura con notas registrada como *El amor brujo.* Libreto leído en la Bibliothèque Nationale de France, colección de la Phonothèque y en el Archivo Manuel de Falla de Granada. Las anotaciones de Falla están registradas como «Carta de Manuel de Falla a Ansermet» editor, 4 de diciembre de 1922. Para la versión publicada de la partitura, véase Max Eschig, editor musical (como en la nota 19 de este capítulo). Las notas de Falla apuntaban cinco danzas en la partitura.
46. Falla a la Argentina, Granada, 10 de octubre de 1927. Fonds Argentina. Bn-O. Falla estaba preparando el segundo conjunto de vestidos para las representaciones de mayo de 1928 en la Opéra-Comique donde de nuevo dirigiría su obra.
47. Bacarisas a la Argentina, Madrid, marzo de 1936, Fonds Argentina, Bn-O. Éste era el tercer conjunto de decorados y vestuario que creó para la Argentina, el primero en 1925 y el otro en 1928. El espectáculo formó parte de tantas giras mundiales que, después de tanto uso, siempre se necesitaban nuevos trajes y decorados y Bacarisas siempre estuvo contratado para renovar y repensar su obras.
48. Diseño para el primer acto. Gustavo Bacarisas. 1925, 490 × 640 mm, Archivos Manuel de Falla.
49. Entrevista con Carlota Mercé de Pavloff, Torremolinos, España, julio de 1995. Correspondencia Monique Paravicini, carta a la autora, febrero de 1996.
50. Dolores Moreno, «La Personnalité de la grande Argentina. Sa Mission. Ses Conceptions Choreographiques. Sa Mort», *À la Memoire d'Argentina. Notre Dame de la Danse.* Manuscrito mecanografiado entregado a los Archives Internationales de la Danse, Colección de la Ópera de París, B, pieza 137, p. 19.
51. *Ibid.*, 17.
52. La Argentina, citado en François des Aulnoyes, «L'Exposition Argentina, *Le Conebot*, 20 de junio de 1956. Este homenaje de vestuario, decorados y discursos de la Ópera de París fue presentado por Louise-Marie Michon y preparado por André Ménétrat y la señora Carol-Bérard.
53. Entrevista con el último copista de Falla, Sergio de Castro, París, 29 de junio de 1995. Entrevista telefónica con María Benítez en Santa Fe, 1 de octubre de 1995. Entrevista con Mariemma, Madrid, 12 de agosto de 1995. Entrevista con Carlota Mercé de Pavloff, julio de 1995.
54. Carta de Falla a la Argentina, 30 de agosto de 1929, Granada. Esta carta es también muy importante porque muestra el conocimiento musical de la Argentina. Entendía tan bien una partitura musical que pudo cortar el original con la aprobación de Falla. Además, la carta prueba que Falla respetaba a la Argentina y necesitaba la colaboración de su genio para dar al ballet su forma completa.
55. Falla a la Argentina, 23 de abril de 1926, Granada, Fonds Argentina, Bn-O.
56. Carta de Falla a la Argentina, Granada, 10 de septiembre de 1925, Colección de la Ópera de París, borrador de ópera, Res. 2198.
57. Carta de Falla a la Argentina, Granada, 26 de abril de 1925, Colección de la Ópera de París, Res. 2198.
58. Carta de Falla a la Argentina, Granada, 31 de diciembre de 1926.
59. Carta de Falla a la Argentina, Granada, 14 de abril de 1927.
60. Falla a la Argentina, 30 de agosto de 1929, Bn-O.
61. La Argentina, «El baile español», *Thalia*, Ciudad de México, 22 de julio de 1917.
62. *Ibid.*
63. *Últimas voluntades y testamento de Manuel de Falla*, mecanografiados en español, Dossier d'Artist, Manuel de Falla, Bn-O, Opera Res. 2198.

64. Entrevista con Sergio de Castro sobre el tema de la enfermedad de Falla y su ascetismo, París, 3 de julio de 1995.
65. Rodrigo, «Antonia Mercé la Argentina», 14.
66. Citado en Federico García Lorca, «Federico y su mundo», *Alianza tres*, Madrid, 1980, 470.
67. *La tribuna popular* (Montevideo), julio de 1917.
68. *El universal* (México), 1917, Fundación Juan March, José y Carlota Mercé libreta 1, p. 54, Madrid.
69. *Ibid.*, 56.
70. Manuel de Falla, «Falla on Falla», *La Revue Musical* (julio de 1925). 94-95.
71. Manuel de Falla, carta a la Argentina, mayo de 1926, Fonds Argentina, Bn-O.
72. La Argentina, citado en Suzanne de Soye, *Toi qui dansais*, 114.
73. Jean Dorcy, *Deux Visages de la Danse Espagnole* (Paris, Les Cahiers de Danse et Culture, 1932, reimpresión de 1955),
74. Paul Valéry, «Philosophy of the Dance» en *What is Dance?*, ed. Roger Copeland y Marshall Cohen (Nueva York, Oxford University Press, 1983), 60.

5. Un folclore feminista: la Argentina y las mujeres españolas (1910-1936)

1. De gira, especialmente en Buenos Aires, la Argentina solía contratar alguno de los bailarines de algún cuerpo de ballet de los grandes teatros, como los del Teatro Colón o la Opéra-Comique. También trabajaba con los directores de esos teatros, como Georges Lauywerns de la Ópera de París.
2. Cyril Rice, «Argentina and Escudero» en *Dancing in Spain* (London, British-Continental Press, 1931), 38. Rice seguía, «en la línea de los bailarines clásicos españoles, una línea recientemente adornada por los nombres de Amalia Molina y Pastora Imperio, cuya representante legítima es la Argentina, la Pavlova de España» (46). André Levinson, «La Pavlova», *Candide*, 17 de mayo de 1928.
3. *Ibid.* Leí los acuerdos contractuales redactados por el representante de la Argentina, Arnold Meckel, entre la Argentina y cada uno de los miembros de la compañía. Escudero, por ejemplo, tenía un contrato para cada representación, como casi todos los músicos. Algunos bailarines tenían un contrato para cada gira (Fonds Argentina, Bn-O).
4. Teresina y Tórtola Valencia estaban entre las bailarinas españolas más famosas que actuaban en la capital francesa.
5. Por el archivo de programas de la colección de la Ópera de París de la Argentina, no hay duda de que la Argentina siguió interpretando una gran variedad de solos incluso después de la formación de los Ballets Espagnols, especialmente en las giras por América donde era más barato viajar sin toda la compañía y los decorados. En Francia, España e Inglaterra, la Argentina se concentró en los ballets completos que exigían la presencia de toda la compañía. Crearía solos para ella dentro de esos ballets para bailar sola y desarrollar una línea argumental en la que la protagonista cobraba vida a través de la danza solista de la Argentina.
6. Después de haber estudiado muchos de sus programas, creo que está claro que repitió una y otra vez los mismos programas en ciudades distintas de todo el mundo. Las representaciones más importantes del ballet, sin contar las de Nueva York y Boston, fueron las del 18 de mayo de 1927 en el Champs-Elysées, el 9 de marzo de 1928 en la Opéra-Comique, las de mayo, también en la Opéra-Comique, 12 de agosto de 1933 en el Teatro Colón de Buenos Aires, con Bronislava Nijinska y Maria Rouanuva, el 28 de abril de 1934, en el Teatro Español, su primera actuación en Madrid desde 1920; y su última actuación el 19 de junio de 1936 en la Ópera de París.
7. Sigue una lista de sus obras solistas más importantes y sobre las que la prensa habló más: *La corrida* (1910, 1925); *Danza V*, escrita para ella y a ella dedicada por Enrique

Granados en 1916, *Córdoba* (1918, 1923) con música de Isaac Albéniz, y *Seguidillas* (1911, 1924), *Cielo de Cuba* (1925, 1929). También tres personajes de ballets completos: *El contrabandista*. Con música de Esplá (1927), *La vida breve* con música de Falla (1928) y la partitura de Granados de 1916 para *Goyescas* que la Argentina produjo en 1929. Finalmente, *Danza ibérica* (1930), con música de Albéniz adaptada para piano y dedicada a la artista por Joaquín Nin, *Cielo de Cuba* (1925), una melodía popular cubana; *La Cariñosa* (1929), melodía popular aprendida en Manila, *La malagueña*, con música de Pittaluga (1932) y *Lagarterana* (1929), con música de Guerrero.

8. Carta, Carlota Mercé de Pavloff a mí, Torremolinos, España, 11 de enero de 1996.
9. Se podría dedicar un libro entero a hablar solamente de la musicalidad de la Argentina. Aquí, sin embargo, la atención está centrada en la danza y por tanto se dedica menos tiempo a una inmersión en su genio musical. Dolores Moreno, la anotadora de castañuelas de la Argentina, ha escrito ampliamente, como lo han hecho Vicente Escudero y Manuel de Falla, sobre los conocimientos musicales de la Argentina y sus ritmos innovadores para las manos, el torso y los pies. Y la correspondencia entre la Argentina y la nueva escuela de Falla son una prueba de las muchas horas que dedicó a la música y que dan fe de su gran conocimiento y profundo interés por el sonido. Ninguna otra bailarina española prestaba tanta atención a la partitura como lo hizo la Argentina, porque o bien carecían de los conocimientos o bien no tenían interés. Creo que ésta es la verdadera explicación de por qué la Argentina ocupa un lugar propio.
10. La Argentina, «Mes Castagnettes», *Nuits de Paris*, 11 de enero de 1933. La Argentina compró no menos de ciento cincuenta pares de castañuelas en un solo año. Argentina, «With Castanets», *Europe* (septiembre de 1936), 20-21. Este artículo se «preparó» antes de la muerte de la Argentina, que ocurrió dos meses antes de su publicación. Rondel Collection, 12226, Bibliothèque de L'Arsenal. Prosper, «Castagnettes», *L'Echo*, 5 de diciembre de 1931. Extracto de la Argentina de otro artículo «Mes Castagnettes», *Comoedia*, 9 de diciembre de 1933. Harry Calland, «Argentina-Star of Spain», *Dance* (mayo de 1937).
11. André Levinson sobre el poeta Paul Valéry, *La Argentina. A Study in Spanish Dancing* (París, Éditions des Chroniques du Jour, 1928), 55. Levinson, «The Spirit of the Spanish Dance», *Theater Arts Monthly* (mayo de 1925).
12. Levinson, *La Argentina*, 56.
13. *Ibid.*, 57-59.
14. Dolores Moreno, *À la Memoire d'Argentina. Notre Dame de la Danse.* Copia mecanografiada del original, 55, Fonds Argentina, Bn-O.
15. *Ibid.*, 1 y 17.
16. Durante su primera gira por Sudamérica en 1915, en la que actuó en Argentina, Chile, Perú y Uruguay, la Argentina tenía en el repertorio las danzas siguientes: *La argentina* de Valverde, *Mi chiquilla* de Valverde, *Lulú Fado* de Milana; *Danza del abanico: Fantasía* de Grieg, *Alegrías* de Valverde, *¡Ché, mi amigo!: Tango argentino* (melodía popular); *Fandango* (melodía gitana), *Serenata andaluza* de Rucher (más tarde Falla compuso una para ella), *Batiburrillo*, presentado como un «popurrí español», *Baile gitano* de Valverde, *Danza de la Mercedes*: *Fantasía*; *Las Castañuelas: Pasacalle cantado*, *Andamocita* (una farruca flamenca), *La rumba* (una danza cubana), *La Currita* (que se convertiría en su *Garrotín*), *El afilador* (un tango argentino), *Ay, soleá, soleá!* (una danza flamenca), *Madrileña* de Massenet, *Sevillana* de Massenet; *Farruca* de la Argentina; *La maja y el chispero*; *Panaderos*; *Sevillanas* de la ópera *Don César de Bazán* de Antonio Pérez Pinto, *La rezongona.*: *Tango criollo*; *Serenata española* (una melodía popular española), La *danza y la rosa*, *La danza de los ojos verdes.* Compuesta para ella y dedicada por Granados), *Jota valenciana* de Granados, *Danza de Anitra* de Grieg, *La gaviota* de Ponce. En 1918, la Argentina añadió los siguientes ballets a su repertorio: *Danza de los enanos* de Grieg, *Habanera* de Sarasate, *Córdoba* de Albéniz, *Andaluza* de Turina, *Zíngara* de Serrano. En 1919, añadió: *Guadalquivir* de Castillo; *La niña de qué*

te las das (una canción cantada por ella) de Font, *Danza V* de Granados, *La gitana* de Valverde, *Zapateado* de Malats. En 1921, añadió cinco nuevas danzas: *El Generalife*, *Lavapiés*, y *La Española* de Romero, *Pan y toros* de Barbieri, *Zambra gitana* de Jesús Aroca. En 1922, la Argentina no compuso nuevas danzas. Sin embargo, en 1925, creó *Andalucía sentimental* (música de Falla) y tres piezas sin música: *Sevilla*, *Alegría* y *Rumba cubana.* En 1924, compuso su famosa *Seguidillas* y añadió al programa la *Danza triste* de Granados. Entre 1925 y 1928, todos sus solos de danza nuevos fueron coreografías sobre música de compositores españoles. En 1927, la Argentina creó *Triana* (música de Albéniz), *El pelele* de Granados y *El vito* de Infante. Después de 1928, todos los nuevos solos se hicieron con música de Falla, Albéniz, Granados, por Nin, que a menudo arreglaba obras de otros compositores españoles para ella.

17. M. Santillana, «L'Amour en Espagne», *Gil Blas*, 15 de octubre de 1910. La segunda opereta de Valverde fue *La Rose en Grenade (The Rose of Granada* como la llamó la prensa británica). En 1912, fue el éxito taquillero de la temporada y estuvo en cartel casi un año, hecho inimaginable para los productores y directores de los teatros de variedades en el París de antes de la guerra.
18. *Ibid.*
19. Jacinto Benavente, «La reina de las castañuelas», *Nuevo Mundo*, 11 de noviembre de 1911.
20. La partitura musical de *La corrida* puede hallarse en la opereta de Valverde. La Argentina no dejó anotaciones que sugieran que la composición original se alargara o acortara. Así pues, creo que el ballet fue el solo de cinco minutos que Valverde compuso. Si la Argentina usó la obra como un bis, es posible que su acompañamiento de castañuelas hiciera variar en algo la duración del solo. Partes de *La corrida* fueron anotadas para castañuelas por Dolores Moreno. En notas para los programas de entre 1926 y 1936, *La corrida* era descrita como un solo corto que «ofrecía impresiones de una corrida». Programas de la Argentina, 1911-1929, PROA19, Fonds Argentina, Bn-O.
21. La Argentina, citada en Dorothy Marie Helbig, «La Argentina at Close Range», *Musical America*, 20 de diciembre de 1930.
22. René Idzkowski, «Madame Argentina», *L'Art Vivant* (junio-julio de 1933).
23. H. T. Parker, «The Witching Farewells of the Argentina», *Boston Evening Transcript*, 17 de marzo de 1932.
24. *Ibid.*
25. Notas para los programas, Maxine Elliot Theater, Broadway, calle 39, Fonds Argentina, Bn-O y NYPL-DC, carpeta de programas originales de la primera actuación en América a la Argentina.
26. H. T. Parker, «In New Dances Full Play of Her Powers», *Boston Evening Transcript*, 6 de diciembre de 1928.
27. E. B., «La Argentina», *Boston Herald*, 23 de noviembre de 1929.
28. Dorothy Marie Helbig, «La Argentina at Close Range», *Musical America*, 20 de diciembre de 1930.
29. Entrevista con Elizabeth Borton, «Dances of Old Spain Are Fast Disappearing Says la Argentina», *Boston Herald*, 24 de noviembre de 1929.
30. Émile Vuillermoz, Homenaje en la Ópera de París, 20 de junio de 1956, discurso mecanografiado, B pieza 65, Fonds Argentina, Bn-O.
31. La Argentina cambió de vestuario en un ballet, *Lagarterana* (1929). Es decir que se atavió con un traje masculino, pero bailaba como una mujer y no como un hombre. Sería Carmen Amaya, vestida con un traje blanco de matador en la década de 1940, la primera flamenca que actuara *en travesti*. Actuar como hombre —hacer papeles masculinos— no era el interés de la Argentina y no lo hizo. Encarnar a mujeres la fascinaba y fue su objetivo plasmar las maneras especiales de cada papel femenino, cosa que la llevó a tener un gran repertorio de danzas de tema femenino. Cuando necesitaba un personaje masculino fuerte o escogía un libreto, como *La vida breve* o

El amor brujo, que exigía uno, contrataba a Escudero, Wague o Molina. Su idea no era hacerse fuerte convirtiéndose en un hombre en el escenario. Recuperó la importancia de las mujeres en la historia de España interpretándola en lugar de mostrar su habilidad performativa para interpretar hombres.

32. Entrevista con Elizabeth Borton, «Dances of Old Spain».
33. Helbig, «La Argentina at Close Range», en este largo artículo, la Argentina describe su metodología para la creación de sus danzas.
34. *Ibid.*
35. E. B., «La Argentina».
36. André Levinson, «L'Argentina», *Candide*, 13 de junio de 1934. Gérard d'Houville, «La Argentina», *La Revue des Deux Mondes*, 4 de junio de 1934.
37. La Argentina coreografió al menos dos nuevos solos cada año para ella además de montar nuevos ballets con nuevos decorados y vestuario entre 1928 y 1936.
38. Georges Ricou, «L'Argentina», *La Rampe*, 1 de octubre de 1932. Édouard Beaudu, «L'Argentina», *L'Intransigent*, 21 de junio de 1930.
39. Ernest Hemingway, *Death in the Afternoon* (Nueva York, Scribner, 1932), 1-2. Federico García Lorca, «Lament for Ignacio Sánchez Mejías», *Ode to Walt Whitman* (San Francisco: City Light Books, 1988), 51.
40. Hemingway, *Death in the Afternoon*, 2.
41. Federico García Lorca, *Deep Song and Other Prose* (Nueva York, New Directions Book, 1975), 51.
42. Lorca escribió y habló extensamente sobre este tema en sus conferencias en Buenos Aires en 1933 algunas de las cuales se publicaron en *Deep Song and Other Prose.*
43. Levinson, *La Argentina*, 34.
44. H. T. Parker, «Witching Farewells».
45. H. T. Parker, «La Argentina High-Mettled. Ranging Wide», *Boston Evening Transcript*, 11 de noviembre de 1929.
46. Los gitanos siguen considerando que la actuación flamenca no es solamente un acontecimiento comercial sino, a menudo y mucho más importante, una forma de preservación de la cultura. Como muchos gitanos son todavía analfabetos, el énfasis en el verso cantado del flamenco es tan fuerte como lo era en el siglo XIX. Véase, Donald Pohren, *A Way of Life* (Madrid, Society of Spanish Studies, 1980); y Claus Schreiner, ed. *Flamenco. Gypsy Dance and Music from Andalusia* (Portland, Amadeus, 1985), 54-55 y 62-79.
47. Levinson, *La Argentina*, 55.
48. Parker, «Witching Farewells».
49. *Cantaor* anónimo citado en Pohren, *Art of Flamenco*, 33.
50. Joaquín Nin, carta al representante de la Argentina, Arnold Meckel, 4 de septiembre de 1926, Fonds Argentina, Bn-O.
51. H. T. Parker, «Out of Spain, the Argentina and the Dance», *Boston Evening Transcript*, 14 de julio de 1928.
52. España renunció a Filipinas después de la guerra con Estados Unidos en 1898.
53. Christof Jung, «*Cante* Flamenco», en *Flamenco*, ed. Schreiner, 57. Es interesante señalar que la *Carmen* de Bizet se basaba en el ritmo cantarín de la *seguidilla.*
54. Matteo, *The Language of Spanish Dance* (Norman, University of Oklahoma Press, 1993), 74.
55. Argentina, «El *baile* español», *Thalia*, 22 de julio de 1917.
56. André Levinson, «Argentina», *Theater Arts Monthly* (octubre de 1928), 739-744.
57. Vicente Marrero. *El enigma de España en la danza española* (Madrid, Ediciones Rial, 1958), 51.
58. Claus Schreiner, Introducción a *Flamenco*, 16.
59. Suzanne Cordelier, *Vie Brève*, 97.
60. John Martin, «The Dance: Argentina in Paris», *New York Times*, 22 de junio de 1930
61. Grabación original de Odéon Discs. Partitura de castañuelas de Dolores Moreno entregada a la autora por Monique Paravicini, Nueva York, septiembre de 1996

62. Levinson, *La Argentina*, 57. Françoise Monestier, «La Argentina, servante de la beauté», *Présent*, num. 707 (9 de noviembre de 1984).
63. Moses Maimónides, doctor, filósofo y asceta aristotélico, vivió en España, Egipto, Marruecos y Turquía entre 1135 y 1204. Fue un miembro importante de la sociedad cordobesa y su herencia aún puede sentirse hoy en día.
64. La grabación original de 1935 de Odéon Records (78 revoluciones) de quince ballets de la Argentina me fue entregada en España por su sobrina Carlota Mercé de Pavloff. Se pueden escuchar las castañuelas de la Argentina y su taconeo junto a los arreglos orquestales de toda la orquesta.
65. Cyril Rice, «La Argentina y Escudero», *Dancing in Spain* (London, British-Continental Press, 1931), 42.
66. *Ibid.*, 41.
67. *Ibid.*, 37.
68. H. T. Parker, «The Argentina for a Second Evening», *Boston Evening Transcript* (25 de noviembre de 1929).
69. La Argentina citada en Cordelier, *Vie Brève*, 97-98.
70. Henri Malherbe, «La Danse de la Argentina», *Le Temps*, 24 de junio de 1931.
71. Dolores Moreno, «Albéniz's *Córdoba*», B pieza 137, Colección de la Ópera de París, 1.
72. H. T. Parker, «Out of Spain the Argentina and the Dance», *Boston Evening Transcript*, 14 de julio de 1928.

6. Casticismo y cubismo: *El fandango del candil* y *Triana*

1. Ortega y Gasset, de pie en el escenario del Teatro Español de Madrid, gritó consignas radicales y leyó fragmentos de sus *Meditaciones sobre el arte y la danza.* Véase, John Armstrong Crow, *Spain, The Root and the Flower.*
2. *Don Quijote* y obras de teatro como *La vida es sueño* y *El pintor de su deshonra* de Calderón estaban en las estanterías de la casa de la Argentina y de la de Falla.
3. Seguramente la Argentina tenía reuma cardíaco que empezó después de la formación de su compañía en 1928 y fue la causa de su muerte prematura en 1936. En sus numerosas cartas a Joaquín Nin y Georges Wague se quejaba a menudo de dolor en el corazón y en los pulmones y buscaba el calor y el sol en varios balnearios situados en el sur de Francia y el norte de España. La Argentina aceptaba con frecuencia contratos en casinos que estaban instalados en hoteles de primera clase donde podía descansar durante una o dos semanas, lejos de la compañía y de los asuntos de trabajo en París. Desde ahí, escribía a sus íntimos amigos. En realidad, bailó hasta morir con sus numerosos bises y giras, pero la muerte le llegó porque su corazón era demasiado débil para aguantar las exigencias de la dirección artística y la interpretación. Fonds Argentina, correspondencia, Bn-O.
4. Nijinsky hacía una sesión de barra después de actuar. Quizá la Argentina, como su predecesor ruso, creía en la literalidad del concepto de «teatro total», es decir, no dejar nunca de bailar, practicar, perfeccionarse y actuar.
5. Contratos de los Ballets Espagnols/Argentina, 1910-1936, Fonds Argentina, Bn-O.
6. Georges Ricou, extracto de un artículo en *La Gringoire*, reimpreso en un programa de la Argentina, Théâtre National de L'Opéra, 27 de junio de 1935, Fonds Argentina, Bn-O.
7. Como la mayoría de sus creaciones *El fandango del candil* fue al principio representado como una serie de solos por la misma Argentina y después, cuando los decorados, el vestuario y la música estaban acabados, como ballet completo con toda la compañía.
8. La Argentina, «El *baile* español», *Thalía* (Ciudad de México), 22 de julio de 1917.
9. Entrevista telefónica con Joseph Machlis, historiador de la música, pianista y profesor de la Juilliard School, Nueva York, 12 de noviembre de 1996.

10. Falla y la Argentina trabajaron juntos hasta la muerte de aquélla, especialmente en las representaciones de 1928 en la Opéra-Comique de *El amor brujo* que Falla dirigió para la Argentina bajo la supervisión de Louis Masson. Pero Falla también quería promover la nueva escuela española y las capacidades cosmopolitas de sus alumnos en los que creía mucho. La Argentina siempre buscaba nuevos talentos en todos los ámbitos del teatro y, por lo tanto, no rechazó que Falla le sugiriera compositores que no fueran él.
11. Entrevista con Carlota Mercé de Pavloff, Torremolinos, España, julio de 1995.
12. El fandango es originario tanto de España como de Sudamérica. Es un baile complejo ejecutado en compás triple y de 2/4, como solo o en pareja. El fandango gitano es una de las tonás más antiguas en el árbol genealógico jondo, a pesar de que en su evolución como forma de baile hacia una obra de solo de guitarra, se mezcló con otras danzas del árbol *chico*. Este tempo ligero, 3/4 se combinó con el tiempo más pesado y grave de 2/4 que convierte al fandango en una de las danzas más interesantes del lenguaje del movimiento hispánico.
13. Gustavo Durán, como la Argentina, hizo una investigación profunda para su obra y usó un cancionero de música antigua española como referencia histórica.
14. Carta de Rivas Cherif a la Argentina, Meckel y Gustavo Durán, 5 de marzo de 1926, Bn-O.
15. *Ibid.*
16. Se decía que el poeta del siglo IX, Ziyrab, conocido como el «ruiseñor negro», siervo del califa de Córdoba, se sabía diez mil canciones de memoria. Fue enviado a la corte por el califa para entretener al rey y mientras estaba allí añadió una nueva cuerda al laúd, creando lo que hoy conocemos como guitarra. Véase Barbara Thiel-Kramer, *Flamenco: Its History and Development until Our Days* (Lidingo, Suecia, Remark, 1991), 23.
17. Juan Serrano, *Flamenco, Body and Soul* (Fresno, The Press at California State University, 1990), 65-91.
18. Pedro Juan Almeida Cabrera, *Néstor y el mundo del teatro* (Las Palmas de Gran Canaria, Museo Néstor, 1995), 80. En una carta del 23 de mayo de 1927 de Durán a Arnold Meckel, Durán indica que otro alumno de Falla, Oscar Esplá, le ayudó a terminar la partitura a tiempo. Fonds Argentina, Bn-O.
19. Albéniz era famoso por su dicho: «Soy moro», a pesar de que había nacido en Cataluña.
20. Dominique Sylvaire, «Madame Argentina», *Revue de la Femme*, 21 de marzo de 1928.
21. Serrano, *Flamenco*. 93.
22. *Ibid.*
23. Según el musicólogo José Subirá, *Historia de la música* (Barcelona, 1947) el término *fandango* deriva de la palabra portuguesa *fado*, que significa «hado». Se cree que el origen del fandango es árabe por su similitud con la zambra.
24. Rivas Cherif a la Argentina, 5 de marzo de 1926, Fonds Argentina, Bn-O Arnold Meckel a Gustavo Durán, 31 de mayo de 1927, Fonds Argentina, Bn-O.
25. Rivas Cherif a la Argentina, 27 de abril de 1924, Fonds Argentina, Bn-O.
26. *Ibid.* Por el uso de Cherif de la palabra «raza» es evidente que escribe desde un punto de vista colonial. El uso de la palabra era una práctica habitual de los autores de principios del siglo XX en sus descripciones de la calidad «étnica» y de la cultura extranjera.
27. *Ibid.*
28. Levinson, *Argentina*, 79.
29. Programa original de 1928 para *El fandango del candil*, Fonds Argentina, Bn-O.
30. En el siglo XIX las peñas eran frecuentadas mayoritariamente por hombres, especialmente los soldados. En el siglo XX, las peñas, los tablaos y los cafés eran visitados por ambos sexos, porque las mujeres viajaban y trabajaban en las ciudades. Durán conoció a Néstor a principios del año 1922 y le presentó a Falla que luego se lo presentó a la Argentina, en 1926. Véase, Cabrera, Néstor, 80-81

31. Programa del Carnegie Hall, 15 de diciembre de 1928, Fonds Argentina, Bn-O. Programas originales de Alemania y Holanda, Fonds Argentina, Bn-O.
32. Los divertimentos franceses, como entremeses españoles, daban a los espectáculos teatrales un aire intrigante aunque algo discontinuo ya que introducían en cada escena una nueva idea o personaje.
33. Matteo, *Language of Spanish Dance*, 84.
34. *Ibid.*
35. *Ibid.*
36. José Aranda Otero, *Tratado de bailes de sociedad* (Sevilla, Guía Oficial, 1912).
37. Abigail Solomon-Codeau, «The legs of the Countess», en *Fetishism as Cultural Discourse*, ed. Emily Apter y William Pietz (Ithaca Cornell University Press, 1993), 304. Solomon-Godeau comenta la relación entre el cuerpo de la «bailarina proletaria, la cortesana y la belleza de las nobles».
38. J. L. A., «Salvador Dalí», *Praeger Encyclopedia of Art* (New York, Praeger, 1971), 501.
39. Cipriano Rivas Cherif a la Argentina, 27 de abril de 1924, Fonds Argentina, Bn-O.
40. La Argentina a Néstor, 12 de mayo de 1927, París a Las Palmas, Gran Canaria, archivos de la Torre, Las Palmas. Doc. 314; la Argentina a Néstor, 30 de junio de 1927, archivos de la Torre, Doc. 315; la Argentina a Néstor, 18 de agosto de 1927, archivos de la Torre; Doc. 327; la Argentina a Néstor, 27 de agosto de 1927, archivos de la Torre, Doc. 330; la Argentina a Néstor, 10 de octubre de 1927, archivos de la Torre, Doc. 333.
41. A pesar de que la Argentina había contratado a muchos de esos bailaores gitanos, especialmente La Joselito y el guitarrista Juan Relámpago, no fue hasta 1928 cuando comunicó a sus colaboradores y la prensa que había creado su compañía con el nombre de los Ballets Espagnols, Arnold Meckel a Néstor de la Torre, sin fecha, Fonds Argentina, Bn-O.
42. Arnold Meckel a Gustavo Durán, 7 de febrero de 1928, Fonds Argentina, Bn-O.
43. *Ibid.* Como Durán no podía pagarse la gira con la Argentina, le pidió a Meckel en una carta previa que lo mantuviera informado del éxito de su obra porque en Madrid y en Sevilla, donde residía alternativamente, no recibía los periódicos del norte de Europa.
44. *Ibid.*
45. Paul Valéry, *Oeuvres*, vol. 2. André Levinson, 1923, Conferencia Femina, Fonds Argentina, Bn-O. Paul Valéry, conferencia vespertina sobre danza española en la Estación des Invalides de París, Fonds Argentina, Bn-O.
46. Entrevista con la Argentina impresa en un programa, Tivoli Opera House de San Francisco, cuarta gira americana (23 de febrero de 1932), Fonds Argentina. Bn-O. «Argentina's Sold-Out Second Season», *Musical America*, 25 de enero de 1930.
47. Joaquín Nin tenía una relación fraternal con la Argentina. Habló extensamente con Maurice Ravel, a propósito de la orquestación del «Bolero», parte de las *Suites Iberia* para la bailarina rusa Ida Rubinstein. Nin también intercedió en nombre de la Argentina siempre que necesitó músicos españoles, especialmente pianistas. Ambos intercambiaron largas cartas desde muchas partes del mundo durante las seis giras de la Argentina por Europa y América entre 1928 y 1936.
48. Isaac Albéniz, *Iberia: Doce Impresiones de España*, 294 páginas (París, Édition Mutuelle; Nueva York, Breitkopf and Haert. 1906-1907), NYPL-Especial Collections. Música, JMG-94-1236; *JMC-96-218 (14 páginas); *NBLA, «Triana», solo original de castañuelas de la Argentina, 1935 Odéon Disc Recording. «Sevilla», solo de castañuelas de la Argentina acompañado por orquesta 188.755. La partitura fue reimpresa en Madrid en 1933 y 1993.
49. Carta de Enrique Arbós a Argentina, 24 de julio de 1928. Fonds Argentina, Bn-O. Carta de Enrique Arbós a Arnold Meckel, 3 de agosto de 1928, Fonds Argentina, Bn-O. Arbós confirma para el representante de la Argentina que la señora Albéniz había efectivamente dado permiso para que él orquestara las *Suites Iberia*, números 1 a 4 y

6, mientras dio a Maurice Ravel permiso para orquestar la obra *Ibérica*, para Ida Rubenstein. Partitura de *Triana*, copyright 1928, Max Eschig, París, 48 Rue de Ronne, Bn-Phonathèque.

50. Carta de Enrique Arbós a la Argentina, 24 de julio de 1928, Fonds Argentina, Bn-O.
51. *Ibid.*
52. Carta de Joaquín Nin a la Argentina, 9 de agosto de 1928, Fonds Argentina. Bn-O.
53. Programa original de *Triana*, Théâtre Marigny (julio de 1929), París. Entregada a la autora por Monique Paravicini.
54. *Ibid.*
55. *Ibid.*
56. Henri de Curzon, «La Semaine Musicale. Representation de Mme. Argentina et sa Troupe de Ballets Espagnols», *Le Menestrel*, 31 de mayo de 1929, 249.
57. *Ibid*, 248 y 249.
58. Entrevista con Carlota Mercé de Pavloff, Torremolinos, España, julio de 1995.
59. Francisco García Lorca citando a Federico en «Federico y su mundo», *Alianza Tres* (Madrid, 1980), 469-70.
60. Sylvaire, «Madame .Argentina».

7. Un legado no escrito

1. Hasta la formación de la Academia en 1975, los estilos de danza se enseñaban en clases particulares dadas por las maestras de flamenco y de la escuela bolera en toda España.
2. Javier Suárez-Pajares, «Escuela Bolera», *International Encyclopedia of Dance* (Nueva York, Oxford University Press, 1998), 2: 521-522.
3. La danza no es como la pintura. Una vez se ha interpretado, desaparece. Desgraciadamente para el público, no podemos sentarnos y contemplar *Triana* como lo hacemos viendo una y otra vez el retrato de Picasso de Gertrude Stein.
4. Paul Valéry, manuscrito original de la Conference de l'Université des Annales, 5 de marzo de 1936, pp. 511-520.
5. La mayoría de las conferencias-demostración tenían lugar en los salones por la tarde, como la famosa que ofreció la revista *Femina* y moderó André Levinson. A medida que la Argentina se hizo famosa y su reputación creció entre los poetas simbolistas franceses, como Pau Valéry, la Argentina explicaría su aproximación ecléctica a la danza española. Mostraba una frase tocada con las castañuelas o martilleaba el ritmo con los pies, pero las conferencias seguían siendo conferencias. La Argentina solamente bailaba si la explicación necesitaba el complemento del cuerpo.
6. H. T. Parker, «La Argentina, High-Mettled». Parker, «The Argentina for a Second Evening», *Huston Evening Transcript*, 25 de noviembre de 1929.
7. Carta de Uday Shankar a Arnold Meckel, 1925, para pedir a Meckel que represente a su compañía en una gira europea, Funds Argentina, Bn-O. Contrato escrito por Arnold Meckel para la compañía de Shankar, Fonds Argentina, Bn-O.
8. La danza tiene una forma de igualar a la gente mediante la aparición de la forma humana. En el escenario, la competencia y la diferencia giran alrededor de la habilidad física y dramática y no alrededor de fenómenos incómodos, teóricos y discriminatorios como la clase, la raza o el género.
9. Falla tenía muchos problemas con sus ojos. A menudo tenía que guardar cama sin poder componer para descansar. Su hermana, María del Carmen, lo ayudaba con frecuencia en su trabajo cuando estaba enfermo. Correspondencia, Falla a la Argentina, Bn-O.
10. Quizá el uso de la Argentina del flamenco ofreció material a un aliado oriental de la danza, Kazhuo Ono. Ono, un antiguo actor de Kabuki, especializado en papeles femeninos, construyó su personaje más famoso en 1986 a partir de programas y

recortes de prensa que le había entregado la familia de la Argentina. En la mente de Ono el flamenco de la Argentina era tan femenino que se hacía sobrenatural. Daba lugar a tantas interpretaciones que un actor formado en el Kabuki encarnando papeles femeninos, como Ono, pudo usar la idea de su forma de bailar como material para su propia encarnación de la Argentina en Lyon, París, Londres y Nueva York.

11. Carta a Arnold Meckel de Grace Jones, 29 de enero de 1935, Bn-O.
12. Carta a la Argentina de los estudios MGM, mayo de 1928, Fonds Argentina, Bn-O.
13. Recorte de prensa en un archivo de la Argentina, carpeta 9, Bn-O.
14. Carta a Argentina de Max Aub en nombre del presidente, julio de 1936, Fonds Argentina, Bn-O.
15. El italoamericano José Greco fue pareja de la hermana de la Argentina, Pilar López, en España y América durante las décadas de 1950 y 1960. La compañía de Greco apareció en el show de Ed Sullivan show en 1957, llevando la fusión de la Argentina entre el flamenco y la danza clásica española a los hogares americanos. Pero Greco nunca explicó el origen de su «Bolero Clásico» o su «El Albaicín». Tampoco su primera pareja la Argentinita, explicó en las notas del programa que la Argentina era realmente su mentora, predecesora e ídolo. Argentinita simplemente copió sin «arte» las coreografías de la Argentina, sus escenarios y diseños de programa. Por otra parte, Escudero escribió en su biografía de 1947 *Mi baile*, lo orgulloso que se sentía de haber trabajado con la Argentina y que, como coreógrafa, directora y castañuelista había entendido la danza española como ningún otro bailarín del pasado. Escudero, que como empleado era un personaje difícil, resultó una persona agradecida y honesta que elogió las ideas y el legado de la Argentina. Pero era un hombre y, por lo tanto, solamente podía bailar como un hombre, no como la Argentina.
16. El Ballet Nacional de España ha tenido siete directores desde 1975, entre ellos José Antonio, Antonio Gades y Victoria Eugenia. Hoy en día depende del Ministerio de Educación y Cultura, que subvenciona una compañía que va aumentando su creación de bailes escenificados inspirados en el flamenco. Hay que esperar para ver cómo la escuela y la compañía darán continuidad al legado de la Argentina.
17. Ninotchka Bennahum, «A Most Civil War», *Village Voice*, 17 de diciembre de 1996, 94.
18. *Ibid.*, 96.
19. Manuel de Falla, «Últimas voluntades y Testamento», 1932, copias mecanografiadas en español y traducción al francés, Falla, Dossier d'Artist, Bn-O.
20. Carta de A. L. Garbat, doctor en medicina, a la Argentina, Nueva York, 1 de febrero de 1930, Bn-O. Carta del doctor Stein a la Argentina, Moscú, 1913, Bn-O, Fonds Argentina. Correspondencia, Argentina a Joaquín Nin y Georges Wague, 1928-1936, Bn-O.
21. André Levinson, «Beautés et Désillusions de la Rentrée de Madame Argentina», *Comoedia*, 13 de junio de 1931, p. 40.
22. Entrevista, Lynn Garafola con Marie Levinson, noviembre de 1989, relatada a la autora en mayo de 1995; entrevista, Carlota Mercé de Pavloff con la autora, España, julio de 1995.

Cronología

1888 Nace la Argentina, el 4 de septiembre en Buenos Aires, hija de Josefa Luque y Manuel Mercé.

1905 Deja el Teatro Real de Madrid y empieza a trabajar como bailaora de flamenco en tablaos de Barcelona y Madrid; viaja a Andalucía con su madre para estudiar flamenco con mujeres gitanas; conoce al maestro de castañuelas José Otero. Actuaciones en el Teatro Romea de Madrid.

1906 Va de gira a Portugal contratada por el bailaor Antonio el de Bilbao, a quien había conocido en el Salón Doré de Barcelona en 1905. Actúa en el casino de Figueira de Foz como miembro de un cuadro de flamenco.

1907 Debuta en la película *El brillante*, rodada en Cataluña. La prensa de Cartagena la aclama como «la bella Argentina».

1908 Trabaja en Cartagena, Oviedo, Lisboa, Valladolid, Murcia y en Madrid en el Teatro Príncipe Alfonso el 15 de agosto y en el Salón Madrid en septiembre, bailando una farruca, un tango y su célebre solo *El garrotín*.

1909 Trabaja en el Salón Moderno de Málaga, en el Salón Artístico de Vigo, en el Teatro Variedades de Almería, en el Royal-Kursaal de Madrid, en La Coruña y en Palencia.

1910 Trabaja en Madrid, en Almería, en el Tívoli de Barcelona y en el Salón Vizcaya de Bilbao.
Viaja a París con su madre, y el 21 de agosto debuta en el Jardin de Paris, un café cantante al aire libre situado en las Tullerías.
28 de septiembre: Debuta en el Moulin Rouge como la «reina de las castañuelas» en la nueva opereta española de Quinito Valverde, *L'Amour en Espagne*. Baila *La corrida*, una danza que se convierte en su obra distintiva.
Va de gira a Inglaterra durante un mes con un empresario inglés cuyo nombre no se conoce, que le consigue contratos en muchos music halls donde sigue representando *La corrida* como solo.
El príncipe Paul de Trubetzkoy, que la ha visto en París, manda esculpir una estatua de ella que, en 1920, es adquirida por la New York Hispanic Society.

1911 Actúa en *La rose de Grenade*, otro gran espectáculo musical de Valverde, en el Théâtre des Variétées de Bruselas, interpretando la bailarina de la mesa. El 11 de noviembre, Jacinto Benavente le dedica todo un artículo en el periódico madrileño *Nuevo Mundo*, en el que describe su espectacular actuación.
Estrena sus propias coreografías solistas en España: *Bolero*, *Fandango*, *Seguidillas*, *Vito* y *Zapateado* en el Teatro Apolo de Barcelona. Actúa en Boulogne, Bruselas, París, el Palace Theater de Londres, Sevilla, Madrid, el Metropol Theater de Colonia y el Théâtre Royal de Lieja, terminando siempre con *La corrida*.

1912 5 de febrero: Debuta en el Teatro Olympia de París con *La rose de Grenade*. Recibe críticas muy favorables y se la conoce en la prensa popular parisina como la «reina de las castañuelas» (*Gil Blas*, 27 de febrero de 1912). El espectáculo es un gran éxito y se mantiene muchos meses en cartel.
26 de marzo: Interpreta el papel principal en *La bella sevillana*, ballet en un acto de Georges Saracco con música de

Marius Baggers y E. Weillet; las representaciones tienen lugar en el Théâtre des Beaux-Arts de Montecarlo. También actúa en Montecarlo en el ballet trágico de Massenet *Espada*.
1 de junio: Debuta en el Trianon Palace de Madrid, actuando ante Alfonso XIII y su familia.
15 de junio: Jacinto Benavente, Santiago Rusiñol y Romero de Torres le ofrecen un homenaje en Madrid en casa del escultor Sebastián Miranda, que hace una escultura de la bailarina.
7 de diciembre: Debuta en el Salón Llorens de Sevilla, interpretando una serie de solos de flamenco y danza clásica española en los que había estado trabajando desde 1910.

1913 3 de marzo: Muere Josefa Luque.
Sigue con sus representaciones en Europa; en Bruselas en el teatro al aire libre Luna Park, en el Teatro Lara de Madrid y en el Salón Imperial de Melilla.
Mayo: Viaja a Rusia, actuando en el Teatro Aquarium de Moscú, y vuelve a París en verano.

1914 Baila en el Teatro Alhambra de Londres en *El embrujo de Sevilla* como «la Argentina» con los bailaores Lolilla la Flamenca, María la Bella, La Malagueñita, Faico, Antonio el de Bilbao y Realito.
Gira por Holanda y Alemania.
4 de julio: Vuelve a Rusia con una pequeña compañía y se ve obligada a abandonar el país al principio de la Primera Guerra Mundial. La compañía es arrestada por un barco alemán y obligada a ir a Londres, París y luego a Madrid porque todos tienen pasaportes españoles.
Actúa ante la vanguardia literaria española con una serie de solos que ha estado ensayando desde 1912. Serge Diaghilev está entonces en España.

1915 15 de abril: Falla estrena *El amor brujo* en el Teatro Lara de Madrid con Pastora Imperio, Víctor Rojas y una orquesta

de doce miembros. La Argentina pudo estar entre el público.
16 de abril: Actúa en un festival de danza del Ateneo de Madrid.
Mayo: Viaja a Sudamérica para actuar en Buenos Aires, Santiago, Montevideo y Lima. Sus solos son:

La Argentina, de Valverde.
Mi chiquilla, de Valverde.
Lulu Fado, de Milano.
Danza del abanico, fantasía de Grieg.
Alegrías, de Valverde.
¡Ché, mi amigo!, melodía popular de tango argentino.
Fandango, melodía popular flamenca.
Serenata andaluza, de Rucher.
La rosa de Granada, de Valverde.
Batiburrillo, collage de melodías regionales españolas.
Baile gitano, de Valverde.
Danza de las Mercedes, fantasía popular de canciones españolas.
Las castañuelas, interpretada con sus propias castañuelas.
Anda, mocita, melodía farruca flamenca.
La rumba, melodía cubana.
La currita, melodía de garrotín flamenco.
El afilador, melodía popular de la Argentina.
¡Ay, soleá, soleá!, melodía tradicional flamenca.
Madrileña, de Massenet.
Sevillana, de Massenet.
Farruca, interpretación popular melódica de la Argentina.
La maja y el chispero, música popular catalana.
Panaderos, melodía tradicional flamenca.
Sevillanas, de la ópera *Don César de Bazán*, de Antonio Pérez Pintor.
La rezongona, interpretación mestiza de un tango.
Serenata española, música popular española.
La danza y la rosa, de Granados.

Acompaña todas sus danzas con las castañuelas y algunas con su propia voz.
19 de junio: Se casa con Carlos Marcelo Paz, propietario del periódico *La Prensa*, en Buenos Aires.

1916 Febrero: Viaja a la Metropolitan Opera House de Nueva York a petición de Enrique Granados para coreografiar e interpretar su nueva ópera *Goyescas*. El puesto ha sido ocupado por otra persona.
10 de febrero: Estrena un programa de solos de concierto en el Maxine Elliot Theater en Broadway y la calle Treinta y nueve con la Little Symphony Orchestra. Granados compone *La danza de los ojos verdes* y se la dedica.
Sigue con su gira por Estados Unidos: Filadelfia, Washington D. C., Detroit y Rochester.

1917 Va de gira por Puerto Rico, Venezuela, Cuba, México y Texas. En Ciudad de México interpreta la *Danza de la rosa* y *Jota valenciana*, de Granados; *Danza de Anitra*, de Grieg; y *La gavota* de Ponce. Los trabajadores mexicanos le regalan una medalla.
1 de noviembre: Regresa a Nueva York, al Park Theater, donde interpreta el papel principal de una producción hispanoamericana de Valverde, *Land of Joy*, por la que obtiene críticas muy favorables en el *New York Times*.

1918 17 de enero: Debuta en el Teatro Eldorado de Barcelona. Gira por España, empezando en Sevilla. En Málaga interpreta un homenaje a Granados. Sigue en Guipúzcoa y el 24 de septiembre estrena en el Teatro Reina Victoria de Madrid y en el Teatro Zorrilla de Valladolid. En su repertorio hay nuevas obras: *Danza de los enanos*, de Grieg; *Habanera*, de Sarasate; *Córdoba*, de Albéniz; *Andaluza*, de Turina, y *Zíngara*, de Serrano.
Baila en una velada benéfica de danza y diseño en Madrid con los cuadros de Josep Maria Sert, *Los jardines de Aranjuez*.

Después, en una representación en San Juan de Luz, conoce a Robert Ochs.

1919 Sigue su gira por España. Conoce al director de orquesta Enrique Fernández Arbós, en Madrid.
24 de mayo: Baila en el Teatro Imperial de Sevilla. Como novedad en el repertorio está *Gualdalquivir*, de Castillo.
20 de diciembre: Vuelve al Teatro Municipal de Lima. Baila algunas obras nuevas: *la Niña de qué te las das*, una canción de Font; *Danza V*, de Granados; *La gitana*, de Valverde, y *Zapateado*, de Malats.

1920 Va de gira a México, Texas y Cuba. A finales de año se separa de su marido en París y va a casa de su hermano en Madrid durante seis meses para demostrar que la pareja no vive junta.

1921 Actuaciones en San Sebastián, Logroño y en el Teatro Lara de Madrid.
2 de febrero: Participa como primera bailarina durante la gala en homenaje de los Reyes de Bélgica en el Teatro Real de Madrid. Baila *Danza de la zarzuela,* de T. San José, una historia de amor gitano; *Fandango*, de la ópera *El Avapiés,* de C. del Campo, y *Alegrías,* de Valverde.
Mayo: Actúa en el Teatro Romea de Sevilla. Baila *El Generalife*, *Lavapiés* y *La española*, de Romero; *Pan y toros*, de Barbieri, y *Zambra gitana,* de Jesús Aroca.

1922 Actúa en San Sebastián, Málaga, Córdoba, Sevilla y Granada.
Participa en un homenaje a María Guerrero y Fernando Mendoza en Madrid bailando *El tango,* de Ballesteros, que más tarde se convertirá en uno de sus guitarristas en París.
Diciembre: Invitada por Robert Ochs y Pierre Laffitte a bailar en el Théâtre Femina y el Olympia en una serie de representaciones de tarde que reciben muy buenas críticas de *L'Excelsior* el 12 de diciembre. Se trata de sus primeras

representaciones de concierto en París. Los escritores y críticos André Levinson, Guy de Pourtalès y Paul Valéry la ven, aparentemente por primera vez. La prensa empieza a hablar de ella y a publicar críticas como «artista solista» en *Dancing Times*.
22 de diciembre: Invitada por el crítico ruso-francés André Levinson a dar una conferencia-demostración con él sobre danza española, en el Teatro de la *Comédie des Champs-Elysées*, esponsorizada por la revista *Femina*.

1923 Gira europea: París, Cannes, Barcelona, Teatro Maravillas de Madrid, Oslo, Estocolmo, Montecarlo, San Sebastián y Santander.
Septiembre: Participa en un espectáculo en el Teatro Concert Mayol de París. Ahora decir «la Argentina» significa hablar de una bailarina artista. Es invitada a bailar en todos los lugares de París y siempre termina con *La corrida*.
30 de noviembre: Colabora con Levinson en otra conferencia titulada «El espíritu de la danza española», en la que muestra las posturas, los gestos de los brazos y el movimiento de los pies. Baila: *Córdoba*, de Albéniz; *Serenata*, de Malats; *Andalucía sentimental,* de Falla y los aires populares, *Sevillana*, *Alegría* y *Rumba cubana.* Es la primera vez que baila sin orquestación durante todo un recital.

1924 9 de junio: Baila en el Olimpia Theater de Londres en un programa de variedades con acróbatas, payasos, cómicos y varias bailarinas así como con Paul Swan. Baila *Seguidillas* sin música y, en el Coliseum de Londres, *Danza triste,* de Granados.

Sigue actuando en Europa, bailando ante el rey de Italia y Benito Mussolini. En Bruselas baila en el Palais d'Été. En octubre baila en el Gran Kursaal de San Sebastián, en Santander, y hace su última representación en Barcelona, en el Teatro Eldorado en una producción del bailaor gitano Joselito (que más tarde contratará para formar parte de su compañía en 1928).

1925 Vuelve a París y actúa en el Olympia.
Arnold Meckel se convierte oficialmente en el representante artístico de la Argentina.
25 de mayo: Estrena *El amor brujo* en el Trianon Lyrique de París a instancias de Marguerite Beriza. La producción es parte de la Exposición Universal de las Artes Decorativas de París de 1925, que muestra el *style internationale* o *style moderne* que ahora conocemos como art decó.
29 de junio: *El amor brujo* se estrena en la Opéra-Comique, bajo la batuta de Manuel de Falla. Las representaciones reciben críticas muy favorables. El programa también incluye una presentación solamente musical de *L'Histoire du Soldat,* de Igor Stravinsky. Después, el embajador español en París da una recepción a la artista en la que el presidente de la República francesa, M. Doumergue, se halla presente.
Agosto: Participa en otra serie de representaciones en el Moulin Rouge. Baila *Danza triste*, de Granados; *Ciel de Cuba*, con música de músicos cubanos tradicionales; *Seguidilla*, sin música y *La corrida* de Valverde.
Actúa en Bruselas y Lieja con el pianista Joaquín Nin y la cantante Alicita Felici. Salvador Ballesteros interpreta unos interludios de guitarra entre sus solos.

1926 10 de enero: Actúa en la Salle Caveau.
15 de octubre: Empieza a dar unos recitales de solos en París. Actúa en la Salle Caveau el 19 de diciembre y en el Teatro Femina con la pianista Carmencita Pérez.
Joaquín Nin la acompaña a La Haya y a Amsterdam, Bruselas, Roma, Estocolmo, Rotterdam, Lausana y Budapest.

1927 Va de gira a Alemania, Hungría y Argelia. En su repertorio están *Triana*, el solo para piano de Albéniz, *El pelele*, de Granados, y *El vito*, de M. Infante. Sigue su gira en Marsella, Niza, Sevilla, Huelva y Madrid.
18 de mayo: Ofrece una gala en el Théâtre des Champs-Elysées, con obras de Falla y dirige *Suite de danzas,* de Ernesto Halffter.

Regresa a la Salle Caveau de París y actúa en Ginebra y Dresde.
17 de junio: Representa a España en el Festival Internacional en el Théâtre des Champs-Elysées, con una suite de danzas de *El amor brujo*.
Actúa en La Haya, Ginebra, Zurich y Toulouse.
Noviembre: Gira por Alemania. Estrena ballets compuestos por la nueva escuela española: *El fandango del candil,* de Durán; *El contrabandista*, de Óscar Esplá; *Juerga,* de Bautista; *Sonatina,* de Halffter, y *Kinebombo,* de Ponce.

1928 Febrero: 1928 y 1929 fueron cruciales para la formación estética de la Argentina. En febrero de 1928 había formado su propia compañía permanente de danza, los Ballets Espagnols, que viajaría por todo el mundo con ella en seis ocasiones hasta el año 1936.
5 de marzo: Ofrece un recital de solos en la Salle Pleyel de París.
9 de marzo: Se presenta un festival de la música de Manuel de Falla en la Opéra-Comique. Los directores del teatro piden a la Argentina que vuelva a presentar *El amor brujo*.
11 de marzo: Graba sus castañuelas de *Danza V* y *La corrida* con acompañamiento de orquesta, en Odéon Discs de París.
27 de abril: Presenta *Sonatina* y *Triana* en la Opéra-Comique. La prensa llama a sus representaciones «los Ballets Espagnols».
6 de mayo: Actúa en el Théâtre de la Monnaie de Bruselas, donde se presenta como «la Argentina y sus Ballets Espagnols».
Sigue actuando en Amsterdam, La Haya, Oslo y Lieja.
18 de junio y 12 de julio: Presenta tres nuevos ballets completos en el Teatro Femina:

Sonatina
Música: Ernesto Halffter.
Poema: Rubén Darío.
Decorados y vestuario: Beltrán-Masses.

El contrabandista
Música: Óscar Esplá.
Libreto: Cipriano Rivas Cherif.
Decorados y vestuario: Salvatore Bartolozzi.

En el corazón de Sevilla. Cuadro flamenco
Música: M. Infante.
Decorados y vestuario: Ricardo Baroja.

El fandango del candil (no era nuevo en la programación)
Música: Gustavo Durán.
Libreto: Rivas Cherif.
Decorados y vestuario: Néstor de la Torre.

Octubre: Con Carmencita Pérez va de gira a Estados Unidos: Town Hall y Carnegie Hall de Nueva York, Boston, Chicago, Filadelfia, Detroit y Toronto.
A finales de año, André Levinson publica una monografía sobre la artista titulada *La Argentina. Un estudio sobre danza española*.

1929 Continúa con su gira en San Francisco, Honolulú, Tokio, Shanghái, Hong Kong, Saigón, Singapur, Manila y Port Said.
Marzo: Regresa a París al Théâtre des Champs-Elysées y presenta dos obras nuevas: *La cariñosa*, con una melodía popular de Filipinas, y *Cielo de Cuba*, con melodía popular cubana.
27 de mayo: Interpreta tres ballets completos en la Opéra-Comique:

Triana
Música: *Iberia*, de Isaac Albéniz, transcrita por Enrique Fernández Arbós.
Decorados y vestuario: Néstor de la Torre.

Sonatina
Con nuevos decorados de Mariano Andreu.

Suite de danzas
Esta nueva producción incluía *La primera danza*, de *La vida breve,* de Falla.

10 de junio: Interpreta en el Teatro Marigny:

Juerga
Música: Julián Bautista.
Libreto: Tomás Borrás.
Decorados y vestuario: Fontanals.

La Argentina graba en Odéon Discs: *Andalucía sentimental*, *Goyescas*, *Seguidillas* y el *Bolero* o, rquestado por Arbós de *El fandango del candil*.
Octubre: Gira por Estados Unidos bailando en Washington D. C., en la Casa Blanca, en Chicago, en Búfalo, Nueva York, Cincinnati, San Luis y en Los Ángeles, donde recibe una oferta para actuar en una película sobre ella que rechaza.
16 de diciembre: Federico García Lorca le organiza un homenaje en la Universidad de Columbia. Ángel del Río y Gabriel Maroto asisten a la celebración. La Argentina baila para ellos.

1930 21 de abril y 19 de junio: Baila para una gala benéfica en la Ópera de París. Está presente el presidente francés Doumergue. Baila *Danza ibérica*, dedicada a ella por Joaquín Nin; *Baile de la molinera*, de *El sombrero de tres picos,* de Falla, y *Goyescas*, de Granados.
Mayo: Presenta una nueva producción de *El amor brujo* en la Opéra-Comique.
26 de junio: Ofrece un recital en el Théâtre des Champs-Elysées.
5 de julio: Recibe la Legión de Honor francesa.
En otoño, actúa en Amsterdam, Lieja, Nueva York, Nueva Orleans, Montreal, San Luis, Boston, Chicago, Cincinnati, Filadelfia y Los Ángeles. Rechaza una nueva oferta para una película de la MGM.

1931 Febrero: Actúa en Lyon, Bruselas, Viena, Praga, Estocolmo, Copenhague, París y Londres donde el príncipe de Gales acude a verla bailar al teatro.
11 y 16 de junio: Baila en el Théâtre des Champs-Elysées.
1 y 3 de diciembre: Baila en el Teatro Español de Madrid. Al final del recital, vestida con el traje para *Tango andaluz*, el presidente del Consejo de la Segunda República Española, Manuel Azaña, la condecora con el Lazo de Isabel la Católica. Un grupo de intelectuales españoles y artistas decide hacerle un homenaje en Madrid: Jacinto Benavente, Enrique Fernández Arbós, Ramón del Valle-Inclán, Ignacio Zuloaga, Álvarez Quintero, Rosario Pino y Rafael Penagos.

1932 Gira norteamericana con nuevas danzas:

Almería, de Albéniz.
Malagueña, de Pittaluga.
Charrada, melodía popular salmantina.
Puerta de tierra, melodía popular andaluza.
La romería de los cornudos, de Pittaluga.
Danza del terror, de *El amor brujo,* de Falla.
Danza del chal, de Pittaluga.
Danza del molinero, de *El sombrero de tres picos,* de Falla.

Mayo: Baila otra vez en el Teatro Español de Madrid. Sus solos incluyen *Serenata*, de Granados, y *Minueto vasco,* de Donostia.
Empieza una nueva gira europea, actuando en París el 5 de junio en el Théâtre des Champs-Elysées y el 4 de julio en el Savoy Theater de Londres.

1933 Actúa en Túnez y en Irán.
25 de febrero: El rey de Túnez la condecora con la Orden de Icham Iftikar.
17 de abril: Baila en el Teatro Calderón de Madrid.
26 de abril: Recibe un nuevo homenaje en el hotel Palace de Madrid.

Junio: Baila dos obras en el Champs-Elysées: *Zapateado*, de Granados, y *Tientos*, un poema tradicional flamenco. Pasa el verano en Sudamérica. El 12 de agosto estrena una nueva producción de *El amor brujo* en el Teatro Colón de Buenos Aires. Bronislava Nijinska le presta el cuerpo de ballet para estas representaciones. Raúl Banco interpreta el personaje de Carmelo y Francisco Gago el fantasma. Matilde y María Ruanova interpretan a las bailarinas gitanas.
Julio: Actúa en Montevideo y el 22 de septiembre en el Teatro Municipal de Río de Janeiro.
16 de noviembre: Actúa en una gala benéfica en la Ópera de París.
5 de diciembre: Baila por primera vez su propia obra en una sesión de tarde en la Ópera de París.
20 de diciembre: Baila en el Capitol en Madrid en un festival de danza con Pastora Imperio, Vicente Escudero y Miguel Molina.

1934 5 de enero: Da una serie de recitales en el Teatro Eldorado de Barcelona.
12 de enero: Baila en San Sebastián en el Teatro Arriaga; después en Valencia en el Teatro Principal y en Bilbao.
Febrero: Actúa en Túnez, Argel y El Cairo.
15 de abril: Actúa otra vez en sesión de tarde en el Ópera de París.
28 de abril: Presenta su versión de *El amor brujo* en el Teatro Español de Madrid con Pastora Imperio en el papel de Lucía.
7 de mayo: Da una serie de recitales en el Teatro Barcelona, baila *Leyenda,* de Albéniz.
17 de junio: Da un recital solista en el Aldwych Theater de Londres.
Finales de junio: Baila en el Champs-Elysées: *Sacromonte*, de Turina; *Ecos de parada*, de Granados, y *Alegrías-Soleá*, de Ballesteros-Yuste.
20 de junio: Recibe el Laurel de Oro, ofrecido por veinticinco representantes de la prensa latina.

Agosto: Gira por Sudamérica con setenta y dos danzas en el repertorio, setenta baúles de vestuario y zapatos. Va a la Argentina, Chile, Miami, Los Ángeles y Montreal. Luis Galve es ahora su pianista.

1935 Enero: Es invitada a bailar en la Casa Blanca, en Washington D.C. y en Nueva York.
14 de marzo: Regresa y da un recital solista en la Opéra-Comique.
27 de abril: Da otro concierto en la Opéra-Comique.
16 y 27 de junio: Baila en la Ópera de París *La chula*, de Granados, y *Suite popular la Argentina*, una melodía popular de la Argentina.
22 de junio: Baila en una gala benéfica para celebrar la publicación de la primera edición de *Antología del flamenco* de Fernando el de Triana, que él le dedica, en Madrid. Será su última actuación en esta ciudad.
Actúa en La Haya y Amsterdam y el 13 de agosto baila *La firmeza* en Buenos Aires.
En Montevideo estrena dos solos: *La fregona*, de Amadeo Vives, y *Polo gitano*, de Bretón.
Sigue su gira por Río de Janeiro, Chicago, Detroit y Montreal.

1936 5 de marzo: Actúa en la Salle Caveau de París.
Gira por Francia, La Haya y Amsterdam.
8 de mayo: Da una gala en la Comédie Française.
11 de mayo: Da un recital solista en la Ópera de París.
5 de junio: Da una gala en la Salle Pleyel, acompañada por una orquesta sinfónica dirigida por Pierre Montreux.
19 de junio: Presenta *El amor brujo* por primera vez en la Ópera de París.
27 de junio: Da una conferencia-demostración con Paul Valéry en el Salon Santé-Beauté, de la estación des Invalides, llamada «El lenguaje de las líneas».
Principios de julio: Max Aub y el presidente español le piden que dirija una nueva Academia Española de Danza

y teatro con los maestros Vicente Escudero, Encarnación López y Teresina, que incorporará sus ideas musicales y coreográficas en el currículum formativo.
18 de julio: Muere a las 9 de la noche de un infarto cardíaco en su casa de Bayona, Francia. Robert Ochs, su compañero durante veinticinco años, informó de la muerte a la policía. Venían de un festival vasco, al otro lado de la frontera, en el que se había homenajeado a la Argentina y los habitantes de la zona habían bailado para ella.